■ 本书获得杭州师范大学人文振兴计划的资助

"晚清民国时期杭州对外贸易研究(1895-1937)

马丁 著

中国社会科学出版社

图书在版编目（CIP）数据

晚清民国时期杭州对外贸易研究：1895~1937 / 马丁著 . —北京：
中国社会科学出版社，2015.8
ISBN 978-7-5161-6797-7

Ⅰ.①晚… Ⅱ.①马… Ⅲ.①地方贸易-对外贸易-贸易史-
研究-杭州市-1895~1937 Ⅳ.①F752.855.1

中国版本图书馆 CIP 数据核字（2015）第 192164 号

出 版 人	赵剑英
责任编辑	宫京蕾
特约编辑	大 乔
责任校对	邓雨婷
责任印制	何 艳

出 版	中国社会科学出版社
社 址	北京鼓楼西大街甲 158 号
邮 编	100720
网 址	http：//www.csspw.cn
发 行 部	010 - 84083685
门 市 部	010 - 84029450
经 销	新华书店及其他书店

印刷装订	北京市兴怀印刷厂
版 次	2015 年 8 月第 1 版
印 次	2015 年 8 月第 1 次印刷

开 本	710×1000 1/16
印 张	17
插 页	2
字 数	253 千字
定 价	56.00 元

凡购买中国社会科学出版社图书，如有质量问题请与本社营销中心联系调换
电话：010 - 84083683

序

　　马丁是杭州师范大学人文学院历史系教授、杭州文史研究会理事，也是我的大学校友。他多年从事历史和旅游学的教学研究，并取得了丰富的成果。新近他又完成了《晚清民国时期杭州对外贸易研究》一书，洋洋二十多万字，并希望我为此书作序。近年来，我一直关注着对杭州近现代史的研究，期待产生更多的有影响的成果。因此，得知马丁教授的想法后，我欣然赞同，以表达对他及所有为杭州历史文化研究付出辛勤努力，作出宝贵贡献的专家和学者们的敬意。

　　"一部民国史，半部在浙江"。晚清民国时期，杭州是浙江乃至全国重要的思想文化交融演变中心。这里孕育汇聚了一大批中国近现代史上的杰出人物，见证和催生了许多重要的历史事件。这一时期也是杭州城市文化发展进程的一个重要时期，在杭州历史变迁中起着重要的作用。因此，加强对晚清民国杭州历史文化的研究和挖掘，具有特殊意义。多年来，杭州市政协十分重视晚清民国杭州历史文化的整理研究，先后编纂出版了《民国杭州研究丛书》等一系列重要的研究著作，在学术界和社会上都产生了广泛影响。通过这些研究，多角度呈现了风云激荡的民国时期杭州社会变迁的生动画卷，揭示了近代杭州乃至中国社会迈向现代化的曲折历程，对于今天我们打造东方品质之城，建设幸福和谐杭州有着重要的借鉴意义。马丁教授的新著，正是晚清民国杭州史研究的一个重大课题和重要成果。

　　1895 年，清政府与日本签订《马关条约》，杭州被迫辟为通商口岸，并于 1896 年正式开埠。这一屈辱事件，却在客观上迫使杭州加快了近代化的行进步伐，也成为研究杭州近代史的重要节点。马丁教授的新著，就以杭州开埠这一历史事件为起点，对整个晚清民国时期杭州对外贸易发展进行了长时段研究,分析了这一时期杭州对外贸易发展的自然和社会历史背景,阐述了这一时期杭州对外贸易发展情况及特点,探讨了杭州对外贸易发展的地缘化倾向及其对当时杭州经济发展、社会变迁产生的深远影响,填补了晚清民国这一重要时期杭州对外贸易专门研究的空白。同时,马丁教授在书中以翔实的海关统计数据为基础,综合运用经济学、统计学、社会学等研究工具,特别是将杭州开埠前与开埠后贸易状况,杭州开埠后贸易与其他港口贸易状况,杭州海关进出口贸易与同时期开放的其他海关贸易状况等进行了系统比较分析,而且注重对当时社会生活等历史细部的收集展示,具体再现了晚清民国时期杭州对外贸易的发展脉络,及这一时期杭州社会的变迁历程,为我们进一步拓展深化杭州民国史研究,认清历史演进内在规律提供了新的视角和依据。这也正是马丁教授的研究和他的新著积极意义所在。

对于这样一部具有很强学术性的著作,是很难在一篇序文里进行充分分析和评论的,我只是从一个关注者的角度,谈一点极为粗浅的看法,主要目的就是引起人们对这一著作及其所研究领域的重视,更希望有更多的有志之士一起参与并努力,共同做好杭州历史文化的挖掘、研究和传承,为推动杭州文化名城强市建设和科学发展贡献力量。

杭州市政协主席　叶明

2013 年 10 月 9 日

目　　录

绪　　论

一　选题缘由和研究意义

春秋时杭州为吴越属地，战国属楚，是吴越文化与楚文化、中原文化等的交融地。隋开皇九年（589）设杭州，始名。唐代，这里是重要港口，呈现"灯火家家市，箫笙处处楼"的繁荣景象。五代时，钱镠建立吴越国，定都杭州，称西府，并进行扩建，内为子城，外为夹城、罗城，共三重。在宋元两代，杭州亦为通商口岸之一，对外贸易甚为发达。明清时期，杭州商业繁荣，"杭州物产之富，……商贾货财之聚，为列郡雄"。[①]"舟航水塞，车马陆填，百货之委，商贾贸迁。"[②]当时杭州为明清江南经济文化的两大中心之一。到了近代中日甲午战争后，杭州因《马关条约》于1896年9月26日正式开辟为商埠，经济往来更加频繁。至于民国年间，杭州经历了一个由旧到新，逐步转变的过程，经历了"风云际会"的剧变，至此杭州经济逐渐走向近代化。在被迫开辟为通商口岸后，杭州对外贸易的品种数量不断拓展，而且进出口商品的结构、物流方向也发生了深刻的变化。

目前，学术界兴起以海关数据为基础研究近代开埠城市经济社会

---

① 《（成化）杭州府志》卷首，杭州地方志办公室编《（成化）杭州府志》（全4函32册），西泠印社2013年版。

② 《（万历）杭州府志》卷三三，（明）陈善纂修《（万历）杭州府志》（善本）卷三三，明万历（1573—1620）卷首，刻本21册。

发展的热潮。国外学者较早涉入，并取得了相应的研究成果，以日本学者滨下武志为代表。国内学者对开埠城市的研究以上海、重庆、天津、福州、长沙、汉口、九江为主，研究成果涉及地区的政治、经济、文化等各个领域。而其他开埠城市偏重于经济贸易的研究层面，主要由地方性研究机构或学院完成。2013 年 10 月习近平总书记访问东盟国家时提出了建设 21 世纪海上丝绸之路的设想。李克强总理在2014 年 3 月 5 日所作的政府工作报告中提出，抓紧规划建设丝绸之路经济带和 21 世纪海上丝绸之路。古老的海上丝绸之路自秦汉时期开通以来，一直是沟通东西方经济文化交流的重要桥梁，而浙江杭州地区自古就是海上丝绸之路的重要枢纽和组成部分。但很遗憾同样是海上丝绸之路的地区，浙江与福建、广东等兄弟省份相比还存在着巨大的差距，因此，加强浙江以及杭州等地区的海上丝绸之路研究，是为了更好地配合国家的"21 世纪海上丝绸之路"的战略，主动创造合作、和平、和谐的对外合作环境的有力手段，为我国全面深化改革创造良好的机遇和外部环境。浙江省在该领域的研究相对滞后，省内的几个口岸的经贸研究还未起步或者是正在起步。而作为省会的杭州，在对外贸易研究领域又落后于宁波、温州两地。作为推动经济发展的"三驾马车"之一的出口正是属于对外贸易范畴，因此各省重视本省的对外贸易研究就不言而喻了。杭州在社会发展的过程中形成的外向型经济模式与近代杭州开埠的影响密不可分，"以古为鉴，可知兴衰"。作为史学工作者，我们必须重视对杭州外经贸体制、运作、调整的认识，对杭州自古以来的对外贸易发展情况有一个全面的、深入的考察，以便在目前金融危机频发的年代，能提出巩固、开拓外贸经济实体提高抗风险能力的有效措施，巩固杭州经济发展的成果，为促进杭州城市经济社会的发展作出应有的贡献。

通过对晚清民国时期杭州对外贸易的实证分析，把握该时期对外贸易发展的大致脉络，对当时杭州经济发展的情况有一个大致的了解，了解晚清民国时期杭州对外贸易发展的背景，折射出晚清民国时期杭州社会的变迁，映射出当时社会经济的积极和消极的一面，对现代杭州对外贸易的发展有借鉴意义；深入开展晚清民国时期杭州对外贸易研究，总结杭州对外贸易发展的特点与规律，更对当今杭州发展对外贸易、调整产业结构具有现实意义。同时，深入挖掘晚清民国时期杭州对外贸易丰富的文化内涵，为建设更好的"宜居""宜游""宜商""宜赏""宜文"的多元化的国际风景旅游城市和全国历史文化名城做了充足的文化铺垫，为我们理解和深入了解杭州这个历史文化名城做了更细致的诠释。

本书在已有研究成果的基础上，依据《中国旧海关史料》和翻译整理的海关贸易报告以及档案、地方志资料等，拟将晚清民国时期杭州对外贸易做一个整体的研究，对我们了解晚清民国时期的杭州有一个直观的、清晰的影像，同时可以填补晚清民国时期杭州对外贸易及社会经济研究的部分空白。这是本书的一个创新点，其中需要注意的一点是，杭州与外洋并不直接通航，其所有进出口都通过上海、宁波等口岸进行。而且杭州对外贸易分为海陆两路，陆路为与皖、赣、闽三省的贸易，由于关卡不严，没有完整精确的统计数字，所以难以讨论。海路则主要经由杭州关，因为是对外通商口岸，设有海关，数字资料较为完整精确，可看出当时杭州经济情况。所以本书以海关贸易报告的数据为基础加以分析，从而了解清末从杭州开埠到民国元年至抗战前期杭州社会经济演变，书中所引用的数据全部来自海关贸易报告。

二 研究现状

（一）杭州的对外贸易研究

由于杭州的重要地位，国内外学者很早就开始关注杭州地方史的研究。国内学者（除浙江本地学者以外）对杭州历史文化的研究可以追溯到20世纪三四十年代，以上海的学者为中心，以著名历史地理专家谭其骧教授为首，从杭州城市地理沿革的历史着手，拉开了杭州地方史研究的序幕。发展至今，杭州地方史的研究已形成多学科互动、各领域百花齐放的态势，成为推动杭州社会进步的重要力量。国外学者以日本学者居多，也是从 20 世纪 30 年代开始，从经济、文化、人口、方言等多领域展开，取得了一定的成果。这些成果的发表一方面为杭州地方史的研究作出贡献，另一方面无疑是对杭州城市的一个最好的宣传。总体而言，杭州地方史的研究侧重古代部分，特别是南宋时期。从学科角度看，则侧重经济、文化领域。而杭州经济史研究的特点则体现在对外贸易发展方向。

　　春秋战国时期，杭州地区先后属于吴、越、楚国。秦朝设县，汉武帝时设郡，隋代始设杭州。五代十国时的吴越国和南宋先后定都杭州，这是杭州历史上最繁荣显赫的时期。此后杭州一直是两浙一带的首府，新中国成立后仍为浙江省省会。杭州以其优越的地理条件及强大的经济腹地的支持，从原始的自然渔猎靠泊点，逐渐向人工的军港、商港过渡，乃至发展成为中国古代重要的贸易港之一。特别是唐、宋、元、明四代，杭州作为中国一个主要的对外贸易港与世界各国均有着频繁的贸易和友好往来。[1] 明清时期，虽然国家对外贸易政策时有变动，康熙二十四年（1695 年）允许浙江的宁波、定海、温州和乍浦等地"出洋贸易"，唯独未及杭州，动摇了杭州作为国际贸易港的地位，但由于其江河贯通的水运枢纽的独特地位，仍是大运河南端的重要内河港口之一。直至中日甲午战争以后，杭州成为浙江省内即宁波、温州后第三个被强迫开放的通商口岸。从此，近代杭州的对外贸易发生了质的变化。

　　以杭州对外贸易为研究对象的专著虽然至今没有问世，但是本地学者及机构从 20 世纪 80 年代开始就一直有相关研究成果发表。1989年，林正秋教授有关浙江经济文化史方面的论文专著出版，其中的《杭州、宁波海外贸易史略》[2] 一文认为杭州海外贸易的历史从东汉三国开始，吴越国时期已初具规模，到北宋初年，已被朝廷列为对外贸易口岸；宋元时期成为"东南第一州"，明清时期开始衰弱；直至中日甲午战争后，杭州被开放，海外贸易虽然重新崛起，但性质起了

---

① 吴振华：《杭州古港史》，人民交通出版社 1989 年版，第 1 页。
② 林正秋主编：《杭州宁波海外贸易研究》，古籍出版社 1989 年版，第 1 页。

根本性的变化。本书的论述对杭州开埠前海外贸易的发展研究奠定了基础，此后学者的研究在观点上没有很大的突破，只是在论述方法、资料收集上更加多样、丰富。1990 年，由原杭州市市长周峰领衔，浙江政协文史委召集浙江省学界相关教授学者编著出版《杭州历史丛编》，全套书共分六册，从史前时期至民国，多方位地介绍杭州历史文化。其中在隋唐编、南宋编、元明清编都有专编论述杭州的海外贸易，除此之外，每个时期杭州的交通以及重要产业都有涉及。全书最大的特点在于开拓了许多前人未发掘过的史料，并将所收史料来源附在书页中，为后人的研究提供了便利。在研究浙江历史的通史性著作中也有相关文字。如原杭州大学历史系倪士毅教授于 1987 年出版的《浙江古代史》，对鸦片战争前的浙江经济在每个时期都有专节讲述，特别是有关纺织业、丝绸业，这些重要的出口产品行业的发展历史的梳理与航运交通的介绍都有助于杭州对外贸易史的研究。如作者在介绍隋朝大运河建设时提到："610 年，由于江南运河的开通，杭州的商业就繁荣起来了，成为'珍异所聚''商贾并辏'的都市。"[1] 还提到江南运河、浙西运河水道，这些研究为我们对杭州在此后发展成为国际贸易港的区位优势提供了有益认识。2006 年，由浙江大学历史系金普森教授主编的《浙江通史》出版，全书共十二卷，此书是对浙江从史前到民国时期历史的总的论述，对浙江省每个时期的经济发展都有专节介绍，特别是对浙江对外贸易航线的变迁研究有助于对杭州对外贸易的兴衰演变的理解。鲍志成编写的《浙江海外通商史略，浙江对外关系编年》，将浙江对外关系的发展做了全面的概述，并对海外通商的商品结构变化、对外贸易的发展做了基本的概述。

　　《马关条约》签订后，杭州被迫开放。像先前开放的港口城市一样，杭州面临前所未有的变化：外国租界成为"国中之国"，海关被外籍税务司把持，洋人开办的工厂林立，这些重要权利的丧失对杭州地区经济发展、社会变迁产生了深远的影响。因此对杭州开埠后的对外贸易研究更具历史价值。金普森、何扬铭《杭州拱宸桥日租界对杭

---

[1]　西泠印社出版社 2006 年版。

州的影响》一文，对杭州开埠初期的进出口贸易数额、种类、结构作了简单的介绍，认为在杭州开埠后，外国商品的输入和浙江农副产品的出口，都有了发展，浙江社会被迅速、日益深入地卷入世界资本主义经济范围。① 据我们了解，此文利用海关贸易报告以及档案、地方志资料，通过对晚清民国时期杭州对外贸易的实证分析，阐述了该时期对外贸易发展的大致脉络，形成一整体架构，旨在探讨在特定历史背景条件下对外贸易的发展对杭州经济社会的影响。此外，利用海关数据对对外贸易做量化的研究分析，正是现在学界较为流行的研究手段，相较传统的研究方法，有所创新，而且能更直观地显示对外贸易的发展变化，以及更深入地揭示影响外贸变化的因素和内在的联系。

国内的其他学者在相关的著作中也有对杭州对外贸易发展的研究文字。如前提到《杭州古港史》,② 以港口建设、货物吞吐、港口管理为主要内容，全面反映古代杭州港产生发展的全过程；结合杭州港的自然地理条件、腹地经济交通的发展，以及城市建设、文化交流、对外贸易往来、政治军事活动等与港口有关联的因素，探索了古代杭州港的发展规律。此外，还有在浙江经济发展的总体论述或是对浙江省某一行业的研究中有所涉及。③ 如徐木兴《从杭州地区看市场的近代嬗变》一文主要从进出口贸易的商品结构变化、商品资本变化、金融市场变化等方面阐述了杭州地区近代市场的逐步形成，勾勒出杭州地区市场嬗变的粗略概貌。

国外学者在这一领域也无专著出版，但他们很早就对杭州经济发展史的研究表现出浓厚的兴趣，尤以日本学者为多。20世纪30年代，日本学者滕田丰八在一篇题为"宋元时代海港之杭州"文中专门论述了宋元时期杭州等地海外贸易盛况。新中国成立前，小野忍博士写了《杭州市的丝绸业》一文，对杭州近代丝绸业发展作了详细考察。50年代，日本《日表艺》连续刊登了《南宋官窑研究》文章

---

① 《杭州大学学报》（哲学社会科学版）1992 年第 1 期。

② 吴振华编著，人民交通出版社 1989 年版。

③ 《贵州文史丛刊》2003 年第 1 期。

达三十多篇，对为南宋宫廷服务的修内司官窑作了深入研究。60 年
代末，日本著名汉学家斯波义信发表著作《宋代商业史研究》，80 年
代又出版《宋代江南经济史研究》一书，他以新的理论、新的方法
对宋代经济的许多方面提出了创新的见解，其中对宋代杭州、湖州、
宁波、绍兴府设有专章或专节论述。除此之外，美国学者萧邦奇撰写
的《湘湖——九个世纪的中国世事》一书是迄今为止国外学者对于杭
州萧山湘湖研究的最详细的一部著作，也是目前我们可以看到的对于
湘湖历史地理研究的最完备的成果，资料完整，叙述生动，在诸多方
面取得了重要成就，其中最引起学者共鸣，同时也努力予以体现的
"社会史问题意识"成为学界讨论的焦点。

　　对外贸易亦称"国外贸易"或"进出口贸易"，简称"外贸"。
广义的对外贸易是指一个国家或地区与另一个国家或地区之间的货物
和劳务的交换，它由进口和出口两个部分组成；狭义的对外贸易仅指
货物的进出口。本书研究的是狭义的对外贸易。基于对外贸易对一个
国家或区域经济发展的重要作用，长期以来，中外贸易史研究不仅是
中外关系史研究的热点问题，而且在中国近代经济史研究中也一直是
学者较为关注的领域。20 世纪 70 年代末以来，经济史上的许多问题
都得以重新认识，研究也日益深化且全面，贸易史的研究也不断走向
深化和细分。对于对外贸易的研究思路可以分为宏观和微观两个
角度。

　　从宏观方面来讲，主要是从整体上探讨某一时段对外贸易的情况
或与某一具体国家之间贸易发展状况，在此列举部分：我国进行对外
贸易研究的先行者是郑友揆先生，他首先详尽、系统、清晰地展示了
中国各地区对外贸易状况，为进一步的学术研究提供了可靠的依据。①
随后郑友揆和韩启桐又对中国埠际贸易状况以及各种进出口商品的生

---

　　① 郑友揆：《中国各通商口岸对各国进出口贸易统计》，商务印书馆 1936 年版，第
1 页。

产和销售状况做了详细的阐述。① 随后在前期研究的基础上，对于进出口商品结构变化以及外贸与国内工业的相互关系进行探讨，并系统研究了1864—1948年间中国对外贸易和工业发展状况。② 李康华对中外进出口商品结构和市场结构分阶段展开分析。③ 紧接着，更多的学者关注对外贸易的研究，并发表了一系列的著作和论文：如孙玉琴主要研究1840—1948年近代中国100年间对外贸易的发展历程，分别论述了各时期中国对外贸易发展的宏观环境、主要制度安排、进出口贸易的实绩及对近代经济的影响等内容；④ 2004年在南开大学召开的"世界经济体制下的民国时期经济（1912—1937）"国际学术讨论会，其中亦涉及了部分学者对对外贸易的研究问题：有通过对1912—1936年中国出口商品结构变化的分析，来考量这一时期中外经济关系的发展变化及其对中国经济的影响；有从进出口商品结构的视角来考察不同国家外贸对中国工业化的影响，并探讨了不同的贸易格局以及中外贸易的特点。⑤ 也有学者从行业角度来考察外贸对中国工业化的影响。⑥ 最近期的研究成果是陈争平的《近代中外贸易发展史》一书，在综合前人研究的基础上，对近代中国对外贸易发展的因素、制度变化、商业组织、商路及流通机制、贸易平衡条件等进行了深入细致的研究，并得出了新的结论。

　　从微观方面来讲，对外贸易的研究又注重港口贸易的研究。中国学者对近代中国通商口岸的研究兴起于20世纪80年代后，对港口史、港口所在城市及相关区域经济史的关注和研究也变得越来越多，

---

① 郑友揆、韩启桐：《中国埠际贸易统计（1936—1940）》，中科院社会研究所，1951年，第1页。

② 郑友揆：《中国对外贸易和工业发展》，上海社会科学院出版社1984年版，第1页。

③ 李康华：《中国对外贸易史简论》，对外经济贸易出版社1981年版，第1页。

④ 孙玉琴：《中国对外贸易史》，对外经济贸易大学出版社2004年版，第1页。

⑤ 陈争平：《1912—1936年中国进出口商品结构变化考略》，载张东刚、朱荫贵《世界经济体制下的民国时期经济》，中国财政经济出版社2005年版，第1—9页。

⑥ 王翔：《近代中国工业化初期的三股推力——基于近代缫丝工业的考察》，载朱荫贵、戴鞍钢主编《近代中国：经济与社会研究》，复旦大学出版社2006年版，第593—621页。

人民交通出版社在 20 世纪 80 年代陆续出版了一系列港口史的著作，包括上海、大连、连云港、镇江、宁波、广州等港口。研究的重心首先是放在上海、重庆、天津和武汉这四个近代重要的通商口岸，发表了一批著作。这些著作论述了通商口岸的港口发展、贸易情形以及口岸贸易对相关城市和区域现代化的影响。①

　　国外对于对外贸易的讨论，也是从微观角度——基于通商口岸来考察近代对外贸易的发展情况。在国外学者的研究中，被誉为最早对中国通商口岸进行学术研究的学者之一的马士（H. B. Morse），首先介绍了中国的对外贸易制度，同时对鸦片战争以后的通商口岸进行论述与分析。② 自 20 世纪 50 年代以来，外国学者费正清、墨菲、郝延平、费维恺、滨下武志等人，从全国的层面对中国的沿海和口岸贸易进行过论述。其中值得一提的是美国著名汉学家费正清以近代中国最早开放的沿海通商口岸为考察对象探索近代中国沿海对外贸易。其博士论文《中国沿海的贸易与外交——通商口岸的开设（1842—1854）》探究了西方"条约体制"在中国各通商口岸的建立过程，并勾画出了近代中国早期口岸开放与社会变革的历史轮廓。③ 另外对于通商口岸的贸易研究，近代海关洋员的著作较为全面地记载了当时的贸易情形，是研究近代中国港口贸易的重要著作。④

　　由此可见，对外贸易史的研究方面，学术界主要集中于进出口商品、商品结构、贸易条件、贸易制度、宏观环境、对象国贸易以及对于近代工业经济的影响等的探究，而对于东南沿海对外贸易的研究，

---

　　①　张仲礼：《近代上海城市研究》，上海人民出版社 1990 年版；隗瀛涛：《近代重庆城市史》，四川大学出版社 1990 年版；罗澍伟主编：《近代天津城市史》，中国社会科学院出版社 1993 年版；皮明庥主编：《近代武汉城市史》，中国社会科学出版社 1993 年版；张仲礼主编：《东南沿海城市与中国近代化》，上海人民出版社 1996 年版。

　　②　H. B. Morse. The Trade and Administration of China. Revised Edition Kelly and Walsh, Limited, 1913.

　　③　J. K. Fairbank. Trade and Diplomacy on the China Coast: the Opening of the treaty Ports. Cambridge, Harvard University Press 1953.

　　④　[美] 马士编：《中华帝国对外关系史》（3 卷本），张汇文等译，上海书店出版社 2000 年版；班思德主编：《最近百年中国对外贸易史》，海关总税务司统计科 1931 年版。

学术界将重点更多地放在了上海，将浙江各港口作为上海的腹地来进行考察，而未对浙江的对外贸易进行系统的考察和研究，更没有对浙江一些重点区域的对外贸易进行系统的研究和分析。近年来，对于浙江地区对外贸易的研究主要是对宁波港贸易的初步研究，20世纪初至今，胜部国臣、王钟麟、张其昀、郑绍昌、竺菊英、乐承耀等学者对此都有所论述。学者主要从宁波港口贸易变化的原因、进出口商品结构变化①、宁波与上海的埠际转运贸易，② 以及港口对于其腹地的变化开展的。③

　　本书着眼于晚清民国时期杭州对外贸易的考察，但这方面的成果较少，学者研究主要是通史类著作，将对外贸易整个涵括在近代或民国浙江经济史中加以介绍。陶水木教授阐述了民国时期浙江商帮的形成和发展及其与上海经济近代化的关系，认为浙江商帮成为民国时期浙江乃至全国对外贸易的主力军；④ 袁成毅教授从浙江社会经济的概况中描述了浙江部分对外贸易的内容；⑤ 陶士和教授通过民国实业思潮、实业家的经济活动等经济问题的论述，来凸显出浙江对外贸易发展的概况以及对社会现象的考察；⑥ 丁贤勇教授论述了民国时期的浙

---

　　① 郑绍昌：《近代宁波港口贸易的变化及其原因》，《浙江学刊》1983年第1期；竺菊英：《近代宁波对外贸易衰落原因探析》，《浙江月刊》1996年第2期；乐承耀：《十九世纪中晚期宁波对外贸易发展及其原因》，《中共宁波市委党校学报》1998年第5期；郭剑波、赵红峰：《近代宁波港衰弱的原因分析及启示》，《宁波通讯》2005年第2期。

　　② 钟昌标：《从历史、现状看甬沪经济的互补、竞争与协同发展》，《宁波大学学报》1996年第1期；戴鞍钢：《近代上海与长江流域市场网络的架构》，《复旦学报》（社会科学版）1996年第5期；戴鞍钢：《近代上海与长江流域商路变迁》，《近代史研究》1996年第4期；戴鞍钢：《近代上海国内沿海埠际贸易探析》，《上海研究论丛》第11辑；唐巧天：《上海外贸埠际转运研究（1863—1930年）》2006年4月；唐巧天：《上海与宁波的外贸埠际转运变迁（1863—1930）》，《史林》2008年第4期；唐巧天：《回眸与展望：上海港与宁波港的发展历程》，《南通大学学报》（社会科学版）2008年第4期。

　　③ 王列辉：《近代宁波港腹地的变迁》，《中国经济史研究》2008年第1期。

　　④ 陶水木：《浙江商帮与上海经济近代化研究》，上海三联书店2000年版，第1页。

　　⑤ 袁成毅：《浙江通史》（民国下卷），浙江人民出版社2005年版，第1页。

　　⑥ 陶士和：《民国浙江史研究》，陕西人民出版社2003年版，第1页。

江新式交通与社会变迁状况等;① 鲍志成先生将浙江对外关系的发展
做了全面的概述,并对海外通商的商品结构变化,对外贸易的发展做
了基本的概述;② 另外先后出版的几本方志,从地方志的角度对杭州
的对外贸易进行考察。③ 有关的港史及航运史的研究,部分论述了杭
州港口的航运情况及贸易情形。④ 另有几本翻译整理海关数据的书
籍,⑤ 翻译整理了杭州、温州、宁波三个港口自开埠至抗战前的每年
海关报告和十年报告,其中十年报告的下限为1931年,对进出口贸
易活动以及社会经济活动的变迁做了全面的考察。最近,由杭州师范
大学民国浙江史研究中心选编的《民国浙江史料辑刊》,⑥ 是一部跳
过海关资料的视角对民国浙江史料进行汇总整理的资料集,其中包括
对杭州主要县市的经济调查及经济纪要等,是晚清民国浙江对外贸易
研究的重要资料集。

　　有关近代杭州港主要进出口商品的资料较为丰富。《旧中国海关
史料(1861—1949)》是目前研究中国近代港口贸易最为丰富的资料
宝库。其中的各年杭州关华洋口贸易情形论略将历年杭州海关报告作
了一个汇编,是研究杭州对外贸易的重要资料。⑦ 为了弥补海关资料
的不足,前辈学者又编制了众多资料汇编,有关于进出口商品的详细

---

　　① 丁贤勇:《新式交通与社会变迁》,中国社会科学出版社2007年版,第1页。

　　② 鲍志成:《浙江海外通商史略·浙江对外关系编年》,西泠印社2006年版,第1页。

　　③ 浙江省外事志编纂委员会:《浙江省外事志》,中华书局1996年版;浙江省外经贸
志编纂委员会编:《浙江省外经贸志》,中华书局2001年版;《杭州市志》编纂委员会:
《杭州市志》,浙江人民出版社1997年版;杭州市对外经济贸易委员会编:《杭州市对外经
贸志》,北京师范大学出版社1993年版,第1页。

　　④ 吴振华编:《杭州古港史》,人民交通出版社1989年版;童隆福:《浙江航运史
(古近代部分)》,人民交通出版社1993年版,第1页。

　　⑤ 杭州海关编:《近代浙江通商口岸经济社会概况(浙海关瓯海关杭州关贸易报告集
成)》,浙江人民出版社2002年版;陈梅龙、景消波:《近代浙江对外贸易及社会变迁——
宁波、温州、杭州海关贸易报告译编》,宁波人民出版社2003年版,第1页。

　　⑥ 杭州师范大学民国浙江史研究中心编:《民国浙江史料辑刊》,国家图书馆出版社
2008年版,第1页。

　　⑦ 南京中国第二历史档案馆编:《旧中国海关史料(1861—1949)》,京华出版社2001
年版,第1页。

记载。① 除此之外，还有有关上海的对贸易研究的书籍和资料，都对研究晚清民国时期杭州对外贸易有一定的帮助。②

（二）对杭州贸易发展有影响的其他城市或行业的研究

影响杭州对外贸易发展的因素包括国家政策的变化、经济腹地的变迁、交通条件的改善、其他口岸的影响等多方面。浙江对外贸易的主要港口除杭州以外，还有宁波、温州两地。三地相互依托，相互影响，构成浙江对内、对外贸易的整体网络。研究历史上三者的相互关系，对于如何平衡当前浙江经济贸易格局，探索港口未来发展的方向有着重要的借鉴作用。与杭州经贸联系更加紧密的宁波的海外贸易经济研究一直受到学者的关注，成果较多。专著有《宁波港史》《温州港史》。在论文方面，徐明德的《论 14 至 17 世纪宁波港在中日经济文化交流史上的重要地位》③ 一文重点考察明朝宁波港对日贸易在全国海外贸易中的重要地位；日本学者斯波义信的《宁波及其腹地》一文运用他独特的一套区域史研究理论，从多方面系统解析宁波的地域偏差；并通过社会内、社会间比较的研究方法，考察宁波的区域特点。这些理论和方法成为日后学者在相关研究上的重要参考。竺菊兰《近代宁波对外贸易衰弱原因探析》④ 一文，提及杭州开埠对宁波对外贸易的影响，认为杭州开埠后，曾经维系宁波出口贸易的徽州茶及部分平水茶皆改由杭州输往上海，宁波转运贸易的功能因此大受影响。除此之外，乍浦作为杭州港的一个重要口岸也较早地被学者关

---

① 姚贤镐主编：《中国近代对外贸易史资料（1840—1895）》，中华书局 1962 年版；彭泽益编：《中国近代手工业史资料（1840—1949）》，三联书店 1957 年版；严中平编：《中国近代经济史统计资料选辑》，科学出版社 1955 年版，第 1 页。

② 李必樟译编：《上海近代贸易经济发展概况：1854—1898 年——英国驻上海领事贸易报告汇编》，上海社会科学院出版社 1993 年版；丁日初主编：《上海近代经济史》第一卷（1843—1894），上海人民出版社 1994 年版；《上海近代经济史》第二卷（1895—1927），上海人民出版社 1997 年版。

③ 《中日文化论丛 1995》，杭州大学出版社 1996 年版。

④ 《浙江学刊》（双月刊）1996 年第 2 期。

注。徐明德的《论17—19世纪乍浦国际贸易港》[①]从介绍乍浦港的区位优势出发，分析了清代前期乍浦能取代杭州港而成为国际贸易港的原因，并重点展现了清代乍浦港的贸易盛景。

杭州对外贸易发展的基础依托杭嘉湖地区的经济发展。杭嘉湖地区的重要产业丝织业、纺织业、丝绸业在全国占有重要比重。杭州的出口产品一直以来就以丝绸最多，丝绸业的发展关系着杭州对外贸易的兴衰。有关浙江丝绸业研究成果较多，20世纪70年代末浙江丝绸工学院编辑的《浙江丝绸史料》油印本出版，这方面的史料整理工作是超前的。朱新予的《浙江丝绸史》是第一部相关的专著（浙江人民出版社1985年版），较早地系统分析了浙江丝绸行业的发展概况。陈永昊、陶水木主编的《中国近代最大的丝商群体；湖州南浔的"四象八牛"》（浙江人民出版社2001年版），从商帮兴衰史看湖州丝绸业的发展，为对外贸易研究提供了一个新的视角。

总的来说，目前国内有关海上丝绸之路的研究方兴未艾，而有关近代杭州对外贸易方面的研究还处于起步阶段，在全国同等性质的港口贸易研究中相对落后，要向纵深方向发展还有待我们进一步收集整理一手史料，在借鉴同类型城市贸易研究的方法的基础上，不断创新，以期在这一领域有所突破，为杭州地方史研究贡献一份力量。

三　主要资料说明

近代中国海关自1860年开始即按照西方的管理和统计理念，建立起一套严格的申报、汇总、出版体制，基本持续到1949年。其中既包括系统的统计数据，也包括由海关税务司撰写的较为详细的文字报告。2001年中国第二历史档案馆和海关总署办公厅与京华出版社合作，影印出版了170卷本的《中国旧海关史料》，收集收录了1859—1948年中国海关各分关、海关总税务司造册处以及伪满洲国财政部和经济部所编辑的进出口贸易报告、贸易统计报告、各口岸贸

---

① 《中日文化论丛1994》，杭州大学出版社1996年版。

易统计报告和调查报告、通商各关华洋贸易总册、伪满洲国对外贸易统计年报月报等，但遗憾的是《中国旧海关史料》中并未将旧海关出版物全数收入，如 1920—1930 年间的各关分关贸易统计及报告便没有收入。海关文字报告包括每年的贸易报告及十年报告。文字报告中涉及的内容很广泛，不但对所述年份的贸易总况、进出口商品、关税等情况进行叙述，对工业、农业、商业、交通运输、政治、军事、财政金融、人口等多方面均有记述或统计，并且在时间上具有连续性，可以前后对比，对于研究各时期有关口岸的贸易与经济发展非常有参考价值。宁波、温州、杭州等口岸的海关年度贸易报告及十年报告均已由英文翻译为中文出版，为对外贸易的研究提供了很大的方便。

　　除了旧海关出版物以外，20 世纪 30—50 年代出版的一批贸易统计资料，如蔡谦、郑友撰主编《中国各通商口岸对各国进出口贸易统计》，韩启桐《中国埠际贸易统计（1936—1940）》，实业部国际贸易局编《最近三十四年来中国通商口岸对外贸易统计》，杨端六、侯厚培《六十五年来中国国际贸易统计》，中国银行总管理处调查部出版《最近中国对外贸易统计图解（1912—1930）》等书，从海关总署调出大量原始的海关统计资料整理后出版，弥补了旧海关出版物统计中的一些不足，在研究中可与旧海关出版物相互借鉴补充。

　　资料汇编也是研究对外贸易的重要渠道。自 20 世纪 30 年代以来出版了不少经济类的资料汇编，其中有严中平《中国近代经济史统计资料选辑》、孙毓棠编《中国近代工业史资料》（第 1 辑）、汪敬虞编《中国近代工业史资料》（第 2 辑）、陈真编《中国近代工业史资料》（第 3、4 辑）、彭泽益编《中国近代手工业史资料》、李文治编《中国近代农业史资料》、姚贤镐编《中国近代对外贸易史资料》、聂宝璋主编《中国近代航运史资料》、《浙江省进出口贸易统计图表》等，多少都有关于杭州对外贸易的统计。

　　另外杭州各地的方志年鉴、报纸杂志是反映民国时期杭州对外贸易情况的又一部分重要资料。本书所研究的民国时期的杭州区域范围有别于现代杭州的范围，为今天的杭州、湖州、嘉兴三市。即杭属

（Hangchow. Territory）的余杭，嘉属（Kashing. Territory）的塘栖、石门、石门湾、桐乡、长安、硖石、嘉兴、王店、乌镇、海宁、平湖、乍浦、嘉善、枫泾、平望、黎里、震泽、南浔所组成的嘉兴分关，湖属（Huchow. Territory）德清、新市、菱湖、湖州组成的湖州地区关口三大部分。因此可查阅的各县乡方志较多，如《杭州市经贸志》《杭州市志》《杭州市工业志》《杭州市丝绸志》《嘉兴市志》《绍兴市志》《海宁市志》《湖州市志》《萧山县志》《余杭镇志》《富阳县志》《南浔镇志》等。在年鉴中，20 世纪三四十年代先后出版的几部浙江商业和经济年鉴可供参考，如 1948 年的《浙江经济年鉴》等。至于民国时期所发行的报纸杂志，许多种曾登载过关于杭州对外贸易的文章，如《申报》《浙江省建设月刊》《浙江省政府公报》《浙江公报》《工商半月刊》《国际贸易导报》《农工商报》《之江日报》等。

四　研究方法与特点

（一）研究方法

1. 唯物辩证法：唯物辩证法是进行科学研究的基本方法，它适用于一切科学研究工作，无疑它也是进行本项研究所采用的具有决定意义的方法。

2. 史料的积累与分析：史料是历史研究的基础。深入挖掘历史资料，才可以更好地从事创造性的学术研究和各种相关的实际工作。

3. 运用跨学科研究方法：在研究方法上，提倡革新，重视理论概括和解释，力求提高历史认识和解释的准确性，强调跨学科研究。

4. 实证分析方法：其特点是对所研究的重点对象进行深入细致的分析，从而得到主要的结论，为全面地剖析和总体判断提供充分和可靠基础。

本书依靠翔实的海关档案和地方志资料，将历史研究与社会史、区域经济史、对外贸易史、海关史的研究相结合，运用统计学、经济学、海关数据分析理论进行定量定性分析，以直观的数据反映客观的事实，由于有大量数据的整合和分析，因此有很多不尽如人意的地方，敬请体谅。

（二）特点

学术界对此问题的研究尚处空白状态，运用海关数据统计直观地反映杭州关进出口贸易变化的方法也是目前学界一个新的研究热点。同时，采用假设、比较的分析方法，兼顾经济学、统计学、社会学的理论，以提高研究成果的深度。本书的特点在于：

1. 突破传统对外贸易研究以时间分阶段的阶段性考察模式，换以比较的分析方法，将杭州开埠前与开埠后的贸易状况做多角度的对比，纵向分析杭州对外贸易的性质及整体走向；将杭州开埠后的贸易与省内其他港口贸易做横向比较，分析近代浙江省对外贸易格局的演变及原因；将杭州关进出口贸易与同时期开放的苏州关及与其有紧密联系的江海关进行横向比较，突出杭州开埠对运河航运发展、交通建设的促进作用。

2. 由于近代海关性质的特殊性，其职能范围相较于现代海关要宽泛许多，最突出的一点是近代海关报告包括了国内贸易的内容，因此对这一时期海关数据的分析，实际是将国外贸易与国内贸易并行研究。而杭州关几乎没有直接的国外贸易，所有外国货物的进出口都是通过上海、广州等港中介完成，这一特性使得本书的内容与一般海关进出口贸易研究内容有着本质的区别。

3. 通过对原始资料的挖掘，还对杭州开埠的历史过程作了详细的论述，特别是对光绪朝官吏密电的解析，说明当时朝野对新开口岸重大民生利权的补救所提出的策略虽然没有完全实现，但是为浙江地方政府、杭州地方官员与日本领事商议划定租界，设立海关等事项时提供了智力支持，有效地阻止了日本最初的设想。

4. 努力收集各方面的资料，包括档案、报刊、地方志、文史资料等，极大地拓宽了史料的来源，为本书的写作做了充分的资料准备。

第一章

晚清民国时期杭州对外贸易兴起的
自然及社会历史条件

将晚清民国时期中国的对外贸易置于其发展的大环境之中，可以窥见该时期的对外贸易总体上呈现近代化趋势。清末民初，西方列强侵略方式的逐步转变，使得越来越多的资本替代商品投入中国，进而企图掌控中国的经济命脉，而这在交通发达的沿海地区尤为明显。从经济发展的角度来看，正是在西方资本影响的基础上，沿海地区乃至全国已经开始走上了比较畸形的近代化道路。

上海自中日甲午战争以来就迅速成为全国出口量最大的港口城市，而浙江地区由于毗邻如此重要的经济腹地，其发展也是顺理成章的。作为浙江省会城市的杭州无论是在自然条件方面，还是社会历史条件方面，都凸显出了诸多迥异于中国其他地区的特征，这些特征带动了晚清民国杭州的经济发展。

本章将从浙江杭州自然及社会历史条件、近代市场的产生、近现代交通发展以及近代外贸商人（买办）的产生四部分，来全面阐述杭州在晚清民国时期贸易发展的条件背景。其中，着重论述社会历史环境与经济环境对于贸易发展的影响。同时，这两部分也是杭州地区有别于其他地区的不同特点，从中可以清晰地看出杭州地区对外贸易发展的优势条件。

一　自然及社会历史条件

（一）自然地理条件

对杭州对外贸易的兴起产生较为重要影响的两个最为基础的因素，即为杭州市的自然条件和地理位置，主要包括气候环境、交通条件、人口和地域状况以及区位优势等方面内容，其中，区位优势对于杭州近代对外贸易的兴起与发展尤为重要。

从自然条件来说，杭州地处我国东南沿海的亚热带中部，大致位于东经 120.2 度、北纬 30.3 度。总体而言，其气候特点表现为全年气温适中，光照充足，热量丰富，冬夏季风交替显著，夏季受海洋暖湿气流的影响，空气湿润，雨水充沛。杭州的雨季和夏季基本同步，既有利于热量资源和水利资源的利用、粮食作物和其他经济作物的生长，也为杭州的对外贸易提供了良好的经济基础。与此同时，杭州市的水系比较发达，境内有钱塘江、太湖两大水系及众多分支流，这些河流也为农作物生长提供便利的水利资源。杭州市的平原多位于钱塘江、浦阳江附近及其内侧，而较大河流两岸又有带状的河谷平原分布。这些地区地势较平坦，土地肥沃，灌溉便利，利于水稻、桑、麻、茶等农作物的生长。除平原之外，杭州还有一定面积的山地、丘陵、盆地等，极为适合竹木、柑橘、茶叶等经济作物的生长。杭州较为发达的农业为其对外贸易的发展提供了坚实的经济基础和可靠的物质力量。

从交通条件来说，浙江省内河流众多，河网密集，杭州境内的钱塘江、太湖两大水系更是与省内诸多水系相连接，并经过历史上无数先人的开拓与发展，已构成了便捷的内河航运，发挥着无可替代的功能。隋运河的开凿以及元代对京杭大运河的改建和完善，把浙江的水运网与全国五大河流相连通，使杭州成为南北水运大动脉的南端终点，有利于南北货物在杭州的集聚，保证了贸易的来往畅通，大大促进了杭州的对外贸易。海运方面，浙江省位于我国东南沿海，大陆海岸线长约2200公里，沿海岛屿达2000多个，对杭州有一定的辐射能力；从地图上我们可以清楚地看到浙江省大陆海岸线曲折绵长、多海湾、位于我国南北海岸线中段的特点，这有利于海港的建设和吸引国内外商船，从而便利了国内外货物在浙江省会城市杭州的流通。杭州市又拥有作为我国水运事业的发祥地之一的杭州港，该港口的设计统筹考虑与周边港口、各类运输方式、区域经济和经济腹地发展、公路主骨架、水运主通道、港站主枢纽及支持保障系统的紧密协调和衔接，互联互动、资源共享，确保了港口功能和优势得到最大限度的发挥，对推动杭州市对外贸易起了很好的作用。

从人口和地域状况方面来说，特别就杭州市的人口数量与耕地面积的关系而言，两者的极度不协调，赋予了杭州近代对外贸易发展的独特之处。杭州市丘陵、山地占总面积的65.6%，平原占26.4%，江、河、湖、水库占8%，并有世界上最长的人工运河——京杭大运河和以大涌潮闻名的钱塘江穿城而过。杭州西部、中部和南部属浙西中低山丘陵，东北部属浙北平原，江河纵横，湖泊密布，物产丰富。正如前文提到，由于杭州气候温和、水源丰富、土地肥沃等优势，使得其高产农作物种植较广泛，林业产品和经济作物的种植较为普遍，农业生产门类也比较齐全。但是，杭州市总体耕地资源十分有限，而近代以来杭州的人口数量却在不断增多。清初杭州府人口大致维持在明代末期水平。清乾隆统治的四五十年间，杭州府人口增长速度加快。原因是经康熙、乾隆几代帝王的统治，社会相对安定，有利于生产发展，为人口发展创造了政治和经济条件，同时赋税制度的改革也刺激人口的增长。至乾隆四十九年（1784年），据乾隆《杭州府志》载：户达445943户，男女大小丁口共2075211人。至嘉庆二十五年（1820年），据《嘉庆一统志》载，杭州府人口已达310余万。因此，光绪《杭州府志·户口》的按语说："户口之数，莫盛于乾嘉。"嘉庆朝以后至辛亥革命（1911年）以前，杭州府人口变化呈现先降后升的趋势。这一阶段人口起伏主要原因是太平天国运动等因素。光绪九年（1883年）户降为211659户，男女大小丁口为621453人。光绪末年，杭州府人口又有回升。至宣统三年（1911年），户达

313541 户，男女大小丁口 1520928 人。① 除了杭州以外浙江省的人口也增长很快，如表 1－1 所示。

表 1－1　　　　　　1890—1898 年浙江人口数量变化情况

年份	全省人口总数	占全国人口之比例（%）	人口密度（人/平方公里）
1890	14697110	3.86	112.20
1891	14951553	3.91	114.14
1892	15210401	3.96	116.12
1893	15473730	4.01	118.13
1894	15741618	4.05	120.17
1895	16014144	4.11	122.26
1896	16291388	4.16	124.37
1897	16573432	4.20	126.53
1898	16860359	4.25	128.72

资料来源：汪林茂：《浙江通史》第 10 卷，浙江人民出版社 2005 年版，第 392 页。

　　人口数量的不断增长与"多山、临海、水丰、地少"的次等生存环境形成了鲜明的对比和尖锐的矛盾，特别是到民国时期，随着杭州的发展，其人口增长日渐成为杭州社会的严重问题之一，这在一定程度上促使部分杭州人为满足生存需要而转变生产轨迹——与以土地为生的传统方式相脱离，转而从事于农业以外的商业、手工业等部门，正如费孝通先生所称道的"八仙过海各显神通"。杭州商人中的部分成员通常从低层次的小商品领域开始起家，经过自身的努力后逐步发展壮大，渐渐地成为生产组织者、供销组织者、经纪人和区域间产销组织者等诸多身份，他们无意中成为近代杭州对外贸易发展的动力。

　　近代杭州确实产生过诸多名噪一时的商业巨子，如徐吉生独资创办庆成绸庄，阮季候在杭州兴办武林铁工厂，刘梯青与庞赞臣集资 28 万元在余杭塘栖创设崇裕丝厂等。众多的杭州商人在外出经商的过程中，形成了一种敢于挑战风险、敢于尝试新鲜事物、勇于顽强拼搏的精神，他们的这一精神在潜移默化中发扬光大，成为民国时期杭

① 杭州市地方志编纂委员会编：《杭州市志》，中华书局 1995 年版，第 134 页。

州对外贸易兴起与繁荣的一股推动力量。

从区位优势来说,民国时期杭州对外贸易的兴起,除了前文已提到的杭州优越的地理条件,更重要的还在于经济腹地——上海对杭州的影响。1842 年第一次鸦片战争后,中英签订了《南京条约》,广州、厦门、福州、宁波、上海成为中国最初的五个通商口岸。由于上海具有交通便捷的独特区位优势,既地处具有深广腹地的长江流域终点,又处于中国沿海的中心,与内陆十多个省、市相连,这使得各省商帮云集上海。上海逐渐发展成为全国内外贸易的中心。直到 19 世纪 50 年代,上海逐渐取代广州,成为中国对外贸易的中心。正如马克思所说:"让出五个新口岸来开放,并没有造成五个新的商业中心,而是使贸易逐步由广州转移到上海。"① 见表 1 - 2。

表 1 - 2　　　1850—1856 年上海和广州进出口贸易额（万美元）

年份	广州	上海
1850	1670	1190
1851	2320	1600
1852	1640	1600
1853	1050	1720
1854	930	1280
1855	650	2330
1856	1730	3190

资料来源:黄逸平:《近代中国经济变迁》,上海人民出版社 1992 年版,第 62 页。

中华民国成立后,上海已成为中国最大的对外贸易港口和最发达的城市。杭州市因毗邻上海,其港口商品也需通过上海对外出口,故杭州较早地成为上海对外贸易的原料产地和国外商品的倾销地之一。与此同时,杭州的自然经济自清末以来加速解体,商品经济日益发展,作为浙江省会城市的杭州也逐渐融入了以上海为中心的对外贸易圈。

---

① 《马克思恩格斯选集》第 2 卷,人民出版社 2012 年版,第 33 页。

表 1-3　　　　　　　　中国对外贸易总值（1876—1888 年）　　　　单位：海关两

年份	进口净值	出口值	合计
1876	70269574	80850512	151120086
1877	73233896	67445022	140678918
1878	70804027	67172179	137976206
1879	82227424	72281262	154508686
1880	79293452	77883587	157177039
1881	91910877	71452974	163363851
1882	77715228	67336846	145052074
1883	73567702	70197693	143765395
1884	72760758	67147680	139908438
1885	88200018	65005711	153205729
1886	87479323	77206568	164685891
1887	102263669	85860208	188123877
1888	124782893	92401067	217183960

注：表格的统计，不包括沿岸贸易，故不能概括为全部的贸易值。进口净值，是指直接从外国进口到中国的外国产品。

资料来源：第二历史档案馆、中国海关公署办公厅编：《中国旧海关史料（1859—1948）》第 14 卷，京华出版社 2001 年版，第 9 页。

从表 1-3 中可以看出，中华民国成立之前，在中国的进出口贸易格局中，进口净值持续增加，而出口值则在一定幅度内波动发展。

同时，作为中国经济最发达和内河航运最便捷的长江沿岸地区，其大部分出口货物长期以来都是通过江浙沿海出口国外。清末及民国时期，长三角对外贸易的发展，一方面增强了其对长江沿岸的货物集聚效应，另一方面也增强了浙江对外贸易的物质力量。杭州处于中国长江下游的三角洲地区，其借助上海的便利不仅增大了杭州的对外商品输出，同时也大大增加了国外商品在杭州的输入。这种双向对外贸易的发展格局，客观上加剧了杭州自然经济的解体，扩大了杭州商品经济的内部市场。

（二）社会历史环境

晚清民国时期杭州对外贸易的发展与近代中国社会环境的变化密

切相关。这主要体现在政府的经济政策、人们的观念变化和交通条件、通信技术的改善等方面。

中华民族有着享誉世界的"中华文化圈"，不论是政治经济，还是科技文化等领域的成就均举世瞩目，其古代文明可谓历史悠久且灿烂，影响广泛而深远。但是，由于中国封建社会体制决定了其古代文明是建立在农业经济基础之上的，历朝历代几乎都实行"重农抑商"的封建经济政策，使得"士农工商"的社会等级制度在中国封建社会根深蒂固。因此，不论中国古代商品经济如何发展兴盛，商业始终处于整个社会的末业，并随着历代统治者的政策措施而兴衰更替。1840年中英鸦片战争，西方新兴的资本主义列强——英国用"船坚炮利"打开了古老中国的大门。随后，其他西方列强均效仿英国，用武力迫使清政府屈服，先后签订了一系列丧权辱国的不平等条约，中国的国民经济逐渐为外国列强所控制，国家主权日益丧失。尽管如此，以慈禧为首的清廷守旧派始终掌控着朝廷的大权，反对任何形式的改革，固执地维持其传统的封建落后的经济政策。许多爱国人士为救亡图存、振兴国家，强烈要求发展民族资本主义工商业经济。当历史的车轮进入19世纪末20世纪初，面对甲午战争的惨败，西方列强乘势纷纷入侵中国，中国出现了严重的社会危机。中日甲午战争的失败证明洋务运动并不能使中国实现真正的"自强"和"求富"，也进一步刺激了清王朝的一些封建士大夫，他们纷纷感到只有进行改革，只有发展资本主义经济才能使中国真正富强。同时，清政府由于巨额的赔款和庞大的财政支出而入不敷出，也必须通过发展工商业来增加财政收入。此外，西方列强在华投资建厂已征得清朝政府的准许，那么再压制中国国内民间工商业的发展不符合社会发展的趋势，所以为了继续维持其岌岌可危的统治，清政府终于决定在一定程度上进行妥协，改变其经济政策。

从19世纪晚期开始，清政府逐渐开始重视官商关系，下令保护工商业者利益的同时，相继出台了一系列发展工商业和对外贸易的政策。1896年2月，清政府先后设立商务局、农工商局，以期联络工商，推动实业发展；光绪二十四年五月十七日，清政府颁发上谕"富强至计，首先鼓舞人才，各省市民若有新书以及新法制成新器，果系足资民用者，尤宜奖赏以为之劝"，奖励新制造。在清政府颁布的发展工商业政策的带动下，浙江当局也采取了许多有利于工商业发展的政策措施。例如，光绪三十年（1904 年），建立了浙江有史以来第一个专门管理农工商实业的农工商矿局（1908 年改为劝业道），采取多项措施以推动实业的发展；各级官员对于申请办厂、开矿等方面的呈文（申请报告），基本上都能很快得到批复同意，对于办企业者在地方遇到阻力时还能给予一定的帮助；为培养具有一定文化程度和技能的劳动力，浙江地方政府不仅大力推行基础教育，而且创办了一些专门性的职业学校和培训机构等。① 清末浙江当局所推行的一系列经济政策，对于促进杭州民族资本主义经济的发展起到了积极的作用。但是，当时的杭州由于处于半殖民地半封建社会的旋涡之中，不可能短时间内彻底清除阻碍其资本主义经济发展的障碍，这在一定程度上制约了杭州资本主义经济的发展。中华民国成立后，南京临时政府和北京政府也相继出台了相关的发展农工商业的政策措施。然而，对杭州发展对外贸易最有利的一项政策变革，应当属 1928 年南京国民政府为争取关税自主而实行的国定关税政策，见表 1－4。

表 1－4　　　　1929 年国民政府实行的部分商品进口税则

商品	税率	商品	税率
纸烟	40%	毛织品	17.5%
酒类	27.5%	棉织品	10%
丝织品	22.5%	水泥	7.5%

　　资料来源：孙玉琴：《中国对外贸易史》第二册，对外经济贸易大学出版社 2004 年版，第 204 页。

　　此后，南京国民政府在 1929 年税则的基础上，又分别于 1931 年、1933 年和 1934 年实施了新的税则，使得中国的关税在 20 世纪 30 年代逐渐获得了世界各个国家的普遍认同。国民政府对新税则进

---

① 参考汪林茂著，金普森、陈剩勇主编《浙江通史·清代卷》（下），浙江人民出版社 2005 年版，第 7、8、10 页。

行了特殊的调整，使得其比"值百抽五"的固定关税有了较大幅度
的提高，增强了关税对民族工商业的保护力度，强化了民族工商业的
国际竞争水平。具体以对日本的税率为例，平均增加了从日本进口的
大部分物产，包括棉货、海产品等，增加的比例平均为 2.5% 。而
1933 年的税则则在更大程度上推动了民国时期的民族产业，同样是
对于日本，对于海产品的税则，最高达到了 80% 。[①] 新税则的实施有
力地推动了民国时期杭州对外贸易的发展和开拓。但必须指出，由于
民国时期的中国海关从某种意义上来说仍为列强所掌控，面对列强的
强大压力和干预，南京国民政府并未实现大幅度提高关税税率的目
标。因此，这一经济政策并未能改变民国时期杭州对外贸易附属于外
国列强的命运。

　　人们社会意识和消费理念的变化也影响着民国时期杭州对外贸易
的发展。从理论的角度审视传统社会内部，自 1840 年鸦片战争以来
的社会转型、商业化的趋势，对"商业是社会末业"的传统思想给
予了巨大的冲击。19 世纪中叶，绅、商界限开始模糊，学术、商务
渐趋结合。在浙江、江苏等经济较为发达的地区，人们不为做官而求
取实业，是为了获得更广阔的发展空间，也是绅、商相融的表现形
式。这种绅商融合的现象，因 1905 年科举考试制度的结束而成为一
种定局，越来越多的士绅转入仕途以外的人生道路。商人社会地位的
提高，新的阶级结构的产生，已渐渐成为社会现实而被人们所认同。
此外，自 1840 年鸦片战争以来，中国的国门被迫对外开放，西方列
强借由不平等条约攫取了大量的政治经济特权，还凭借这一特权向中
国大量输出工业品，特别是物美价廉的棉织品。尽管在最初的几年，
由于中国传统的小农经济的抵制，西方列强并没能真正实现向中国倾
销工业品的目的。但随着西方列强不断增长的政治经济特权以及在中
国占据对外通商口岸的日益增多，使得西方工业品自 19 世纪 50 年代
后期起开始占据中国市场。在这一变化的过程中，一方面，中国的商

---

　　① 蒋清宏：《国民政府战前关税政策研究》，载中国社会科学院近代史研究所编《中
国社会科学院近代史研究所青年学术论坛 2005 年卷》，社会科学文献出版社 2006 年版。

品经济日益发展，市场开放程度日益提高；另一方面，在一些传统的自然经济受到破坏较为严重的沿海地区，随着人们对外国商品接触的增多，使他们逐渐开始了解西方工商业产品的高性价比和价廉物美。这在赢得了许多沿海消费者肯定和欢迎的同时，也使得他们的消费观念和消费理念悄然发生了变化。杭州是一个深受近代西方经济侵略的地区，这在客观上加速了杭州自然经济的解体和向近代社会转型的速度。中华民国成立后，杭州对外开放的程度进一步提高，与国际市场的联系更为频繁，外国商品也更广泛、深入地占据了杭州市场，这些因素都进一步改变和加深了杭州人对洋货的认知。

清朝末期，杭州居民就开始购买和使用外国商品，尤其是物美价廉的棉织品等产品。随着时间的推移，杭州购买和使用外国商品的人普通增多，甚至在一些边远的农村也出现了使用洋货的现象，"虽僻陋市集，靡所不至"，[1] 当时，许多人"不用外货终不为美"。由于洋货的普遍流通，于是出现了许多如洋布、洋油、洋钉、洋铁和洋火等新的名词。人们对洋货认可度的增强，必然有利于杭州的外贸发展。

另外，通信技术的改善也日渐地影响社会观念和社会行为的变化，刺激变革中的杭州经济和对外贸易。杭州民信局成立于清朝同治年间（1862—1874 年），光绪二十三年（1897 年）改为杭州邮政局。邮局的建立，改变了古代驿站由徒步、马匹、船舶等无热动力传递信件的古老方式，进入了较为便利的近代化邮电通信里程。民国 2 年（1913 年），浙江邮区总局设在杭州。杭州市邮路分为火车路、邮差路、汽车路、轮船路和民航路 5 种，邮件的种类也分为普通、挂号、快信、保险、航空及邮转电报等 6 项。

而国内有线电报，则开始于光绪五年（1879 年），浙江省有线电报以杭州为最早，于光绪九年（1883 年）开始营业。民国 5 年（1916 年）浙闽电政管理局改为浙江电政监督处，民国 16 年（1927 年）更名为浙江电政管理局，总局设在杭州。到民国 16 年（1927 年），线路里数达 5458 里，线条长度达 11779 里，木杆根数达 41759

---

[1]　柯来泰：《救国十议》，《皇朝经世文三编》第 31 卷，艺芝书局藏版，第 3 页。

根。据《中国实业志》载，杭州无线电报分部办与省办两种。部办无线电报，即交通部经办的无线电台，在浙江设有杭州、宁波、定海三处。部办杭州无线电台创办于光绪年间，装有莫尔斯发报机 10 部，韦斯登式收报快机 1 部，计有电报线路 13 条，专与上海、宁波、定海等地通报。省办无线电报竣工于民国 17 年（1928 年）10 月，总台设于杭州。民国 19 年（1930 年）又增设短波无线电报台，并于平阳、泰顺、庆元、龙泉 4 县设立报务分台，专通浙江省政治、军事消息。

此外，民国 17 年（1928 年）3 月，浙江省的长途电话局成立，以杭州为中心，敷设全省长途电话网线，其中有杭枫干线（杭州至枫泾）、杭长干线（杭州至长兴）、杭甬干线（杭州至宁波）、杭衢干线（杭州至常山）、杭丽干线（杭州至丽水）、杭兰干线（杭州至兰溪）、杭绍干线（杭州至绍兴）、杭余干线（杭州至余杭）以及杭留乡线（杭州至留下）、杭乔乡线（杭州至乔司）等。民国 19 年（1930 年）8 月还与安徽芜湖接通长途电话。[①]

民国 16 年（1927 年）10 月，因军事需要，杭州创设长波无线电台。两年后，改装短波，定名为交通部杭州短波无线电台，专通上海、南京、定海、宁波 4 处，通信距离为 200 海里。浙江省办广播无线电台始于民国 17 年（1928 年）2 月，同年 10 月开始播音，每日接收上海播音台、南京中央无线电台所播的新闻消息。

尽管最初各种通信设施的建立，各类通信机关的设立都是出于军事和政治的需要，但随着军事和政治的局势日渐稳定，这些通信设施最终必会为民生经济服务，并为工商业的发展和繁荣带来便利。因此，民国时期通信业的发展，也是制约近代贸易发展的重要因素之一。

---

① 干人俊：《民国杭州市新志稿》，民国三十七年修，杭州市地方志编纂办公室 1987 年铅印本，第 54 页。

（三）经济基础

杭州社会经济的发展为晚清民国时期对外贸易的兴起奠定了坚实的物质基础。近代以来特别是民国时期，杭州对外贸易的发展最为突出的表现就是资本主义工商业的发展。社会经济的发展无疑会带动民族工商业的发展，而民族工商业的发展也势必会成为杭州对外贸易发展的重要基础和组成部分。

先秦时期，杭州社会经济处于比较原始的状态，司马迁曾对此评价："地广人稀，火耕水耨，饭稻羹鱼，兼以果蛤，虽无疾饿之人，亦无千金之家。"但唐宋以来，随着大规模人口的南迁和政治中心的转移，江浙地区逐渐发展成为中国社会经济的中心。特别是到了明朝，杭州的农业生产水平成为古代中国最发达的地区之一。除了种植粮食作物之外，还种植桑、麻、棉等经济作物，出现了"富者田连阡陌，桑麻万顷"的现象。经济作物种植的普遍推广，有助于推动该地区商品经济的发展。明中叶，杭州地区农业商品化程度的日益提高以及手工生产工具的不断改进，使得该地区商品经济获得了巨大的发展并呈现出空前活跃的状态。史载："上下经商，过往仕客，挨挤满路，实是气色。两边铺面做买卖的，亦挨肩叠背。"

清朝，杭州商品经济持续发展。近代以前，杭州内部的商品经济基础较雄厚，农产品和手工业品空前丰富，正是凭借这种良好的条件，使得杭州更好地利用其沿海的优势，充分发展了与日本、朝鲜、东南亚乃至更远地区的贸易。但同时必须指出，近代以前杭州地区商品经济的发展始终置于封建统治者的严密控制下，这在一定程度上限制了其向前发展的步伐和空间，江南地区出现的资本主义生产方式也始终在萌芽状态徘徊；加之明清两朝实行过历时各异的"海禁"政策，这些因素均阻滞了明清时期杭州对外贸易的发展。

进入近代以后，伴随着境内商品经济的良好趋势，杭州的对外贸易也产生了新的发展契机，主要体现在三方面：农产品商品化程度进一步提高，一大批采用近代化生产方式的企业纷纷出现以及民族资本主义经济得到发展。

　　浙江是中国农业生产大省之一。自对外贸易的航道开通以来，在浙江贸易格局中有着举足轻重地位的杭州，其农产品出口始终占据着非常大的比重。在社会经济不断发展以及劳动分工日益深化的过程中，农产品用于交换必然会渐趋普遍，从而进一步刺激农产品的商品化。1840 年以后，西方列强在用武力打开中国大门，向中国倾销工业品的同时，也一直低价或无偿地掠夺中国的原料，其中农产品首当其冲。"1861—1865 年间，由于英国向印度和中国大量的购买棉花，而使中国的棉花输出增加，引起了长江下游一些地区把种植粮食作物的土地面积改为种植棉花。"①

　　杭州是遭受西方列强经济侵略的较早地区之一。外国资本主义工商业主利用特有的资本和权力，肆意掠夺杭州的农业资源，企图把杭州作为他们的原料供应地。在这一情形下，杭州的农业生产渐被西方资本主义经济控制和把持，广大的农民深受外商的剥削而日益贫困。但是，杭州农业生产在适应西方列强需要的同时，加之受家庭手工业日益破产和本省及外省工商业发展的影响，其中的商品性经济成分必然会不断增加，部分经济作物的种植面积持续扩大。随之，杭州农产品出口总值不断增长，并在浙江省农产品出口总值中占据较大比例，见表 1 - 5。

表 1 -5　　　　　　　1905—1911 年浙江三地土货出口总值　　　单位：海关两

年份	宁波	杭州	温州	总计
1905	6151744	10200623	461570	16813937
1907	8940474	10301995	470768	19713237
1909	9923477	12557729	350954	22832160
1911	7863143	9632054	462024	17957221

　　资料来源：新编《宁波市志》中册，中华书局 1995 年版，第 1541 页；新编《杭州市志》第五册，中华书局 1997 年版，第 673 页；《温州市志》，中华书局 1998 年版，第 64—65 页。

---

　　①　陈绍闻、郭庠林主编，蒋立、徐雪筠、马德钫等编写：《中国近代经济简史》，上海人民出版社 1983 年版，第 53 页。

年份	1908	1913	1918	1919	1920	1921	1922	1923	1924
表 1－6 浙江省三关对外贸易情形 单位：关两									
杭州	559	—	—	—	—	—	—	—	—
宁波	136902	690	7137	3670	2018	21278	4959	8851	6619
永嘉	69688	—	292	6984	8	15682	20238	293548	629601
合计	207149	690	7429	10654	2026	36960	25197	302399	636220

（土货出口）

资料来源：实业部国际贸易局：《中国实业志》（实业部国际贸易局1933年版，第80—81页）。

　　农产品商品化程度的不断提高，表明了杭州农村中自给自足的自然经济正在加速解体，农业生产已经逐渐开始服从于商品经济，从而在根本上成为民国时期杭州对外贸易发展的动力。民国初期，由于受第一次世界大战等一系列因素的影响，使得国际市场对农产品的需求不断增长，浙江农村经济作物的种植面积进一步扩大，如杭嘉湖地区的海宁硖石镇"乡民几无家不育蚕者"，[①] 与此同时其价格也日益攀升，极大地推动了杭州的对外贸易。

　　清末民初，政府不同程度地实行了一些有利于商品经济发展的经济政策，使得封建自然经济进一步解体，国内社会风气逐渐开明，民族资产阶级队伍日益壮大且经济实力渐趋增强。加上，当时浙江人民开展的"抵制美货""收回权利"等运动以及一战时西方各主要资本主义国家忙于战争无暇顾及中国，都促使浙江在当时出现了许多经营近代工商业的企业，如1900年在杭州成立的由谢之谦创办的振兴肥皂厂、1910年建成的杭州大有利电灯厂、1912年成立的纬成丝绸厂等。新式企业的创办说明杭州商品经济的发展与繁荣，在一定程度上为民族资本主义经济的发展开拓了空间，同时也进一步增强了杭州对外贸易的经济实力。

　　晚清民国时期，特别是民国初期，基于杭州农产品的商品化程度进一步提高，许多新式企业的涌现，工商业者对丰厚利润的追求，社会上"实业救国"思潮的兴起等诸多因素，杭州社会形成了一股发

———————————

① 刘大钧：《硖石之经济状况》，《中外经济周刊》215号，第17页。

展民族资本主义经济的热潮。这一时期杭州民族资本主义经济的发展主要体现在三个方面：首先，出现了许多资本雄厚的厂矿企业，如资本额由 5 万元增加到 50 万元的杭州光华火柴厂，资本由 2 万元增加到 20 万元的杭州纬成丝织公司；又如 1914 年创办的天兴电气公司，有资本 60 万元。① 其次，企业规模迅速扩大，如 1912 年到 1920 年，杭州绸业手织木机由原来的 28 架增加到 1060 架。杭州纬成丝织公司，其织机由初创时的 10 台增加到 20 世纪 20 年代的 360 台。② 最后，企业生产技术有重大革新，如绸厂中使用电力织机、棉厂中使用柴油机等。当时杭州社会经济发展所取得的成就是巨大的，其域内经济的发展正是对外贸易增长的真正驱动力。尽管杭州民族资本主义经济得到了迅速发展，但在发展中仍然面临着诸多的困难，特别是一战后帝国主义国家卷土重来，为杭州民族资本主义经济的发展带来了巨大的冲击，致使杭州仍无法摆脱受西方资本主义国家操控的命运。

此外，我们不得不注意到在上海经济近代化的过程中始终存在着无数杭州商人的身影，例如在上海经营丝织业的杭州著名丝商胡光墉。杭州商人在上海投资创业的过程中，与外国商人和外国企业的接触日益频繁，逐渐认识到了西方世界工业技术和管理模式的先进性，客观上为西方经济发展模式的传入贡献了力量，又在一定程度上为资本主义经济的发展积累了资金和经验，开拓了杭州乃至浙江民族资本主义经济发展的新境界。

二　近代市场的产生与发展

近代市场的产生与发展是民国时期杭州对外贸易兴起的重要原因之一。贸易的兴起和发展必须建立在一定经济基础之上，如果没有良好的市场条件，对外贸易就失去了发展的空间和舞台。反之，对外贸易也促进了市场的形成与发展。

---

① 沈雨梧：《浙江近代经济史稿》，人民出版社 1990 年版，第 139—143 页。

② 沈九如：《杭州纬成公司史略》，载杭州政协编《浙江文史资料选辑》第 9 辑。

　　杭州近代市场的产生和发展与近代中国商品经济发展的特殊国情是密不可分的。近代以前，杭州的商品经济就有一定的基础。1840年之后，外国资本主义经济的入侵，加速了杭州自给自足的自然经济的解体，客观上促进了杭州商品经济的发展，从而推动了资本主义商品市场的形成。这正如毛泽东同志所说的"外国资本主义对于中国的社会经济起了很大的分解作用，一方面，破坏了中国自给自足的自然经济基础，破坏了城市的手工业和农民的家庭手工业，另一方面，则促进了中国城乡商品经济的发展"。[①] 正是西方列强的经济入侵，打断了中国社会经济发展的原有方向，加速了中国自给自足的自然经济的解体。同时，也使广大中国人民因遭受西方资本主义的经济冲击而陷入贫苦，过着牛马不如的生活。然而，西方列强在对中国进行经济侵略的过程中，客观上也传播了西方世界在政治、经济、文化等方面的先进思想和内容，促进了中国社会的商品经济能够突破原有落后缓慢的模式而加速发展。

　　西方资本主义列强的最初设想就是将中国作为它们的工业品倾销地和原料供应地。它们对中国市场抱有强烈的幻想和渴望，认为拥有数亿人口的中国市场一旦向它们开放，即使把所有机器都开足马力进行生产也不能满足中国人的需求。在最初的几年，由于中国自然经济的抵制等诸多原因，它们始终没能实现这一愿望，但随着中国内外形势的变化，西方列强逐渐地实现了向中国倾销工业品的目的。如松江府一地，原本市场上都是土布，但在1850年之后，洋布凭借其质优价廉的优势取代了市场上原属土布的地位，致使民间手工业者纷纷破产。作为西方列强急于开拓的中国沿海市场的一部分，杭州必然也要遭受西方商品的强力冲击。西方列强在向浙江倾销工业品的同时，还加速掠夺浙江包括杭州地区的原材料，就上文已提及的1905—1911年宁波、杭州、温州三地的土货出口总值来说，短短几年，三地货物出口就从16813937海关两增长到17957221海关两，年均增长163326海关两，从中可知，西方列强对浙江以及杭州农产品和原材料的掠夺

之多。

　　进出口贸易的双向变动，充分说明了西方列强对浙江杭州人民的残酷压榨与掠夺，同时也加速了杭州等地社会家庭手工业的瓦解和破产，并促使更多的人不再固守原来的小农经济，而是走向工商业经营或者另谋生路，无意之中成为推动浙江杭州商品经济发展的一股动力，而由此造成的市场繁荣和消费人群的扩大，极大地提高了杭州社会经济的市场化和商品化程度。

　　随着双方实力的对比差距日益明显，使得一部分爱国的士大夫认识到了中国与西方国家的差距，他们提出要向西方学习，如魏源在《海国图志》中就曾提到"师夷长技以制夷"。"洋务运动"是中国开始学习西方的一次最初尝试，但由于清政府内部弊端累累，加之对西方的学习仅限于器物层面而不作根本的改变，因此，"洋务运动"并不能使中国获得真正的富强，而中国在中日甲午战争中的失败也宣告了洋务运动的寿终正寝。值得一提的是，尽管"洋务运动"的失败最终无可避免，但其在一定程度上推动了中国人学习西方世界的科技文化知识，也在一定的程度上启迪了中国人了解西方列强的现代化进程。19 世纪末 20 世纪初，在国内外各种因素综合作用下，中国兴起了学习西方开办新式工业的热潮。浙江就是在当时开办西方资本主义新式企业最多的地区之一，最早和最能够代表浙江民族资本主义的著名企业是所谓的"三通"和"三丝"。"三通"是当时棉纺织领域的三家大型企业，即杭州的通益公纱厂、杭州萧山的通惠公纱厂和宁波的通久源纱厂。其中杭州通益公纱厂始建于清光绪二十二年（1896年），翌年竣工，由南浔巨富庞元济和杭州殷富丁丙、王震元等集议并筹募股本，后李鸿章之子李经方假手高懿丞投资该厂，并于 1903年 8 月改组纱厂，更名为通益公纱厂新公司，后又改为鼎新纺织股份公司。它是当时浙江省规模最大、设备最先进、最具社会影响力的三家民族资本开办的近代棉纺织工厂之一，是杭州近代民族轻纺工业创建、发展史的实物见证。"三丝"则是指缫丝领域的三家较具规模的企业，即杭州的世经缫丝厂、杭州萧山的合义和缫丝厂和绍兴的开源永缫丝厂。杭州的世经缫丝厂创办人为庞元济，他先后在杭州拱宸桥、德清塘栖（今余杭塘栖）等地创办缫丝厂和纱厂。1895 年，庞元济与丁丙投资 30 万两，在杭州投资建立世经缫丝厂。该厂与 1896 年丁丙在余杭建立的大纶制丝厂、楼景晖在萧山开办的合义和丝厂，同为浙江最早的缫丝厂。近代以来，杭州和上海一大批新式企业的创办，集中体现了两地民族资本主义的发展，不仅增加了两地工商业资源，还扩大了两地的商品市场。

近代贸易市场是对外贸易的平台和基石。它的产生和发展不仅为贸易双方提供沟通的场所，亦可作为信息载体促进对外贸易的沟通和交流。而浙江杭州的近代市场，主要与通商口岸的开放和发展，上海的崛起和带动以及其他一些因素有着十分密切的关系。

首先，通商口岸是近代西方资本主义列强在经济上侵略中国的产物，而杭州近代市场的产生与发展正是从中国近代史的这一特殊产物开始的。西方列强为了将中国广大的市场变为资本主义经济发展的消费场所，利用通商口岸的形式，并凭借其雄厚的资本和先进的科技，逐渐使整个中国对外开放，较早地实现了在这些地区的经济入侵。杭州由于是浙江的省会城市且地理位置优越，较早地成为西方国家在中国的通商口岸，亦较为深刻地遭到了外国经济的入侵。西方列强不断加强对杭州市场的控制，严重地损害了杭州社会经济的独立性，阻碍了杭州民族经济的发展，侵害了杭州人民的经济利益。但是，这些通商口岸也是杭州与国际市场连接的纽带，正是因为通商口岸无可替代的作用，才使得西方文明在杭州地区被引进和根植，各国的进口商品从杭州地区进入浙江，从而转至全国各地。同时通商口岸的开放成为中国对外开放的重要窗口，让作为通商口岸的杭州地区的人们认清事实，面对事实，接受西方优秀文化的熏陶。这就极大地冲击和改变了杭州市场原有的模式，使原来分属于各传统城镇的零散市场，通过洋货的连接而逐渐整体化。清末特别是进入民国后，由于西方列强经济势力的增强，使得其对杭州经济的入侵进一步增强，同时加之杭州社会经济对市场开放程度的提高，均强化了以杭州市为中心的全省各个地区间经济运行的相同之处，形成了以通商口岸为中心的全省市场网络。

其次，杭州近代市场的产生与发展，又与上海的崛起和兴盛密切相关。从某种意义上说，上海近代市场的产生与发展对浙江杭州对外贸易的兴起至关重要。自上海成为通商口岸以来，其发展是非常迅速的。前文已经提及在19世纪50年代，上海取代广州成为对外贸易的中心，此后上海的对外贸易持续增长。民国成立后，上海作为中国最大的对外贸易港和一座东方大都市，其人口数量持续增长，各种近代工商企业如雨后春笋般纷纷涌现。当时的上海成为亚洲的世界金融中心，世界的各大银行、保险公司等都落户在了上海，上海也是民国国民收入的重要来源，有着"中国钱包"的美誉。民国政府还将上海建为上海特别市（即直辖市），民国政府的所有经济政策能否成功，就看在上海能否成功，足见上海对当时国民经济的重要性。此外，上海还有许多第三产业，如近代上海有名的娱乐场所"大世界"就是其中杰出的代表。当时，上海被称作"一座冒险家的乐园"，各种各样的人混杂于其中，从事金融、航运和投机等各种经营活动，如蒋介石、张静江等就曾在上海证券交易所从事投机活动。浙江杭州与上海这两个近代工商业均非常发达的地区，可以凭借二者在地理区域上相近，在经济上取长补短等优势条件，从而获得充分且长远的发展空间。可以说，近代以来特别是民国时期，杭州借助上海经济的发展和开放程度提高的优势，为自身外贸市场的产生和发展创造了有利的条件。

劳动力市场是近代市场的重要组成部分之一。中国是个拥有众多人口的劳动力大国，故以其劳动力市场为代表的分析具有较强的典型性。尽管人力资源占中国市场的比重较为丰富，但在近代以前，我国的多数劳动力都被束缚在土地上，很少与外界发生接触，因此，能够自由出卖劳动的劳动者少之又少。正如明代中叶的江南地区，虽有为数较多的靠出卖劳动为生的纺织工，然而占当时主体的仍是土地劳动者。

而到了19世纪和20世纪，为了逃避战祸、饥饿和贫困，大规模人口迁徙和流动既成为一种社会不稳定因素，也为各种行业提供了劳动力资源。因为当时在广大农村地区，传统生产关系及生产方式依然没有得到改变，生产工具落后，耕作方式原始，与经济繁荣的城市对应，广大农村出现衰败现象。所以城乡经济发展十分不平衡，用机器生产的工业与用手工业生产的农业对立，越来越多的农村劳动力开始从农业生产中摆脱出来，转入工业生产。[1] 这种人口流动超出了政府的控制能力，并对全国各地产生了较大的影响。就江浙地区而言，与世隔绝的村庄越来越少，到城市里找工作，成为新的生存方式。1840年之后，随着西方商品输入与日俱增，特别是洋纱洋布的输入，中国传统的家庭手工业遭到摧毁，许多小商贩为生计所迫，不得已出卖劳动，这就为近代机器工业提供了部分所需的劳动力。同时，随着封建统治的日益腐败和农民土地的不断丧失，大部分无以为生的农民也逐渐成为市场上的雇佣劳动力。此外，加之清末民初由于战争、交通条件和自然灾害等原因而造成的人口流动，都为杭州提供了许多劳动力。众多可自由出卖劳动的雇佣工人的产生，不仅满足了工商业发展的劳动力需求，而且由此增加的消费人群，也极大地发展和繁荣了近代杭州市场。

近代市场的产生构成了资本主义世界市场的组成部分，它有着市场经济的一般属性，表现为市场在资源配置中起着基础性的作用，而近代市场则受市场规律的调节与支配，农业生产和工业生产受市场供求关系的影响，并随着世界市场的波动而波动。杭州近代市场的产生，深受"欧风美雨"的影响。正是资本主义的这种催化作用为杭州近代市场的形成和发展开拓了广阔的社会基础。如前已提及的1861—1865年间，由于英国大量收购棉花，从而引起包括杭州在内的长江下游一些地区将种植粮食作物改为种植棉花。这段事实证明，时至19世纪后半期，国际纺织业发展已借价格为绳索，把中国棉花拉上世界商品舞台，中国棉花的生产不仅不能再封闭在农家自用的小天地里，而且只要时机成熟，棉田还会侵蚀其他作物耕地。[2] 一战的

---

[1] 邱金辉、聂志红：《民国时期的农村剩余劳动力转移的思想》，《宁夏社会科学报》2006年第9期。

[2] 徐木兴：《从杭州地区看市场的近代嬗变》，《贵州文史丛刊》2003年第1期。

爆发导致世界市场对面粉等产品的需求增加，从而引起浙江杭州出现了许多近代面粉加工企业；同时也是由于一战的负面影响，浙江杭州商人在此期间销往欧洲的生丝几乎停止，已成交的也多为洋商毁约；20 世纪 20 年代，中国的生丝出口受日本的挑战而影响了民族缫丝业……这些现象标志着浙江杭州近代市场已经形成。

杭州近代市场的产生还受到诸如农业生产的日益商品化和工商业生产的增长等许多其他方面的影响，这些因素致使市场上的交换行为越来越普遍，刺激着市场进一步走向成熟。近代杭州金融业的发展也为市场的产生奠定了货币市场的基础。近代以来，杭州的金融业继续发展，并出现了诸多近代新式银行，如中国通商银行、浙江兴业银行、浙江实业银行、浙江四明银行、浙江银行等，以及许多从事金融业务的商人，如蒋抑卮、李馥荪、冯仲卿和刘鸿生等。这些私营银行的经营者大都具有两个特点：第一，多有良好的知识背景，相当一部分人有海外求学经历，接受过专业的经济、金融方面的教育或训练；第二，他们在创办自己的银行之前一般都曾在官方银行（如中国银行、交通银行等）担任职务，有丰富的金融业从业经验和关系网络，并显示出过人的经营才能。① 浙江杭州近代金融业的产生与发展方便了市场上的买卖交易，加快了货币的流通速度，繁荣了资金货币市场，进一步开拓了货币流通渠道，有利于浙江杭州近代市场的深入发展，同时也为杭州其后的贸易发展奠定了稳定的基础。

三　近代杭州的现代交通发展

浙江自古以来交通比较发达。2001 年全国十大考古新发现之一的萧山跨湖桥文化遗址，发现了距今 8000 多年以前的独木舟，这是中国迄今发现的最早独木舟，它对研究人类早期水上交通工具史具有

---

① 徐矛、顾关林、姜天鹰等主编：《中国十银行家》，上海人民出版社 1997 版，第 78 页。

重要价值。① 8000 年前杭州萧山跨湖桥的独木舟的发现，说明杭州地区是中国最早发明并使用独木舟的地区之一。它表明杭州的先民早在先秦时期就掌握了造船技术和航行技术，并懂得如何利用船舶来捕鱼、运输及对外交通等；证明了杭州自古以来在许多地方一直被水所分割，而水运也是浙江最古老的传统交通方式之一；同时也证实了杭州先民已经逐步了解大江大河大湖大海的规律。而后陶朱公范蠡下海至唐宋的海外贸易以及明清时期的漕运，杭州港都凭借其优越的地理位置，承载着和水上交通息息相关的大宗货物的运输，在中国航运史上发挥着巨大的作用。

杭州北邻淞沪，东通宁绍，陆上交通有沪杭甬铁路及萧绍公路，早发夕至，颇为便利。水利则循运河，可以北通苏沪；溯钱江水道，可以西通皖省，南达衢金兰桐等县。民国时期，京杭、沪杭、杭徽、杭广、杭福诸公路及本省公路网络的次第完成，使得杭州的交通条件日趋完善。② 杭州具有发展贸易得天独厚的交通条件。到了民国时期，杭州继续发挥这一优势，但除了水运以外，杭州还迅速发展了一些现代交通设施，如铁路、公路等。

（一）晚清民国时期的杭州水运

晚清民国时期的杭州水运和其他公路、铁路相比较发达，按水运的形式分为内河航运和沿海航运两大类。

内河航运：杭州襟江带河，众多的河流和湖泊成为水上交通的天然航道，自古以来便以航运业发达而著称，这为杭州近代航运业的发展奠定了基础，更为对外贸易的发展提供了便利的交通条件。自民国初年小火轮运输从上海、苏南引入杭嘉湖地区后，杭州的航运业得到很快的发展。"民国初至抗战前夕，可说是杭州航行业发展的鼎盛时

---

① 蒋乐平等：《跨湖桥遗址发现中国最早的独木舟》，《中国文物报》2002 年 3 月 21 日第 1 版。

② 杭州市档案馆：《民国时期杭州市政府档案史料汇编（1927—1949）》1990 年，第 3 页。

期。"① 1860 年开始，杭嘉湖地区就出现了外国的小轮船，民国成立后，"至 20 年代中期，全省所有可以通航小轮船的内江、内河几乎都开辟了轮汽船航线"。② 据浙江省政府公报统计，1914—1929 年，杭嘉湖内河地区就有领照开业的轮船公司 95 家、轮船 165 艘。其中跨省营运的轮船公司 48 家；仅在区内行驶的轮船公司 11 家。1930 年，杭嘉湖苕溪水系共有 40 条轮船航线。至 1931 年，以杭州为中心的航道已开辟了杭桐线、杭诸线、杭兰线、杭威线、杭深线、杭衢线、杭苏线、杭湖线、杭沪线、杭塘线、杭新线、杭瓶线、杭余线、杭长线等 14 条，总里程为 3353 公里。③ 由此可见民国时期，杭州的内河航运繁荣，地区之间的交流频繁。除了发达的内河航运系统外，铁路、公路等近代交通亦快速发展起来，更加密切了杭州与其他地区的经济联系。

表 1－9　　　　　　　　　钱塘江杭桐轮船航线

通航地点	所属县	距起点距离	经航河流	备注
江干	杭州	—	钱塘江	四季可通轮船
闻堰镇	萧山	—	钱塘江	—
渔山镇	富阳	—	钱塘江	—
里山镇	富阳	—	钱塘江	—
灵桥镇	富阳	—	钱塘江	—
富阳镇	富阳	90	钱塘江	—
中埠	富阳	—	钱塘江	—
场口镇	富阳	—	钱塘江	—
东梓关	富阳	—	钱塘江	—
榨溪镇	桐庐	—	钱塘江	—

---

① 周峰：《民国时期杭州》，浙江人民出版社 1997 年版，第 332 页。

② 童隆福主编：《浙江航运史（古近代部分）》，人民交通出版社 1993 年版，第 344 页。

③ 建设委员会调查浙江经济所：《杭州市经济调查》上编，1932 年，第 182 页。

续表

通航地点	所属县	距起点距离	经航河流	备注
桐庐镇	桐庐	180	钱塘江	—

资料来源：铁道部财务司调查科：《京粤线浙江段经济调查总报告书》，铁道部财务调查科1930年版，第27—28页。

沿海航运：从美国人富尔顿把蒸汽机用于轮船到内燃机在轮船上运用，人类远洋航运业获得了巨大的发展，可以说，近代轮船航运业是资本主义经济发展的产物。一方面，杭州的优越地理位置较适合水运工具——轮船的使用。另一方面，对货物运输工具轮船的技术革新，使得依赖轮船运输的杭州对外贸易获得了长足的发展。在此背景下，清末杭州出现了许多轮船运输企业，进一步推动了晚清民国时期杭州的轮船运输事业，这可从浙江创办的航运企业中得见杭州轮船业的发展数量和规模，如表1-10所示。

表1-10　　1906年、1909年、1910年和1912—1920年浙江创办的航运企业

创办时间（年）	企业名称	地点
1906	裕顺航业公司	乍浦
	甬利轮船公司	台州
	钱江天益商轮公司	杭州
	通裕小轮局	宁波
	永瑞内河小轮公司	瑞安
	越东轮船公司	宁波
	华盛轮船公司	杭州
1909	宁绍轮船公司	宁波
	宝华轮船局	宁波
	德新轮船公司	杭州
	通济轮船公司	海盐
1910	外海轮船局	平湖
	利运商轮公司	鄞县
	同济辅车轮船公司	海盐
	永顺轮船股份有限公司	台州
	宁奉公司	宁波

续表

创办时间（年）	企业名称	地点
1912	钱江商轮公司	杭州
1912	安平轮船公司	温州
1913	永利南海汽轮局	宁波
1914	振兴轮船公司	杭州
1915	王清记轮船局	杭州
1915	杭诸汽船公司	杭州
1916	甬清轮船公司	宁波
1916	吴聚顺轮船行	温州
1916	宁海轮船厂局	宁波
1917	永川轮船公司	宁波
1919	长航轮船公司	湖州
1919	永安商轮公司	海门
1920	源通轮船公司	杭州
	三北轮埠公司宁波分公司	宁波

资料来源：汪林茂：《浙江通史》第十卷，浙江人民出版社 2005 年版，第 23—24 页；第十一卷，第 109 页。

近代杭州轮船航运事业的发展推动了杭州社会经济的发展，为晚清民国时期杭州对外贸易的发展开拓了广阔的前景。

（二）晚清民国时期的杭州铁路

铁路具有速度快、流量多、运价低、辐射广、影响大等优点，它一经发明就获得各国的青睐。清末张之洞在 1895 年 12 月 27 日的《筹办江浙铁路折》中写道："铁路一开，百废俱兴，人货运载，为有形之利；风气开通，才智增长，工商奋兴，穷民有业，上下情通，百事迅速。为无形之利。其收运费，有形之利犹小；而改振作，无形之利乃大。"[1] 民国时期浙江铁路建设计划先后有四个基本方案：一

---

[1] 张之洞：《筹办江浙铁路折》，载苑书义等主编《张之洞全集》第 2 册，卷 40《奏议 40》，河北人民出版社 1998 年版，第 1057 页。

是 1910 年汤寿潜（1856—1917，萧山人）提出的东南铁道大计划，一个适当的铁路网将大大减少运输费用并促进区域内和区域间经济的发展；二是 1918 年至 1919 年孙中山在《建国方略》中提出的实业计划之第四计划的《东南铁路系统》计划；三是民国政府成立以后对浙江省铁路交通的规划；四是抗日战争胜利后，对浙江铁路线进行了全面具体的设计计划。①

近代浙江铁路的兴建与杭州萧山人汤寿潜有着密切的关系。他认为："数大枝铁路一成，陆路商务必日新月异，以分海疆之势，以植自强之基。"② 在汤寿潜等人的建议和鼓动下，浙江铁路于 1905 年开始实际建造，汤寿潜被举荐为总理。在浙江商人的共同参与下，浙江商办铁路公司成立，并开始筹筑沪杭铁路。历时近三年，1908 年浙路公司修建的杭嘉线竣工，并于 1909 年 8 月 13 日正式通车。1909 年浙路公司总理汤寿潜还亲自南下广东，呼吁各省联筑浙、闽、赣、广四省大铁路。③ 1911 年，杭州海关报告称，沪杭铁路通车，"干线和支线客货运输都很活跃"。④ 1906 年至 1937 年沪杭甬铁路修筑通车；1930 年至 1933 年杭江铁路（浙赣铁路）全线竣工；1934 年至 1936 年修筑苏嘉铁路；1937 年沪杭甬铁路闸口至百官 77 公里修成通车，1937 年建成了铁路桥钱塘江大桥。⑤ 1930 年杭江铁路在萧山开工，1933 年 11 月 30 日全线竣工，到了 1937 年 9 月横贯东西的全长 980 公里的浙赣线完工通车。以上所提及的这些便利的铁路设施大大缩短了产品的流程，加强了经济部门之间的联系，推动了现代工商业的发展，同时也改善了物流方式，扩大了贸易市场的网络连接，成为商品输出、输入的重要途径，促进了杭州对外贸易的活跃与繁荣。

---

① 丁贤勇：《新式交通与社会变迁》，中国社会科学出版社 2007 年版，第 93 页。

② 政协浙江省萧山市委文史委员会编：《汤寿潜史料专辑》1993 年刊行，第 293 页。

③ 宓汝成：《中国近代铁路史资料》，第 3 册，中华书局 1963 年版，第 959、960 页。

④ 中华人民共和国杭州海关译编：《近代浙江通商口岸经济社会概况浙海关瓯海关杭州关贸易报告集成》，浙江人民出版社 2002 年版，第 772 页。

⑤ 浙江省通志馆修，余绍宋等纂：《重修浙江通志稿》第九十八册（交通、铁路卷），民国 32 年至 38 年间纂修，稿本，浙江图书馆 1983 年誊录本。

表 1-11　　　　　　　　　**浙赣铁路各段建成时间**　　　　　　　　单位：公里

时间	建成路段	延伸长度	到达站等级	备注
1930 年 2 月 20 日	动工	0	1	—
1931 年 7 月 1 日	萧山江边至诸暨	65	2	—
1931 年 12 月 15 日	通车至义乌	120	3	—
1932 年 2 月 25 日	通车至金华	172	1	金玉段
1932 年 3 月 6 日	通车至兰溪	195	2	又称兰江铁路
1933 年 10 月 11 日	通车至龙游	222	2	—
1933 年 11 月 1 日	通车至衢州	254	2	—
1934 年 1 月 1 日	通车至玉山	335	1	称杭玉段、杭江铁路
1936 年 1 月 15 日	玉山至南昌段	651	—	称玉南段
1937 年 9 月 15 日	通车至萍乡 萍株段划归浙赣线	914	—	—
—		996	—	82 公里
1937 年 9 月 26 日	钱塘江大桥建成	1004	—	浙赣线全线贯通

杭州诸条铁路的修筑，加强了杭州与本省各地和杭州与国内其他各省、市之间的密切联系，为其对外贸易增加了货源，并有利于较准确地掌握国内市场的信息动态。

（三）晚清民国时期的杭州公路

公路运输具有直达、快捷、灵活、方便、投资低廉等优势，同时也弥补了部分地区水运欠发达的不足，一直颇受民众的喜爱和欢迎。据清乾隆时编纂的《浙江郡县道里记》记载，当时浙江省共有邮驿道 14825 里，其中陆路 9755 里，水路 2470 里，水路兼路 1400 里，山路 1020 里，海塘路 280 里，[①] 形成了以杭州为中心与周边苏皖赣闽相连的省、府、县、乡之间的古代道路网络。这些旧式道路自古有之，并通过几千年来的发展演变和修建改造而逐渐完善。至民国时期，在原有旧式道路即邮驿道路的基础上，近代杭州的公路逐渐建立和发展起来，且为杭州市政府所重视：1909 年沪杭段通车；1924 年 10 月 1 日，杭余全线完成通车；修整杭徽古道，建成杭徽公路；

---

① 　徐望法：《浙江古代道路交通史》，浙江古籍出版社 1992 年版，第 178 页。

1924 年 10 月 10 日，沪杭公路全线通车，1934 年修成浙赣线段的常山玉山公路等。另据 1927 年浙江省建设厅对全省道路的调查可知，全省旧式道路共有 15138 公里。[①] 公路建设之外，主要的交通工具汽车的数量也在增加。据《中国实业志·浙江省》卷统计，至 1933 年，浙江省在各路运输之汽车，约有 345 辆，其中货车 41 辆。[②]

　　浙江的新式现代公路修筑约始于民国 10 年（1921 年）。但早在民国 5 年（1916 年），浙江省省长吕公望已提出浙江省最早的省道建设计划，随后经当时省议会讨论通过后，分四期着手进行建设。

表 1 – 12　　　　　　　　浙江省省道干线建设计划

	线路	途经	全长（里）	经费（万元）
第一期	浙赣线（杭县—玉山）	余杭　富阳　桐庐　建德　兰溪　龙游　衢县　常山	592	210.5
	金台线西段（兰溪—永康）	金华　武义	170	
第二期	浙闽副线（杭县—政和）	萧山　诸暨　东阳　永康　缙云　丽水　云和　龙泉　庆元	863	306.3
	金台线东段（永康—临海）	仙居	242	
第三期	浙闽正线（杭县—福鼎）	萧山　绍兴　上虞　余姚　鄞县　奉化　宁海　临海　永嘉　瑞安　平阳	1013	281.2
第四期	浙皖正线（杭县—昱岭关）	余杭　临安　于潜　昌化	202	184.9
	浙皖副线（杭县—广德）	德清　吴兴　泗安	265	
	浙苏线（崇德—王江泾）	崇德　嘉兴	235	
共计	7 条	—	3672	983.9

　　资料来源：徐望法主编：《浙江公路史》第 1 册，近代交通，人民交通出版社 1988 年版，第 14—15 页。

---

①　浙江省建设厅：《浙江之公路》第一集，浙江省建设厅 1930 年版，第 6 页。

②　实业部国际贸易局：《中国实业志·浙江省》，实业部国际贸易局 1933 年版，"葵编"，第 47—55 页。

民国 10 年初，浙江成立省道筹建处。该筹建处以杭州为起点，先后进行了浙闽、浙赣、浙皖、浙苏等 6 条公路的修筑建设。次年，浙闽线首段——杭州萧山长河江边码头至绍兴段开工修建，到民国 15 年（1926 年）2 月通车，这是省内第一条省筑公路。

表 1 – 13　　　　　浙江省公路建设年表（1924—1937）　　　　单位：公里

年份	主要公路	修筑里程	备注
1924	杭余、余临	81.75	合计 281.52
1925	萧绍、余武	79.15	
1926	杭富、瓶湖双、杭海、嵊新	120.62	
1927	杭海、嵊杉、宁长	35.33	合计 3434.17
1928	绍曹嵩、杭塘、常玉、宁袁	122.40	
1929	杭长、鄞奉、嵊长	202.50	
1930	杭乍、杭昌	86.96	
1931	衢常、衢广	131.91	
1932	乍金、乍平、衢兰、金永、常开、路椒	324.35	
1933	昌昱、嘉王、长泗、华开、峡枫、枫浦、永缙、义东、黄泽、曹嵊、宁慈	389.41	
1934 1935	新天、天临、临黄、泽馆、富新、桐建、建寿、淳白、淳威、淳遂、寿兰、周观、奉新、奉海、象西、鄞穿、余周、慈龙、平嘉、金兰、缙丽、丽青、青温、丽云、云龙、龙浦、龙溪、遂松、东长、东永	1612.99	
1936	杭善、丽松、湖嘉、钱塘江大桥	202.06	
1937	永平、开遂、嘉兴交通路	326.26	—
合计	—	3715.69	3715.69

资料来源：浙江省公路管理局：《浙江省公路建筑之经过》，引自《浙江省建设月刊》第 8 卷第 12 期（路政专号，1935 年 6 月），"报告"第 17—29 页。转引自徐望法主编《浙江公路史》第 1 册，近代公路，人民交通出版社 1988 年版，第 33—34、136—145 页。

从表 1 – 13 中可以了解到 1932 年至 1937 年是杭州公路建设的主要兴建期，特别是 1934 年到 1935 年间，杭州公路建设出现了突飞猛进的发展。这从侧面表明该时期是中国相对和平稳定的时期，杭州经济飞速发展，兴建了用以满足不断发展的交通物流需求的诸多新式现代化的公路交通。由于民营企业勇于创新、机制灵活、效益颇高等优势，它们在杭州公路交通运输中占领半壁江山，同时也取得了良好的经济回报。但总的来说，和其他交通部门相比，近代浙江杭州公路事业起步较晚，发展较慢。

以上所提及的这些便利的交通条件大大缩短了产品的流程，加强了经济部门之间的联系，推动了现代工商业的发展，同时也改善了物流方式，扩大了贸易市场的网络连接，成为商品输入和输出的重要途径，促进了对外贸易的活跃与繁荣，为杭州与省内、国内各省市的贸易提供了便利。

四　近代外贸商人（买办）的产生

晚清民国时期杭州对外贸易的兴起和发展，不仅有国外商人的参与，更得益于境内的众多从事对外贸易商人的参与。杭州是浙江的省会，因此其近代外贸商人（买办）的产生，不仅带有浓厚的浙江和杭州特色，也具有近代中国外贸商人的一般共性。那么，近代杭州外贸商人（买办）与近代中国外贸商人（买办）间存在着什么样的内在关系，他们的联系同样值得探讨和研究。

（一）近代买办商人的产生和发展

中国沿海大中城市及其附近地区，特别是沿海对外通商口岸是近代中国对外贸易商人的主要发源地。由于这些地区最早受到资本主义列强的经济侵略，因此，其原有的社会经济基础最易强烈地受到冲击，自然经济瓦解的程度就更为深刻。而当时的人民不仅要忍受残酷的封建盘剥，还要遭受西方列强的经济掠夺，特别是小手工业生产者因为缺乏对西方商品经济应有的"抵抗力"而纷纷破产，最终，他们失去了谋生手段而只能走向市场，成为雇佣劳动力。反之，造成的大量闲散劳动力的积聚，也加剧了这些地区原有社会经济的解体。但正像马克思所说的"英国不管干了多少罪行，它造成的这个革命毕竟是充当了历史的不自觉的工具"。① 西方殖民者在对中国进行侵略的

---

① 《马克思恩格斯选集》第 1 卷，人民出版社 2012 年版，第 811 页。

同时，客观上也传播了西方社会在政治、经济、文化等方面的先进元素，成为落后地区向先进生产方式转变的"催化剂"，外域先进经济文化的冲击在一定程度上起了开启民智、解放思想的作用。

处于中国经济最发达的东南沿海地区的浙江省会杭州，正是置于这种历史背景下，许多新式的近代化企业纷纷涌现，社会产品也随之增加。但是，由于当时中国社会的开放程度有限，人们的富裕程度不高，消费能力也较低，因而许多工商业产品的倾销地只能通往国外，为企业和杭州市政府带来一定的经济收入。如果没有出口交易，只会增加闲置的生产力，封闭的封建社会不可能利用这种闲置的剩余生产能力来增加生产。相反，由于出口的扩大，就有可能换回各种工业产品，增加社会消费总量，也有可能增加社会的货币收入，在条件成熟的部门形成近代工业投资。但在与国外市场联系日益紧密的同时，风险也相伴而生。一旦国际市场出现"风吹草动"时，就会直接影响外销产品的出售。如众多杭州经营丝厂的商人，由于受第一次世界大战的影响，销往欧洲的生丝几乎停止，已成交的期货也多为洋行毁约，厂商"受亏于洋商者不可胜计"。① 由此，我们可知：浙江近代社会经济置于中国近代社会经济的背景中，也受到"欧风美雨"的催化作用，逐步被卷入资本主义世界经济体系。

中国近代对外贸易是在旧中国半封建半殖民地的社会背景下兴起和发展起来的，因此，从事中国近代对外贸易的商人，必然会刻有这种社会性质的烙印。而从事这种对外贸易的商人有一种特别的名称——买办。"买办"一词，在我国明朝专指为宫廷供应用品的商人。在清朝1840年以前，多指在广东广州的十三家专门担任管理和经营中外进出口贸易公行内的为外国商人服务的办事人员。那时的买办由于受到封建政府的严格控制，既不能任人随意担任，也不能由外商随意选雇，必须通过十三行才能与中国进行通商。必须指出的是，并不是所有的外贸商人都具有买办的性质，同时买办阶层也不是固定不变的，如有些买办商人后来也有辞去了职务的。但是，总体而言，买办

---

① 陶水木：《浙江商帮与上海经济近代化研究》，上海三联书店2000年版，第88页。

商人具有以下几个方面的特征：一方面由于在旧中国外商拥有"只须完税，并无捐项"的特权，买办为洋人办事也享有这个特权，而华商则"既应完税，又须报捐"，受尽封建统治者的压迫和剥削；另一方面，1868 年的《上海洋泾浜设官会审章程》第三条规定："凡为外国服役及洋人廷请之华民"，由中国官员"将该人所犯案情移交领事官"，在审讯时"该领事官或由其所派之员"，可以"来官听讼"。① 这就说明，对于为外商服务的买办阶层，中国政府没有独立的司法审判权，因而许多从事外贸的商人为免受封建压迫，顺利开展商业活动，就必须依靠外商或成为外商的代理人。

买办是近代中国通商口岸地位显赫，实力强大，拥有较大影响力的新型社会阶层。《中国经济全书》中对买办所扮演的社会角色如此定位："即为立于欧洲商人与清国商人之间不可或缺之媒介是也。"1842 年中英鸦片战争以后，《南京条约》第五条规定"凡大英商民在粤贸易，向例全归额设行商，并称公行者承办，今大皇帝准以嗣后不必仍照向例，乃凡有英商等赴各该口贸易者，勿论与何商贸易，均听其便"。② 这样，外国商人可以自由雇用买办就有了法律依据。随着外国经济势力向通商口岸的不断扩展，外商在华纷纷设立洋行，作为中外贸易媒介的买办也随之在各通商口岸迅速发展起来了。到了 19 世纪 50 年代，买办已成为社会上引人注目的一种职业，加入买办队伍行列的人越来越多，已露出别具一格的端倪。③ 不过由于中国自然经济的抵制，中国人民的极端贫困，加之中国幅员辽阔、经济情况复杂等原因，西方侵略者最初并没有立刻实现向中国大量倾销工商业品的愿望。为此，西方列强开始转变方式，在经济上采取"以华制华"政策，雇用中国商人为他们向中国进行商品倾销和原料收购服务。

当西方国家侵入通商口岸时，其大多数商人选择雇用原广州的买

---

① 王铁崖编：《中外旧约章汇编》第 1 册，上海三联书店 1957 年版，第 269 页。

② 同上书，第 31 页。

③ 金普森、易继苍：《买办与中国近代社会阶层的变迁》，《浙江大学学报（人文社会科学版）》2002 年第 32 期。

办或由他们推荐的人，后来随着中国对外贸易中心由广州转至上海，买办的来源已扩至诸多地区，如浙江等地就出现了买办阶层。浙江籍的买办多为上海最早受外商雇用的洋行和银行的来源之处。在 20 世纪 30、40 年代对上海商业储蓄银行、中国征信所等涉及的 500 余名买办调查中，一项重要内容就是籍贯登记，由此使我们得以了解买办的更为详细的地域分布状况，如表 1 – 14 所示。

表 1 – 14　　　　　　　　　　买办的地域分布

籍贯	买办人数（人）
浙江	245
江苏	188
广东	58
安徽	9
湖北	5
江西	4
福建	4
天津	2
北平	1
四川	1
河北	1
绥远	1

资料来源：上海商业储蓄银行与中国征信所的相关调查资料，并参见中国人民政治协商会议上海市委员会文史资料工作委员会编《旧上海的外商与买办》（上海人民出版社 1987 年版），李元信编纂《环球中国名人传略》上海工商各界之部（环球出版社 1944 年版）等，所调查的这些买办，涉及了全国各通商口岸。引自马学强、张秀莉《二十世纪前期买办及其社会生活状况研究》，《社会科学》2007 年第 12 期。

19 世纪，中国人兴起了投资于近代工商业的意识，相应涌现出一批富有冒险精神和创新意识的企业家及中国最早的新式商人，买办阶层随之出现。他们移植了西方资本主义的经营关系，进行经济活动。商人买办化现象，首先"在组织功能上，由封闭型向开放型转化"；其次，"在管理功能上，由封建垄断化向着开拓化的方向发展，对所属行号经营业务的限制渐趋放松"；最后，就是"在导向功能上，逐渐由守旧型向进取型的方向转化"。① 买办受外国商人雇用，他们通过各种手段为外国商行推销商品、收购农副产品和原材料，以获取相应的工资和佣金等报酬，因此，买办的利益在一定程度上不得不依赖外国商人。据估算从鸦片战争后到1894年前，买办的总收入（仅其从事买办活动的职业所得，不包括其开设企业及其他投资的收入）约为5亿两。② 而西方列强在掠夺中国人民财富的同时，更试图通过买办阶层将其经济势力伸向中国沿海乃至内地，从而进一步达到更有效侵略和控制中国的目的。

随着买办经济实力的增强，他们随之要求获取更多的经济利益。于是，买办阶层则试图掌控对外贸易，必然需要控制广大的华商企业，而向其扩大资本投资就是控制华商企业的最佳方法。如怡和洋行买办商人康景星与林钦等合开"谦慎安茶栈"，集秦和、秦生、清益三家钱庄；③ 大买办徐润1860年在温州开设润立生茶号，后来又在河口、甯州等处合股续开福德泉、永茂、合祥记等茶庄。④ 买办势力在工商业市场上的扩张，使其进一步控制了中国对外贸易市场。

前已提及，近代中国社会的性质决定了旧中国对外贸易必然为西方列强所控制和掌握，因此，近代中国的对外贸易商人也必然要借助洋人的力量。正是这一情形为买办的产生培育了社会土壤。随着买办阶层经济、政治实力的上升，在19世纪末的中国进出口贸易格局中，诸多产品的进出口已为买办势力所把持和垄断，因此一般经营对外商务买卖的华商不得不依赖买办商人集团。例如美孚石油公司通过买办或经理人打开了我国广大的农村市场，使煤油取代了我国几千年来民间沿用的植物油和土制蜡烛，因为煤油灯的亮度比植物油亮，并且价格比植物油便宜；又如洋布和其他棉织品，到19世纪80年代，由于

———————————

　① 虞和平：《商会与中国早期近代化》，上海人民出版社1993年版，第45页。

　② 孙玉琴：《中国对外贸易史》第2册，对外经济贸易大学出版社2004年版，第62页。

　③ 聂宝璋：《中国买办资产阶级的发生》，中国社会科学出版社1979年版，第39页。

　④ 徐润：《年谱》，江西人民出版社2012年版，第5页。

洋布"幅宽质细价廉，而适于用，人皆便之，反弃土布而不用"。①正是买办利用所拥有的这种特殊权力为诱饵，迫使许多的外贸商人接受其条件，并与其结合，从而达到剥削进出口商贩的目的。"他们（买办）作坏事的机会之多倍于一般的中国人和欧洲人。他们利用外国雇主对他们的信任，榨取那些世故不深缺乏经验的中国人。他们在外国学到的一切狡猾的伎俩，再加之以巧妙的剥削。""惟知藉洋人势力播弄挑唆以遂其利欲，蔑视长官，欺庄平民，无所忌惮。"②"一个买办，由于他的职位，能够接受或拒绝任何愿意与洋行往来的顾客的赊买，在接受或拒绝任何看来很危险的买卖时，他们有一种独断的权力，他能够向有查询权的人说出很多为什么，洋行不能与某一顾客往来的理由。这样，买办的权力便成为绝对的了。"③

中华民国时期的买办商人呈现出一种全新的发展面貌，即在政府中任高官。这一类买办则更善于利用手中职权，发展自行开设的商行和企业，并牢牢掌控着对外贸易。如任袁世凯政府财政总长的周学熙，不仅历任长芦盐运史、开平矿务局会办，而且开办庞大的工商企业。1927年，南京国民政府成立后，中国逐渐形成了以蒋、宋、孔、陈四大家族为首的官僚买办集团，他们借助国家政权和帝国主义势力的支持，从国家资本垄断金融业着手，迅速地将官僚资本扩充到工业、农业、商业和交通运输业等各个领域。蒋介石政府在1927—1935年，强行将2000万元官股加入中国银行，以达到完全控制这家银行的目的；1933年国民政府相继成立棉业、粮食、煤业、蚕丝和矿业等统治委员会，以垄断这些行业；1937年宋子文成立了华南米业公司，以垄断洋米进口，取得免税特权，同时又成立中国国货联营公司，以控制全国国货公司百货的买卖；1929年和1930年，国民政府又以中外合办的名义设立了中国航空公司和欧亚航空公司，独占新

① 黄苇、夏林根：《近代上海地区方志经济史料选集》，上海人民出版社1984年版。

② 姚贤镐：《中国近代对外贸易史资料》第2册，中华书局1962年版，第1010—1023页。

③ 姚贤镐：《中国近代对外贸易史资料》第3册，中华书局1962年版，第1508页。

兴的航空运输事业。① 由此可知，官僚垄断资本已控制了主导国民经济命脉的众多行业，在一定程度上实现了掌握和操纵中国对外贸易的目的，对民族资本主义经济的自由发展也产生不利的影响。

在中国特殊国情的背景中，买办阶层由于其阶级属性和自身缺陷等因素，无可避免地沦为外国资本主义和本国封建主义在经济上侵略中国的工具，因此，他们的诸多行径在一定程度上具有反动性和破坏性。如丽如银行的买办阿兴（Aheen）除买卖银圆以外，还贩运鸦片年达 300 万—500 万元；曾任旗昌洋行买办上海道吴健彰勾结英美侵略者血腥镇压上海小刀会起义，并于 1854 年与英美法议定组成上海海关管理委员会，将上海海关管理权出卖给列强。但是，也有部分买办商人不甘心充当外商在华的侵略走狗，如曾在太古洋行担任买办的郑观应就比较关注国内外形势的变动，对国家和民族面临的危机有较深的感触，在其著作《易言》和《盛世危言》中提出了许多针对实际问题的见解，暴露了西方列强的侵略本性和国内的腐败统治；浙江商人虞洽卿利用一战的机会，将鸿安公司中的英人商股悉数收回，以组成完全华商的股份企业。尽管如此，近代中国买办阶层依然表现出巨大的落后性和反动性，其根本原因还在于旧中国半殖民地半封建的社会性质。当然，政治经济利益的驱使，也势必会加剧他们与外国侵略者的勾结。

买办的作用既有反动、破坏等消极影响，客观上也体现了其积极的一面。近代在上海的洋行中担任买办的主体是浙江人，如顾福昌、陈熙元、杨信之、沈静轩等人，就其经营而言，收入非常可观。1865—1894年的 30 年间，中国进出口贸易总值为 5141.285 百万海关两，如以 5% 来估算买办的佣金就达 257064.29 百万海关两，② 而当时"上海买办的人数约占全国之半"。③ 浙江人由于居于上海买办的主体，因此他们获

---

① 黄逸峰：《旧中国的买办阶级》，上海人民出版社 1982 年版，第 162、166、167 页。

② 陈绍闻、郭庠林主编，蒋立、徐雪筠、马德钫编：《中国近代经济简史》，上海人民出版社 1983 年版，第 56 页。

③ 许涤新等：《中国资本主义发展史》第 2 卷，人民出版社 1990 年版，第 180 页。

取的大量资金多来源于买办这一职业。这些资本被用于工商业领域，有力地促进浙江民族资本主义经济的发展。自晚清以来，江浙籍的买办主要有两种来源：一种为学徒出身，有多年在洋行做事的经历，逐渐为外国商人赏识而升为买办，如王槐山（1822—1874），系浙江余姚人，是汇丰银行的首任买办。他成为首任买办，有一段传奇经历。他曾在上海三余钱庄当跑街，因为业务关系，结识了英商会德丰洋行的大班麦克林（David McLean）。1863 年，麦克林得知汇丰要在上海设立分行，由于看好银行业前景，他立刻准备回国筹资。但此时却缺少 2000 两白银的回国费用。万般无奈之下，他想起了在上海三余钱庄当跑街的王槐山。王槐山经常往来于钱庄、洋行间，办事老练，素有信用，讲义气。麦克林找到王槐山借款，声明此去少则半年，多则九月，届时本利归还，绝不食言。或许是被麦克林的诚恳打动，王槐山答应帮忙，他擅自从钱庄客户的存款中挪用一部分借给了麦克林。谁知麦克林一去便没有了音讯，至年终钱庄结账，王槐山挪用公款事情暴露。尽管三余钱庄的老板是王槐山的舅舅，但迫于行规，王槐山还是被开除，只得回原籍余姚谋生。1865 年，麦克林带着从英国筹来的巨款回到上海开设了汇丰银行上海分行，并担任分行经理。其得知王槐山的遭遇后深感内疚，亲自赶赴余姚，把这位头戴瓜皮帽的王槐山请回了上海，并邀其担任了汇丰银行的买办。而王槐山则被委任为汇丰第一任买办，其赌注显然是押赢了，他不但拿到了 120 两白银的月薪，还在不到十年的时间里，攒下了百万家产。赌赢的不仅是王槐山，还有那些同样服务于其他在各个洋行、银行的买办们，他们成为上海滩第一批"暴发户"。① 《剑桥中国史》曾写道，"从 1842 年到 1894 年，买办的全部收入约五亿三千万两……考虑到分润这笔收入的人数和 1902 年外人在华全部投资只有五亿八千四百万两，这笔钱就相当可观了。"除了王槐山以外还有虞洽卿、贝润生、叶澄衷、周廷弼等人，另一种为商人出身，历年经商，原先就有自己的经营网络，为外国商人所倚重。他们由于职业关系，长期

---

①　李远江：《百年地标：中国第一座现代化高楼汇丰银行大厦》（http://www.paixieba.com/news/History/201401/39975.html）。

与西方人保持着友好且亲密的联系，从某种程度上被视为东西方之间的桥梁。作为中介人，买办对于近代中国经济的发展、社会的变迁和文化的全面移植都曾起到重要作用，并且在一定程度上推动了科学技术的革新和社会阶级的变革。在中国走向现代化这一总的历史趋势下，买办成为能够最迅速、最成功地把握历史有利时机的人。

（二）杭州买办商人产生的特殊条件

谈论近代杭州外贸商人就不能不提到一座特殊的城市——上海。上海是近代中国最早对外开埠的通商口岸之一。自开埠以来，上海的对外贸易获得了突飞猛进的发展和繁荣。自19世纪50年代以来，上海更是取代广州，成为中国对外贸易的中心（见前文）。1855年，广州出口值是290万元，而上海已增至1900万元，超过广州6倍多。①正是因为近代上海对外贸易的飞速发展，促使上海出现了比较大的出口市场。而杭州又与上海相濒临，可以借助上海的便利扩大境内对外商品的出口。当然更有居住在杭州的外贸商人在洋商半子口税的庇护下，向内地城镇贩销洋货。

近代杭州外贸商人是在西方资本主义经济侵略和国内商品经济发展的背景中形成并发展起来的，多具有买办性质，故深深地打上了旧中国外贸商人的深刻印记。但是，他们在长期的商业活动中形成了一种吃苦耐劳、勇于突破地域限制、敢于拼搏的精神。早在近代以前，杭州就出现了众多名声显著的商人世家；进入近代以后，这些大商人在西方经济的影响下，渐渐向买办转化，也从侧面反映了中国民族资本主义发展的艰难过程。

近代上海的崛起，不仅吸引了许多商人入沪从事外贸买卖业务，创办各种新式企业，也造就了一大批浙籍在沪买办商人。我们不禁要问：为何近代以来如此多的浙江籍买办会在上海出现？除了上海与浙江区域相连的因素以外，究其根本是在于近代浙江外贸商人与外商相互间的利益驱使所致。外贸商人需要在外商特权的庇护下开展外贸生意，而外商

---

① 黄苇：《上海开埠初期对外贸易研究》，上海人民出版社1961年版，第71页。

又需要雇用熟悉中国政治经济状况和外域文化的商界名流为其服务。晚清民国时期，浙江省省会杭州对外贸易的发展也有许多买办化商人参与其中。因此，我们可以认为近代西方列强对中国的经济侵略客观上加强了中国，特别是如杭州一样的沿海地区与国外的贸易联系，促使一大批从事外贸业务商人的出现以及为外商洋行充当买办商人的形成。

其次，社会经济的发展是杭州近代外贸商人产生的又一诱因。马克思说："对华进口贸易的迅速扩大的主要障碍乃是那个依靠小农业与家庭手工业相结合的中国社会经济结构。"① 但当19世纪50年代后期杭州的自然经济开始解体以来，国外商品经济逐渐地打开了浙江的大门，同时，一定程度上也打开了杭州的商品市场和销售市场；在此基础上，杭州商品经济的活力得到激发，为杭州社会经济的发展拓展了广阔的空间。当然近代杭州商品经济的发展是多方面的，并非仅限于此。但西方经济的入侵无疑起到了非常重要的催化作用。中华民国成立后，杭州社会经济的发展迎来了多次发展高潮，一是南京临时政府制定了保护私人财产和发展资本主义的政策，通令保护人民财产，蠲除工商业的各种限制，鼓励华侨投资，奖励和保护工商业，鼓励人民兴办实业，鼓励华侨在国内投资，设立实业部，废除清朝的苛捐杂税。在颁布这些有利于经济发展的政策之后，社会上形成了一股发展实业的热潮，推动了杭州各界投资实业的意识；二是1914年8月，第一次世界大战爆发后，西方各国忙于战争无暇东顾，暂时放松了对我国的经济侵略，是浙江民族工业发展的一次"春天"；三是在以蒋介石为首的南京国民政府成立后，为争取关税自主实行了包括国定关税在内的一系列经济措施。这次经济政策的调整客观地说对社会经济的发展十分有利，特别是关税税率的提高，使关税对民族工业的保护力度得到加强。而对于地处中国沿海对外贸易中心地带的浙江杭州而言，关税水平的提高无疑对杭州民族工商业的发展产生了重大的影响，一定程度上有力地推动了浙江对外贸易的国际竞争水平的提高和民族工商业的发展进程。

---

① 《马克思恩格斯选集》第13卷，人民出版社2012年版，第601—604页。

依赖社会经济的发展，杭州相应地涌现了一大批近代工商业人才，他们的经济活动涉及如橡胶工业中的余芝卿，卷烟工业中的戴耕莘等诸多主要部门，规模庞大，经济实力雄厚。工商业者的不断涌现及新式工厂的日益增多，使不论是工业品还是半成品的产品数量有了较大的提升，这些商品除供应国内外，还出口国外。杭州众多大商人的出现，也表明当时杭州社会经济发展的规模与程度达到了一定的水平。

然而，我们也应意识到存在着诸多因素制约着杭州社会经济的发展进程，例如：由于封建地主阶级和外国侵略者的双重压迫，导致旧中国广大的人民群众极端贫困，购买力低下；广大的劳动力仍被束缚在土地上，从事传统的劳作，与商品市场接触极少；经济较发达的城镇普遍集中于沿海地区，而广大的内地商品经济和市场的发育程度十分有限。这些因素在一定程度上限制了外贸商人的国内市场活动范围，对他们健康长久的发展也产生了不利的影响。

总之，浙江买办尽管最初主要产生于宁波等沿海地区，但由于杭州是浙江省会，具有极强的辐射作用，加之杭州与本省各地区之间有着千丝万缕的联系，因而也促进了杭州对外贸易的加速发展。近代杭州对外贸易商人的产生和发展带有深刻的社会时代烙印，其缘由在于旧中国半殖民地半封建的特殊社会背景。因此，杭州对外贸易商人既带有近代中国外贸商人产生的一般规律，又兼有近代浙江外贸商人产生的地区属性；既体现了浙江社会经济发展的内在要求，又体现了近代西方资本主义经济大发展对它的外部推动力。应该说杭州近代外贸商人（买办）的产生是国内外各种因素综合作用的结果。

五　国际国内局势的变化和上海的辐射作用及社会环境影响

世界经济局势的变化是影响杭州对外贸易的重要外因之一。工业革命后，西方世界对中国商品的需求大大增加，原隶属小农经济的中国逐渐卷入世界经济的潮流。资本主义国家为了掠夺更多的原料产地和寻求更广阔的商品倾销市场，积极发展与中国的贸易，同时在亚洲经济圈内部，近代中国也在与日本、印度、锡兰等国之间的竞争中重新定位自身的地位。在此大背景下，杭州对外贸易蓬勃发展起来。1914 年，第一次世界大战爆发，主要资本主义国家先后卷入这场世界范围的战争，不得不暂时放松对中国的殖民侵略和经济掠夺。一方面西方列强无法向中国提供足够的大宗产品，如棉布、化学品、燃料和大量的其他消费品，洋货输入逐年减少；另一方面，世界市场上对中国出口的丝、丝绸、羊毛、蛋制品、籽仁以及锡、锑、钨等战略物资的需求急剧增加。同时缺乏商船，远洋运输费用飞涨，战争后期的运费较 1913 年或 1914 年高出 10 倍到 20 倍。① 这些都极大地刺激了中国的商业和工业，为杭州的对外贸易发展提供了宽敞的市场空间。与此同时，不断高涨的反帝爱国运动和实业救国浪潮，刺激了贸易的进一步发展，成为出口贸易发展的内因。1915 年，袁世凯政府与日本签订卖国的"二十一条"，要将中国的政治、军事、财政及领土完全置于日本的控制之下，把整个中国变为日本的殖民地，从而掀起了轰轰烈烈的抵制日货和提倡国货运动，杭州地区纷纷响应；1919 年五四运动爆发，抵制洋货斗争达到高潮，杭州、宁波、绍兴、嘉兴、湖州等地相继成立了抵制日货和其他洋货的组织，倡导社会各界民众"勿用日货，勿用日钞，勿坐日船，勿雇佣日人，推广国货"。② 1925 年，抗议上海的五卅事件，掀起抵制英货运动；1931 年，抗议长春的万宝山事件，抗议日本政府有计划、有组织的大规模排华运动，掀起抵制日货运动。这些事情使得土产出口顿时兴盛，出口贸易迅速增长。更为重要的是，在 1929—1933 年，资本主义世界发生了一场严重的经济危机，为了寻求危机的转嫁，杭州的对外贸易在 20 世纪 20 年代末到 30 年代初经历了又一场狂风暴雨式的"洗礼"。

从区位优势来说，民国时期杭州对外贸易的兴起，不仅具有前文

---

① ［英］伍德海：《中华年鉴》，出版绘画 1921 年，第 979 页。转引自郑友揆《中国的对外贸易和工业发展（1840—1948）》，上海社会科学院出版社 1984 年版，第 35 页。

② 中国科学院历史研究所第三所近代史资料编辑部编：《五四爱国运动资料》，科学出版社 1959 年版，第 121 页。

已提及的优越的地理位置，而且还在于上海的发展对浙江的影响。随着上海取代广州成为全国中心商业都市，并成为全国最大的内外贸中心，形成了一个以上海等通商都市为中心，从通商都市到内地和农村的商业网络。① 此外上海因为紧邻中华民国首都南京，加之为对外贸易中心，故而大批金融机构包括四大银行均将总部设立于上海，其全国经济与金融中心地位更加巩固。杭嘉湖地区毗邻上海，上海与杭州，以及它们与嘉兴、绍兴、湖州等城镇间的关系通过对外贸易的发展得到直接或者间接的联系和发展，形成相互辐射和吸纳经济要素的网络，使之最先成为上海对外贸易的原料产地和国外输入品的销售场所之一。与此同时，杭州的自然经济自从清末以来加速解体，商品经济也日益发展起来，杭州逐渐融入了以上海为中心的对外贸易圈，杭州的许多产品通过上海对外出口。在商贸往来频繁的同时，上海的近代产业和经营方式也加快传播到了浙江，江浙地区受到上海的强大经济辐射作用，逐渐改变了经济地区格局，商品经济逐渐趋于繁盛。商业经营拥有了充分的自由，市场组织的扩大、金融组织的健全，以及西方经营及技术制度的输入，均使商业化进一步发展。② 同时，江浙地区内部的经济网络愈趋强化。沪杭、沪宁等铁路线的开通，成为江浙地区内部的两大动脉，也沟通了杭州与外界的商贸往来。以上海为中心的长三角对外贸易的发展，一方面增强了其对长江沿岸的货物集聚效应，另一方面也增强了杭州对外贸易的物质力量。这样客观上扩大了浙江商品经济的内部市场，刺激了杭州对外贸易的发展。

晚清民国时期杭州对外贸易的发展除了受上海的辐射作用外，也与近代社会环境的变化密切相关。这主要体现在政府的经济政策、人们的观念变化等方面。

从 19 世纪晚期开始，清政府出台了一系列发展工商业和对外贸

---

① 吴承明：《中国资本主义发展史》（第一卷），中华书局 1981 年版，第 126 页。

② Yen-Ping Hao, Commercial Capitalism Along China's Coast During the Late Ch'ing Period,《中国经济史会议论文集》，中央研究院，1977 年，第 341—365 页。载冯筱才《在商言商：政治变局中的江浙商人》，上海社会科学院出版社，第 62 页。

易的政策，并且开始重视官商关系，下令官府保护工商业者利益。在清政府颁布的发展工商业政策的带动下，浙江当局也采取了许多有利于工商业发展的政策措施。民国时期，政府陆续制定颁布了一系列与对外贸易相关的经济政策和措施。在南京临时政府成立初期，相继提出了相关的发展农工商业的政策措施，提倡与扶持工商发展，添设实业机构，经济政策开始有了新的变化。其发展经济的总政策和总目标，归结为一句话，就是要大力发展民族资本主义工商业，改变中国"堂堂华夏，不齿于邻邦，文物冠裳，被轻于异族"孱弱无能的落后状态。同时，设立各种部门，如商务局、商会、农工商部等，工商业的地位开始提高，突然转升显赫。北洋政府时期，进行商业立法，整顿商业。于 1914 年宣布废止《商人通例》和《公司律》，重新制定《商人通例》，对商人的含义、商业能力、商号、商业账簿等作了规定，并且颁发《商人通例施行细则》《商业注册规则》等法令。然而，对杭州发展对外贸易最有利的一次政策变革，应该是 1928 年南京国民政府为争取关税自主而实行的国定关税政策。以下仅列部分商品的进口税则以说明当时税制改革的概况，如表 1－15 所示。

表 1－15　　　　　　　1929 年国民政府实行的部分商品进口税则

商品	税率	商品	税率
纸烟	40%	毛织品	17.5%
酒类	27.5%	棉织品	10%
丝织品	22.5%	水泥	7.5%

资料来源：孙玉琴：《中国对外贸易史》第二册，对外经济贸易大学出版社 2004 年版，第 204 页。

此后，南京国民政府又于 1931 年、1933 年和 1934 年连续三次实施了新的税则，新税则比"值百抽五"的固定关税有了较大幅度的提高，增强了关税对民族工商业的保护力度，强化了民族工商业的国际竞争水平。新税则的实施更有力地推动了民国时期杭州对外贸易的开拓和发展。

　　晚清民国年间，人们社会意识的变化也影响着杭州对外贸易的发展，从最根本的角度上讲，即是商人地位的嬗变。明清时期，中国的商品经济的发达是非常明显的，国内商业繁荣已有许多学者从各方面得到证实，这种发展态势一直延续到清末。① 而杭州作为资本主义萌芽出现的最早地区之一，其商品经济发展程度也较高。民国时期，杭州地区的商品经济日趋活跃，为对外贸易的发展奠定了良好的经济基础。同时，商品经济的日趋繁荣，使得工商业日益发展，各个阶层的人投身于工商业领域。"士、农、工、商"的传统观念开始逐渐被颠覆，商人地位提高。1905 年科举废除，大量的"绅"进入实业界，改变了原有的商界结构。清末民初，自然经济受到冲击，商品经济逐渐盛行，市场网络亦随着交通网络及信息流通的改良而又拓展；工业革命成果通过社会有识之士的广泛传播等使得人们的认识提高，再加上政府"重商政策"的出台，促使商人地位提高，社会上掀起了"实业救国"的热潮，社会各界积极投身于实业。1912 年民国政府成立后，陆续公布了《公司条例》《公司保息条例》《商人通则》等改善和发展工商业的法令，为民族资本主义经济的发展营造了较为有利的法律和政治环境，也为工商业发展铺平了道路。这些都成为对外贸易发展的重要因素。

---

　　① 许涤新、吴承明：《中国资本主义发展史》第 1 卷，人民出版社 1985 年版，第 81—111 页；[美] 郝延平：《中国近代商业革命》，陈潮、陈任译，上海人民出版社 1991 年版，第 1—3 页。

第二章

清末杭州开埠始末

在阐述晚清民国时期杭州对外贸易研究时，我们有必要叙述一下清末杭州开埠的始末，只有这样我们才能厘清头绪，把握和分析晚清民国时期杭州对外贸易研究的来龙去脉以及主要矛盾和关键点。1895年 4 月 17 日，中日《马关条约》签订。该条约第六款第一条规定："现今中国已开通商口岸之外，应准添设下开各处，立为通商口岸，以便日本臣民往来侨寓，从事商业、工艺、制作。所有添设口岸均照向开通商海口或向开内地镇市章程一体办理，应得优例及利益等亦当一律享受：

一、湖北省荆州府沙市。

二、四川省重庆府。

三、江苏省苏州府。

四、浙江省杭州府。

日本政府得派遣领事官于前开各口驻扎。"①

根据该条款约定，以上四个城市从两国全权大臣画押印日起，"六个月后，方可照办"。双方约于 1895 年 5 月 8 日在烟台换约，并商定在换约后，速派全权大臣会同订立通商行船条约及陆路通商章程。1896 年 7 月 21 日，《通商行船条约》在北京签订。1896 年 9 月27 日，《杭州塞德耳门原议日本租界章程》在杭州签订。1897 年 5 月13 日，《杭州日本租界续议章程》在杭州签订。以上有关杭州开埠的重要条约的签订，从时间上理顺了近代杭州被辟为通商口岸的过程。双方商约花费两年多的时间，最终确定彼此在新开口岸的权利和义

---

① 王铁崖编：《中外旧约章汇编》，三联书店 1957 年版，第 616 页。

务。而实际上，在马关条约签订后不久，日本的商民就已经进入杭州开始商贸及其他活动。杭州开埠是日本等西方列强以经济目的打开中国内地市场计划的又一次成功。

一　日本与杭州开埠

杭州作为浙江省的省会，在历史上对外贸易的经营却晚于坐落于沿海的宁波、温州等地。回顾历史，浙江沿海的句章古港（今宁波市郊区乍山乡城山渡）、章安古港（今台州湾淑江入海处，是今海门港的前身）、海门港早在秦汉时期就开始了与中国一水之隔的日本等国的海上往来。至唐朝，明州港（今宁波市）已发展成为全国对外贸易的主要港口之一，贸易对象主要是日本。日本遣唐使对明州海外贸易的发展起到促进作用。北宋时期，明州港成为中日贸易最主要的港口。日本的海舶往来，都集中在明州，中国商人到日本经商的船舶也必须从明州港出发。宋代对于出外经商或外商来华出入的港口，大致有个地域的划分。广州主要是对南海一带的贸易口岸，明州则是对东海（包括日本、朝鲜等地域），而福建的泉州，则兼管东海与南海西路，在这些地点宋政府都设有市舶司，负责监视检查进出口船只货物，征收赋税。① 伴随着江南的开发，明州的对外贸易和港口也进一步发展，其标志为北宋咸平二年（999 年），起海关作用的明州市舶司成立。此后，随着契丹和西夏对北宋疆域的进犯，北方港口式微，明州港作为江南港口，地位日渐重要，与高丽、日本等国都拥有贸易和文化交流。这种格局前后虽屡有变更，但明州作为对日贸易的主要口岸，却始终未变。元、明、清时期，随着时局的变动，浙江对外贸易的情势也时有变化。明初，宁波设有全国三座市舶司之一的宁波市舶司，明州与日本、朝鲜的官方贸易仍然延续，宁波成为中日勘合贸易的唯一港口。但是，随着东南沿海倭寇日益猖獗，明朝政府加强了

---

① 石晓军：《宋代从日本进口的主要商品及其用途》，载杨正光主编《中日关系史论文集》第一辑，时事出版社 1985 年版。

海禁，同时将岛屿居民迁往内陆，市舶司也屡建屡废，极大地影响了宁波的对外贸易。但只要是重新兴起以后，宁波仍然承接着对日本、朝鲜的主要贸易往来，日本商民也早已习惯在这里与中国进行互通有无的贸易活动。

杭州作为一个港口被开发利用已追溯到先秦时期。它从原始的自然渔猎靠泊点，逐渐向人工的军港、商港过渡，乃至发展成为中国古代重要的贸易港之一。特别是唐、宋、元、明四代，杭州作为中国一个主要的对外贸易港与世界各国均有着频繁的贸易和友好往来，主要以朝贡贸易为主。隋朝江南运河的通航，促进了南北经济文化交流，当时杭州"川泽沃衍，有海陆之饶，珍异所聚，故商贾并辏"。日本的商品通过大运河可从宁波经绍兴、杭州、南京、济宁至北京，并可以在沿途城市进行互市贸易。因此宁波与日本贸易也延伸到了杭州，并且日本对杭州的丝绸、茶叶的需求也吸引着他们将杭州作为一个重要的贸易对象。日本学者佑藤真在《杭州丝织业》一文说："在日本机织业未发达之前，所称的吴国的服地，就是由杭州输入的丝织物；现今日本还有吴服店的名称，其起源就在于此，故杭州实为日本丝织物之始祖。"姚书祥《见知编》说："湖之丝、绵……尤为彼国（日本）所重。"康熙二十四年（1695 年）允许浙江之宁波、定海、温州和乍浦等地"出洋贸易"，唯独未及杭州。自此以后，杭州逐渐退出了国际贸易港的行列，但由于其江河贯通的水运枢纽的独特地位，仍是大运河南端的重要内河港口之一。日本同样也认识到杭州的这个地理优势，并且还认为："浙江有严州、处州、金华诸府，与安徽省徽州同在杭州上流，故发上海而经内地航路，欲抵此诸地者，势不得不经过杭州，又自宁波欲抵诸地者，势不但不经过杭州，可谓商业上天然中心点也。"① 可见日本对杭州通商的重要性的认识。鸦片战争以后，随着中国通商口岸的不断开放，各国积极地抢占中国市场，日本由于国家发展的需要，也急于开拓海外市场。它们自然把目标定在了以往熟悉的贸易通道上。于是在国家利益的驱动下，在国内不断增长

---

① 《清议报》报馆编，第 2 册，中华书局 2006 年版，第 1146 页。

的物质需求的影响下，他们积极设法打开更大的适用于本国经济发展需求的贸易港口。

机会终于来了。中日甲午战争中，清军的完败将双方拉到了谈判桌上。从议和草案传回祖国大陆时掀起的层层波浪中可见时人对时局的担忧。各级官员、各省举人纷纷上书表示对和约的不满，分析和约的各条款将会对国家带来的种种危害，而且认为其危害程度远超过以前的和约。单就允许苏杭等四地开埠通商一节的危害，总结时人的奏折，可概括为以下几点：一是苏杭地区，乃是全国富庶之地，允许洋商进行土货改造，意味着土货可当洋货出口，洋商即可利用特权减少税项，从而影响国家财政收入。二是由于洋商在制造成本及商品质量上的优势，将使得中国手工业生产者在竞争中失去生存空间，一旦他们失业，将会增加国家的不安定因素，所谓"小民生计日穷，势必持刀相向，横生枝节"。[①] 三是从国防角度，允许小轮船进内地，日本可依离中国近的地理优势，以保护商民为由，将兵船开入苏杭腹地，水陆并发，很快就能控制沿江七省要地。四是"苏杭向称儒林之薮、名教之邦，一经互市则去人伦无，君子士习民风从此扫地"。[②]

从当时的知识层对开放苏杭地区的危害性分析来反观日本要求增开苏杭的野心和企图，可见日本同样认识到苏杭在中国政治、经济及军事上的重要地位。而且相比苏州，日本认为杭州的通商优势比苏州更优越。因为长江沿岸各城市可随意通航到上海及镇江，不必非经过苏州不可，而杭州是商业的中心点，是其腹地城市对外交流的窗口。由此，在强烈的贸易需求的利益驱动下，杭州的开埠存在一定的历史必然性。

二   中日有关开放口岸及通商条约的交涉过程

中日战争还在继续的过程当中，双方即已开始停战谈判，边打边

---

① 故宫博物院文献馆编：《清光绪朝中日交涉史料》上册，文海出版社，第776页。

② 同上书，第806页。

谈。谈判的重点放在割地和赔款两个方面。通过对双方来往文书、李鸿章的电奏及清政府的批示的分析，深切感受到"日本乘屡胜之势，逞无厌之求"① 的狼子野心。而在日本的武力威胁下，清政府只能无奈地电告李鸿章"能争回一分即少一分之害"，② 甚至在李鸿章被刺事件发生后，还庆幸"此后和款必易商办……中日战争将从此止"。③ 但是，日方随后提出的和约底稿却并未因所谓的"理曲"而如清政府所愿，拟出的条款大有一口吞食中国之势。无论割地还是赔款，均超过清政府先前与别国签订的不平等条约。关于开设新的通商口岸，日方当时一共提出了七个，分别是：直隶省顺天府、湖北省荆州府沙市、湖南省长沙府湘潭、四川省重庆府、广西省梧州府、江苏省苏州府、浙江省杭州府。同时要求日本轮船可以驶入以上各口，附搭行客，装运货物。并将具体的行船通道写入和约：一从湖北宜昌溯长江以至四川重庆府；二从长江驶进洞庭湖，溯入湘江以至湘潭县；三从广东省溯西江以至梧州府；四从上海驶进吴淞江及运河以至苏州府、杭州府。日本欲开通这几个新的通商口岸，控制中国及进一步渗透到中国内地通商经营的目的是非常明显的。开放顺天府，日本的领事馆即可建立在中国的腹心地，因为清政府对京师之地就非常重视，清代雍正皇帝曾亲自为顺天府题写匾额为"肃清畿甸"，强调其地位的重要性，从而对于清政府的威胁前所未有；沙市、湘潭、重庆开通，那长江一线即无可守之地，长江商路即被打通；苏州、杭州开通，意味着苏杭之利将被争夺；梧州开放，即西南门户大开。正如李鸿章所说"添开口岸北京、沙市、湘潭、重庆、梧州、苏州、杭州七处，皆各国愿望多年不可得者"。④ 日本多年未在中国得势，此次狮子大开口，当然是想争取更多的权利，扩大在中国的势力，超越其他早于其在中国得势的国家。除此之外，还提出子口半税减为值百抽二，免除一切

---

① 故宫博物院文献馆编：《光绪朝东华录》，中华书局1958年版，第3552页。

② 同上书，第3552页。

③ 同上书，第3559页。

④ 同上书，第3562页。

税钞，机器进口改造土货运入内地免税等条款。企图改变原来的税则，争取更大的利益。

就新增口岸一则，李鸿章在电告总理衙门时说道："税则照旧，与各国一律，添口仅先允重庆一处，余俟会议时再酌。"[1] 李鸿章知道双方谈判的重点在割地、赔款两节，这两处不光是朝廷最为重视的，同时也是其他帝国主义国家最为关注的（英、俄、法三国公使也参与中日谈判中），因为这关系到它们在中国势力的增减而直接带来的经济损失。但是日本若是能成功增开更多的通商口岸，对于其他国家来说，这是共同受益的事情，它们乐享其成。所以李鸿章在回电总理衙门时特别提醒，其他条款有必要告之三国公使，以便联合说服日本更改内容，但唯独通商口岸的事情不能告之，"恐见其有利可沾，彼将协而谋我云"。[2] 没有三国公使的协调，就只能依靠自己的力量。但是边谈边打中，清军是连连败退，日方又不断增兵，增加军势压力，伊藤博文则言语相逼，扬言要"直攻北京"，气焰嚣张，根本不理会中方提出的交涉。但是迫于各方压力，日方还是接受了中方提出的某些修正条款，但强调说"业将约款酌减改定，万勿再有移易"。[3] 除了割地、赔款两节略有调整外，开放通商口岸一节也有所改动，通商口数从原来的七个减少到四个，内地子口税仍然照旧（值百抽二点五）。日方仍然坚持要开放苏州、杭州、沙市和重庆，显然是要集中力量打开进入长江沿线及支流城市的通道。而且必须将苏杭纳入它们的势力范围，这是自古就形成的中日贸易特点影响下的结果。李鸿章在上报朝廷的电文中，解释说："苏杭生意，允已归沪，似无甚碍。"[4] 从原来只想允许开重庆一地到现在开放苏杭也无碍，李鸿章的观点就是既然已成别人的东西，再争取也无意义，只要关键的税率不变就行。苏杭的丝、棉、茶一直是中国出口的大宗。1860 年前的

---

① 《光绪朝东华录》，中华书局 1958 年版，第 3566 页。
② 同上书，第 3562 页。
③ 同上书，第 3568 页。
④ 同上书，第 3569 页。

几年间，从上海出口生丝，平均每年约为 60000 担；1870 年间，从中国出口的生丝的价值，约等于出口总额的价值的 1/3，把茶与丝结合起来，约等于出口总额的价值的 5/6。在 1870 年间，生丝出口约价两千一百万两海关银，而丝织品出口则约价二百万两海关银。19 世纪 60 年代，西方的茶叶消费，9/10 是中国供给的。1871 年，茶叶出口的总值，用海关两计算，为中国出口总值的 54%；1877 年约为49%，1894 年则约为 44%。而且丝、棉、茶的出口当时都是通过上海或宁波出口到国外，在无可选择的情况下，李鸿章只能安慰朝廷，安慰自己，各国享受的特权使得苏杭的商品从上海出口跟直接从苏杭出口没什么两样，上海、宁波早就开放了，现在开放苏杭也不为过。因此他断然定案："现通商共祗五条，可无甚驳改。"① 至此，关系到国家税厘、华民生计的条款草草了结。

根据《马关条约》规定，在双方换约后，速派全权大臣会同订立通商行船条约及陆路通商章程。当日本公使林董到天津后，清政府即派李鸿章、王文韶为全权大臣与林董商议通商条约。在《马关条约》商定后，国内种种不平声屡屡出现在奏折上，从张之洞的奏文中可见时人对通商条款对国家、人民利益的危害的担忧。张之洞认为"苏杭织造丝绸，川楚织造纱布，则各国亦效尤改造土货，中国工匠生计从此尽矣"。"各省口岸城邑，商业工艺轮船，处处任意往来，任意制造，一网打尽。工商生路尽矣。倭在华制造土物一照洋货纳税，各国效尤，如不能拒，厘金亏矣。""民贫极则生乱，厘款去则无饷。陆现海军永不能练。中国外无自强之望，内无剿匪之力矣。""内地处处通商，赔款力不能还，心腹之患也。"② 事实如此，清政府也想通过此次的通商行船条约的商谈，对之前国家重大利权的丧失采取补救措施。因此谕令李鸿章、王文韶不得含混迁就。要严格按照中国与泰西各国现行约章为本，又本约批准互换之日起，新订约章未经实行之前，所有日本政府官吏、臣民及商业工艺、行船船只、陆路通商等，

① 《光绪朝东华录》，中华书局 1958 年版，第 3569 页。
② 同上书，第 3588 页。

与中国最为优待之国，礼遇护规，一律无异，不得溢出泰西各国章程之外，保我权利。而且事先让江、浙、川、鄂各督抚预筹善策，交由李鸿章参照，要求他准备充分，惩前毖后。张之洞、鹿传霖、谭继洵、廖寿丰等官员多次上奏力荐补救办法，供朝廷采择。综合他们的意见，对于《马关条约》第六款的补救办法归集如下：一是新开苏杭、沙市三处口岸在内地应照宁波章程不设租界名目，洋商所居地应以通商场或寄居地命名，其地方人民管辖之权仍归中国，其巡捕、缉匪、修路一切由该地方官出资募人办理。二是关于日本船只允许驶入内地水路一款，已无可挽回，只能告之沿江沿海督抚，除华民在内地行驶轮船之禁，先占埠头，舟楫之利或犹彼此共之。言下之意即是鼓励华民此日本商人争利。三是关于土货改造一节关系甚重，补救办法的讨论也是最为热烈的。各方意见有：必须声明机器制造场所只能在租界内；江浙等省的出口大宗商品如丝、棉在出厂处先抽厘金方准运出；强调双方最初的意思是以西约为本，不能超出西约的范围，同时要了解日本通商约章的内容，以此协商则税厘可无恙；声明洋货入华商之手仍照例逢关纳税，遇卡抽厘。四是日本人在内地收买土货只可暂行租栈，存放不准自行开行，不准自向散户收买；内地收买土货准其租栈暂存，不准购买房地，悬挂招牌，所买土货须运载出口，不得在内地暂售洋货，运入内地须大宗贩卖，不准零售，租栈应给地方公举费用，应照华民房屋摊派。

当林董提交四十款的通商约稿后，李鸿章中途出访俄国，清政府即改派张荫桓为全权大臣，继续商谈。张荫桓在奏报谈判情形时，深感商谈的艰难，感叹既不能废《马关条约》，则现议各条岂能别开生面。他将当时商谈中的困难情形一一陈列，共述五难：一是关于机器制造土货征税事宜。李鸿章在去俄国之前，提出外国机器在通商口岸租界内制造土货在货物造成离厂时，要征收值百抽十的离厂正税，然后才允许发售。林董以马关新约中未提应纳在口内制造正税字样为由拒绝接受，并称制造货物系在口内完成，并非从口外运进，进口货值百抽五税也不应该收。虽然李鸿章对此未下定论，但要想继续商谈也不容易。《马关条约》中已经允许制造一切货物，而且说明收税照旧例，再想借按货物种类收税来收回一部分的利益更是不可能，这个与《马关条约》不符，无从议办。二是林董要求《马关条约》与泰西各国约章为本，而且说明泰西各国专指欧洲各国，不包括美国、秘鲁、巴西等美洲国家在内。因此在最惠国待遇这个问题上不能参照这些国家与中国的约款，而要以英法等国为准。即中国驻日大使及家属不享受最优国待遇。三是林董以《马关条约》为准，拒绝李鸿章提出的日本轮船不能行驶进重庆一条。四是由于《马关条约》中并未提及商约未定之前，中国商民在日本作何办理，而日本商民在中国援引最惠国待遇可照旧通商。此事也因有马关商订在先，而无从定断。五是关于苏杭通商及制造货物欲暂缓开办的问题，若以商约未定为由，还可牵制日方，但是马关约中规定增开各口在双方换约后六个月内开办。现在已经超过了六个月，苏杭租界正在勘定，上海制造土货的工厂已经设立，所以现虽有理由延迟，但并不能阻止。从以上内容可以理解，清政府虽然想对此前的定约做出补救，但是也正因为先前的定约而无法展开，可谓一着不慎，满盘皆输。中日《通商行船条约》最终还是以清廷的让步于1896年7月21日在北京签订。《中日通商行船条约》共29款，主要内容是：1. 中日两国可互派使节驻于对方首都，可在对方通商口岸或准驻领事之处设立总领事、领事、副领事及代理领事。2. 在中国各通商口岸，允许日本人从事商业、工艺制作及其他合例事业，准日人赁买房屋和租地造教堂、建医院、坟墓等。3. 准许日本人前往中国内地各处游历、通商。4. 凡各货物日本人运进中国或由日本运进中国者，日本人由中国运出口或由中国运进日本者，"均照中国与泰西各国现行各税则及税则章程办理"。5. 日本在中国取得领事裁判权。6. 日本在中国取得最惠国待遇。至此，有关新开通商口岸的通商行船总体约章确定，日本争取到了以往其他国家没有争取到的权益，随着它们在这些口岸势力的渗透，对中国经济的侵略及破坏又更深一层，对开埠地人民及社会的影响也更进一步。日本在随后展开的租界地、通商场地谈判的过程中虽然遭到来自清政府省市级地方官的阻挠，但是先前清政府内部上下集思广益拟订的一切挽回利权的方案都没有奏效，杭州日租界的划定、杭州海关的设立标志着日本打开了杭州的市场，根据"利益均沾"原则，杭州逐步成为又一个帝国主义列强倾销商品市场和原料产地，中日贸易的性质也发生了变化，由原来的互通有无式的贸易变成了殖民性质的贸易。

三　杭州日本租界划定过程

　　光绪二十一年（1895 年）农历十月下旬，日本公使林董就苏杭开埠一事催促总理各国事务衙门说："苏杭开办通商，照约已迟一月，日本船商均集上海，请即设关开办，以便日船驶行。"[①] 但当时通商行船条约还未商定，因此新开口岸通商的具体事宜无从开始，只能照旧例办理。光绪二十二年（1896 年）农历三月，日本驻杭领事馆在宝石山东麓石塔儿头设立，落合谦太郎任驻杭领事。[②] 有关新开口岸划定租界，开设海关征税事项还未提上议事日程。但是在林董与张荫桓商谈通商行船条约时，双方就新开口岸的性质问题有过争论。清廷方面认为，新开的苏杭等口，均在内地，与海口不同，应比照宁波办法，不设租界名目，但指定地段纵横四至，名为通商场或寄居地，其地方人民管辖之权仍归中国，不准日本人自设巡捕，以免侵我主权；而日本方面则要求比照上海专管租界章程办理。后因马关条约已有"照向开通商海口章程办理"之语，只得对日让步，交涉没有结果。光绪二十二年（1896 年），6 月 11 日《通商行船条约》签订后，日本即派曾任政府派驻美国纽约京城之领事小田切万寿之助接替落合谦太郎到杭州任领事，与地方政府商谈租界划界事宜。6 月 14 日小田切万寿之助即到任，按例至各衙拜谒之后，即于 19 日片请洋务督办聂大人（聂缉椝）在普慈寺会晤，开谈公事。

　　据曾任当时浙江巡抚廖寿丰幕僚、抚署洋务总文案陈星庚的后人陈善颐在整理先祖公文底稿及信件后了解到：小田切万寿之助在商谈

---

① 浙江省政协文史资料委员会编：《浙江文史大典》，中华书局 2004 年版，第 31 页。

② 杭州市地方志编纂委员会：《杭州市志》，中华书局 1997 年版。

租界地划界时言语傲慢，与时任督办聂缉椝在争论租界地内权益时，分歧很大，不欢而散。双方争执的事项包括租界地段四至、租界内马路捕房归属、租界地命名等。小田要求租界地分两个部分，一为租界侨民居住地，一为通商场地。租界地四至要丈尺，拱宸桥外三百六十丈作为日商居住之所。而聂督办不允说：杭州拱宸桥外，我国已拟定Fullsettlement 即华语外国人通商居住地之所，贵国商人可以尽先租赁居住，毋庸另划地段。关于这块地命名，既不用日本租界，亦不用通商场，皆以英语 Settlement 为准。又复往返数日，督办等当局诸公由一百二十丈起逐渐加至一百八十丈，倭领亦减至三百丈，并称若不允，即要详细电告倭政府饬林使与总署再索，彼此已有决裂之象。在马路、捕房归属问题上，日方要求归日本领事管理。当时的杭州地方官员对此非常愤怒，认为日本相逼太甚，如果同意，则是国家之耻，坚决维护主权。由于双方僵持不下，谈判持续了比较长的时间，最终双方考虑各自利益后，互有退让，最终于光绪二十二年农历八月二十一日（公历 1896 年 9 月 27 日）签署了杭州通商场地址和《日本商民居住 Settlement 章程》（后称《杭州日本租界原议章程》），正式确定杭州拱宸桥一带为通商场地，面积约 1800 亩，其中北运河东半部一带辟为日本租界，面积约 900 亩。[①] 日本商民在此界内往来侨寓，中国地方官自应按约保护。所有巡捕房事宜，由中国地方官会同税务司设立管理，仍候两国政府核定。塞德耳门界内纵横马路及沿河纤路，均照现议捕房事宜办理。外国体面殷实人愿在界内居住者，只能居住，不能租地。但是，次年四月十二日（公历 1897 年 5 月 13 日），中日双方再签订《续议日商居住塞德耳门章程》（后称《杭州日本租界续议章程》），规定"界内所有马路、桥梁、沟渠、码头以及巡捕之权，由日本领事官管理"，日本达成在杭州设立"专营租界"的企图，杭州通商场也易名为日本通商场。租界续议章程还修改了日本商

---

① 严中平等编：《中国近代经济史统计资料选辑》，科学出版社 1955 年版，第 53 页。记录杭州拱宸桥日租界占地为 778 亩，1896 年 11 月英领事划定由日租界向北至瓦窑头止为英租界，占地 1809 亩。

民在租界租地的金额，上、中、下三等地的租金相较于前都有所减少。最终确定的章程无疑是对中国主权的再一次侵犯，日本商民的入住、开办工厂开展制造工艺等活动，使得日本势力对杭州经济社会造成深刻的影响，杭州日租界从此开始了日本驻杭领事半殖民统治的历史。

　　杭州开埠，必须设海关开港通商。浙江巡抚廖寿丰于光绪二十二年五月二十一日上奏："在杭州设立洋关一切稽征事宜经臣请以杭嘉湖道兼充监督奏奉，提出杭州关务、税务交涉一并事宜应仿照办理，该关基址已饬洋务局员及地方官会同税务司丈勘得拱宸桥外适中之地堪以兴建。"① 1896 年 6 月，浙江方面设立杭关，以杭嘉湖道王祖光兼充杭州税关监督。经光绪皇帝批准，杭关由总税务司英国人赫德派浙海关头等帮办、英国人李士理来杭筹建，择地拱宸桥以北通商场。杭巡道观察邹渭清被委任为杭州监督海关道观察。李士理负责通商码头的建造以及其他一切营建工作。7 月，获得杭州新关房屋、验货场、码头、墙垣等工程款。9 月 18 日，租界内的洋关房屋建造开始动工，并雇用外国人来督工。显然，关务实权操于税务司李士理之手。虽然杭州关还在筹建，但日本商民在马关定约六个月后已经进入杭州开始商贸活动。这一时期杭州对外进出口贸易的监管问题，则由上海江海关监管。清光绪二十二年（1896 年），江海关为加强这一带的货运监管，拟定并报经清政府总理各国事务衙门批准后，于七月二十八日（9 月 5 日）、八月初三（9 月 9 日）分别颁布：《江海关华轮暨华商挂号民船来往苏杭沪贸易试办章程》和《江海关洋轮暨洋商雇用民船或自置船只来往苏杭沪通商试办章程》两个章程。两章程分别就华洋各船往来苏杭沪航线、停泊、货物装卸、报关、纳税等事项作出规定。杭州开关之前，有关货物进出口均按上述两章程办理。同年八月初二（9 月 8 日），总理各国事务衙门批准杭州关开关，八月二十五日（10 月 1 日），杭州关举行开关仪式。是日，杭州海关对外正式宣布开始征税。同一天，拱宸桥通商场和日租界也正式使用。而

---

　　①　中国第一历史档案馆编：《光绪朝朱批奏折》，中华书局 1995 年版。

十一月，英美等国按有关"利益均沾"约章，要求在拱宸桥通商场内租地经营。浙江巡抚照复诸国，通商场地南部沿运河一带允许各国商人租地。至次年三月，列强在杭州通商场内租地，除日本外，计英国 335 亩，美国 124 亩，法国 111 亩，意大利和瑞士 31 亩。但是自杭州 1895 年开埠后，以其在开办近代工业、兴办城市公共事业、建设近代交通以及发展近代教育和传播民主思想上取得的显著成绩，也进一步实现了城市的早期现代化，从而使杭州城市的性质和功能以及城市的基础设施、管理方式、市政建设、社会结构、城市人生活方式和思想观念等开始从传统向现代转变，城市的传统性因素不断削弱，现代性因素则开始呈现并不断增强。[1]

与此同时，杭州地区一些有志之士有感于日本的经济侵略，中国国力的日渐衰弱，主张大力发展实业，与列强进行商战。如 1895 年，湖州富商庞元济与杭州富商丁丙耗资 30 万两银合建了世经缫丝厂。两年后，又再集资 40 万两银，创建了杭州通益公纱厂。杭州通益公纱厂厂基面积 7191 平方米，拥有纱锭 15040 枚，职工约 1200 人，年产棉纱 5000 件。作为杭州最早兴办的机械纺织企业，通益公纱厂对杭州乃至浙江的近代纺织工业起了奠基作用，在中国近代工业史上也占有一定的地位。继杭州的通益公纱厂后，1899 年朱荣璪又在萧山开办了通惠公纱厂。除上述三家近代工业外，19 世纪末 20 世纪初杭州又陆续开办了一些近代企业，如 1909 年开业的萃隆袜厂。

四　杭海关的建立过程

中国近代海关即外籍税务司制度下的海关，除极少部分由中国人控制以外，大部分的设立都与不平等条约有关。杭州关的设立当然也不例外。关于开放杭州为通商口岸的谈判正始于此。1896 年初，日本政府明确指示其驻杭州领事，不与列强协调一致而力争获得一切。根据条约精神，总税务司赫德（Robert Hart）便迫不及待地抽派浙海

---

① 陈自芳：《论近代杭州城市化的创新动力》，《浙江社会科学》1999 年第 6 期。

关头等帮办前班李士理（英籍，S. Lestle）并任命其为署税务司，前往杭州，负责筹建杭州关。①

7月，来杭筹办海关的李士理"获得杭州新关房屋、验货场、码头、墙垣等工程款（白银 18200 两）。9 月 25 日，总税务司赫德正式任命李士理为杭州海关税务司，并电令在 10 月 1 日前暂不征税"，②另外，清政府在浙江巡抚廖寿丰的奏请下，批准杭嘉湖道兼任杭海关监督，任命邹渭清为杭海关首任监督，以便控制新设的海关。当时的杭州海关是杭州最主要的征税机关，也是货物进出的枢纽。与浙海关、瓯海关一样，杭海关的监督虽在名义上有任免、监察杭州海关税务司的权利，但实际上杭海关仍为洋人牢牢掌控。

9 月 8 日，总理各国事务衙门发电文令杭海关开关。10 月 1 日，杭州关举行开关仪式，当地官员、绅士几乎都参加了开关盛宴，同日，杭海关正式开关征税。杭海关的官署设在拱宸桥的通商场（现为杭州市第二人民医院三幢二层红砖瓦楼），为与之前的钞关相区别，特在署前树立了一块"新关"界碑，以便加以区分。杭州关的官署一直处于建设状态，故其各职员只得暂借经丝厂旁如意里的空房作为海关办公之处，而进出口待验的货物也只能在船上验货或将其放置在货棚里，这种情形一直持续至 1897 年 8 月官署的竣工。杭海关的官署大楼在民国成立之前还经过了一次较大规模的修缮。自 1917 年 10 月 8 日起，海关大楼又开始安装电灯等电气设施，至次年 6 月 27 日安装完毕，结束了洋人所谓"困难时期"。

杭海关的人事安排，与浙海关、瓯海关相类似，始终由洋人掌控着大权。1858 年，英国与清政府签订《中英通商章程善后条款》，规定总理大臣邀请英国人帮办税务。其后，英法也纷纷效仿，帮办税务。从此，中国海关遂出现两种制度、两个体系。一为中国原设海关，仍然由海关监督管理；一为新设海关，由海关监督与外籍税务司

---

① 孙修福：《杭州关研究》，红旗出版社 2013 年版，第 127—128 页。

② 周峰：《民国时期杭州》，浙江人民出版社 1992 年版，第 372 页。

共同管理。① 正是由于存在两种体系，杭州关相应地也形成了两套人事制度。杭海关的人事安排将所有的人员分为内、外两班。内班负责掌管纳税、征缴事宜；外班从事外勤等事务。内班的人员安排大致如下：内班设税务司一名（一般为洋员，杭关一直到民国18年才有中国人何智辉上任为署税务司代理税务司），英文文案帮办一名，办公处帮办一名，供事一名，会计处洋文供事一名，主席供事一名，主席录事一名，录事两名，造报处洋文主席供事一名，华文文案一名，司书一名。以上为内班的人事安排。内班的十一名职员在一般情况下均为洋人雇员，这种制度一直持续至民国18年（1929年），由此可见洋人在征缴方面始终掌控着实权。所以杭海关在民国18年之前非中国人之杭海关，而实际为西方列强收集杭州政治、经济、军事、财政等各种信息的一个据点。外班方面，设总巡（即理船厅）一名，验货一名，检巡两名，秤手四人。无论内班或外班，其职位又分为若干等级，各项等级各达20余个之多。杭州关人事制度中的等级制度严苛，要求下级必须绝对地、无条件地服从上级，这塑造了旧海关的传统制度。海关对关员每年实行秘密考绩，并在年终时，由主管人员填写考绩报告。经考绩合格后，每两年由税务司报请总税务司署批准晋升一级，薪金相应提高；如若表现良好，也可由税务司推荐，经总税务司批准，提升为帮办，当然这只限于极少数税务员。帮办是有资格成为副税务司、税务司的唯一有效途径，所以帮办一职在旧海关中始终占有较为重要的地位。海关总税务司署每年都编印《海关职员人名录》，凡列名在其中的正式官员，都可以享受休假、退休等待遇。但其任免、奖惩、各关区之间调动等事宜，必须由总税务司署批准。至于非列名人员如办事员、水手、勤杂工等，则由各关自行管理，在编制的范围之内，税务司有权雇用或解雇。

掌握着判定进出口货物与否违禁的实权的总巡和验货一般由洋员担任；两名检巡员，为华洋并用；而最低级的四名秤手均为华人，由此可知杭海关的人事任命和调遣，无论是内班还是外班，均受洋人节

① 孙修福：《杭州关研究》，红旗出版社2013年版，第135—136页。

制。杭海关的最高首领——税务司名义上须受杭海关监督的节制，但实则海关监督并无实权，只是虚号而已。现将民国元年起历任杭海关监督与杭海关税务司官员姓名、职务、任期列表如下：

表2－1　民国元年至民国25年（1912—1936年）历任杭海关监督名录

姓名	任职年月	职务
胡翔林	民国元年（1912）12月28日	杭州关监督
张允言	民国2年（1913）4月24日	杭州关监督
程思培	民国4年9月24日	杭州关监督
沈尔冒	民国6年8月25日	杭州关监督
陈冒毅	民国9年	浙江省财政厅长兼
胡翔林	民国9年5月17日	杭州关监督
杜纯	民国9年6月11日	署理杭州监督，民国10年9月21日正式任命杭关监督
孙寿恒	民国13年10月30日	杭州关监督
陈蔚	民国14年2月23日	杭州关监督
赵文锐	民国16年3月29日	杭州关监督
来长春	民国21年4月25日	税务科长，代理杭州关监督
杨俊	民国21年6月1日	杭州关监督
樊光	民国25年（离任期）	杭州关监督
赵世楷	民国25年8月11日	杭州关监督
何轶民	民国25年8月11日	杭州关监督

资料来源：杭州市地方志编纂委员会：《杭州市志》第5卷，中华书局1997年版，第663—664页。

表2－2　民国元年至民国25年（1912—1936年）历任杭州税务司名录

姓名	国籍	任职期限	职务
殷尊森（J. W. Innocent）	英国	宣统三年至民国6年（1911—1917年）	税务司
阿拉巴德（E. Alabasterr）	英国	民国6年至9年（1917—1920年）	代理税务司，税务司
马都纳（W. MacDonald）	英国	民国9年至10年	税务司
罗德福（L. H. M. Lawford）	英国	民国10年至11年	署税务司代理税务司
毕尚（A. L. M. C. Pichon）	法国	民国11年至13年	署税务司代理税务司
大泷八都（H. Oralzi）	日本	民国13年至14年	署税务司代理税务司

续表

姓名	国籍	任职期限	职务
恩顾陌 （R. Inokuma）	日本	民国 14 年至 18 年 （1925—1929 年）	代理税务司，税务司
何智辉	中国（广东）	民国 18 年	署税务司代理税务司
夏松藩	中国（浙江）	民国 18 年至 19 年	代理税务司
何智辉	中国（广东）	民国 19 年至 21 年	署税务司代理税务司
陈柏康	中国（广东）	民国 21 年致 2 年	代理税务司
候曜章	中国（广东）	民国 22 年	副税务司代理税务司
胡辅辰	中国（广东）	民国 22 年至 23 年	税务司
刘丙彝	中国（江苏）	民国 23 年至 25 年	代理税务司

资料来源：杭州对外经贸委员会编：《杭州对外经贸志》，北京师范大学出版社 1993 年版，第 52—54 页。

　　鉴于当时杭州所管辖的境域大致为今天的杭州、湖州、嘉兴三市，即杭属（Hangchow territory）的余杭，湖属（Huchow Territory）的德清、新市、菱湖、湖州组成的湖州地区关口，嘉属（Kashing Territory）的塘栖、石门、石门湾、桐乡、长安、硖石、嘉兴、王店、乌镇、海宁、平湖、乍浦、嘉善、枫泾、平望、黎里、震泽、南浔所组成的嘉兴分关，故杭州关的管辖范围也由这三部分组成。

　　嘉兴分关于清光绪二十二年十一月十一日（1896 年 12 月 15日），杭州关奉命于嘉兴添设的一处分口之一，其所管辖的范围即上述的嘉属十八处旁口。嘉兴分关地址既连接沪杭的交通要线，又借助大运河的水利优势，因此海关的设立，使其在清末至民国时期成为繁荣的商贸片区，巨大的税额增收空间更是成为当时重要的税收点之一。正是凭借独特的地理位置，嘉兴分关很快就成为长江流域鸦片的主要输入点。许多鸦片贩子乘机从其他地区贩运至嘉兴反关并从此处进口，嘉兴分关的稽查人员对此也无能为力。尽管鸦片在 1912 年被列入违禁物品，大宗的鸦片进口贸易在嘉兴分关的记录消失殆尽，但事实上走私进口的鸦片并未因此而断绝过。

　　民国 20 年（1931 年），民国政府正式宣布废除"厘金"制度，其中厘金以及类似厘金的统税、特税、货物税、铁路货捐、邮包税、落地税和正杂各税捐，以及海关征收的 50 里外常关税、内地常关税、子口税、复进口税等一律裁撤，国内民船如若载有大宗的出口国产货物可不必在分关完纳税，因而嘉兴分关的税额开始出现了较大的滑坡。次年，国民政府又宣布废除如"在来往杭、苏、沪之间的华洋船只的税收，必须按规定的航线"等有关章程后，嘉兴分关逐渐失去了其在苏沪杭货物转运中心以及浙西土特产转运门户的作用，其所征缴的税额直线下降，变成了"空架子"，成为沪苏杭之间徒耗财力的关所。民国 22 年（1933 年）11 月，杭州关税务司报经国民政府财政部和总税务司署核准后，于同年 12 月 31 日正式撤销了嘉兴分关。嘉兴分关设置之初，按总税务司所设的全国统一的一套海关人事制度设立相关的职位，但嘉兴分关为杭州关的一个分关，因此由杭州关委任了一名稽征员统筹负责分关的税钞征收。民国 16 年（1927 年）11 月底，嘉兴分关又添设了一名署副税务司，统办分关的行政与征稽事宜，以便加强征税稽查力度，由此可见嘉兴分关在杭州关中发挥着举足轻重的作用。另外，嘉兴分关还配备了职员三名，工役勤杂十七名。在这个分关税务司的职位上，先后共有十人任职，在民国十五年（1926 年）之前分别由英、挪、德、荷籍外国人掌权，自 1926 年 4 月以后，方由华人任此职位，至嘉兴分关撤销共有三任华人税务司。

纵观杭州开埠的历史过程，实际是历史的偶然与必然的结果。杭州的区位优势（主要包括资源和交通两个方面）使得历史上其与世界各国都有频繁的贸易往来，虽然随着国内政治的变化和外围市场的波动，发展的过程起起伏伏，但是作为大运河南端的重要内河港口的地位，始终没有变过。而且在长期的对外交往过程中，由于自身的特点，形成了比较固定的往来对象。在贸易、文化的交流上，杭州比较符合日本国内的需求，加之地缘优势、交通便利提供的条件，使得日本与杭州的经贸联系越来越紧密。虽然日本可以通过第一批开放的通商口岸达成与杭州的经济、文化交流的目的，但是在有机会改变现状的情况下，在可以减少贸易成本的利益驱动下，日本没有理由不要求开放杭州。因此在日本马关，中日双方在商谈停战协定的过程中，日本始终要求开放苏杭，态度坚决，不容清政府讨价还价。清朝统治阶级内部对于开放苏杭的利害关系，当然也是十分清楚的，但是一句"苏杭生意，允已归沪，似无甚碍"的说辞，让清政府轻易地将这些关乎国家税收、国民生计的重大利权交给了日本。所以说近代杭州的开埠一方面是清廷妥协退让的结果。

历史是不能假设的，但是历史学研究可以用假设的研究方法。假设甲午战争的对象不是日本，是别的国家，清政府同样战败，停战协定也有增开商埠一节，那么杭州还会在此时被要求开放吗？或者说鸦片战争不是发生在中英之间，而是发生在中日之间，那么杭州会不会同宁波一样，成为第一批被开放的通商口岸呢？其实这样的假设就是为了引起人们的思考，帝国主义列强要求增开商埠，选择开埠地时是以什么为标准的？中国有那么多条件优越的港口，在选择数量有限的情况下，怎么确定最终的开埠港口？从政治学角度思考这个问题，答案其实很简单。任何国家行为都是以国家利益的体现为前提的，这个原则适用于处理国与国之间交往过程中产生的所有关系。因此，在那样一个畸形的社会形态下，在开放国没有话语权的情况下，开放地的选择实际是以开埠地与他国的利益关系轻重为标准的。所以说近代杭州的开埠另一方面又是日本与杭州自古以来形成的紧密经济关系作用下的产物。日本与杭州乃至浙江省的经济联系可以在下面的杭州关进出口贸易分析中得到进一步的佐证。

杭州开埠后的经济社会发展情况可以从杭州关的进出口贸易发展中得到一个侧面的了解。因为这些数据能清晰地反映杭州出口型经济发展的脉络，能编织出杭州与省内及省外其他地区的经济联系网络，同时还能表现出杭州社会发展与外国势力之间存在的千丝万缕的联系。杭州关的设立缘于杭州开埠为通商口岸。所以本章的设置实为杭州关进出口贸易的分析提供背景资料，将有助于对杭州关贸易活动变化及成因的理解。本书重点也是通过对杭州关的进出口贸易活动的分析厘清杭州开埠后经济社会发展的状况及走势，以及对周边省份贸易联系的加强和省内贸易格局所产生的变化做初步探讨。

第三章

清末杭州关进出口贸易分析
（1895—1910）

一　清末杭州关进口贸易分析

  杭州的对外贸易[①]主要通过陆路和运河水路。海上交通线由于钱塘江下游航道的改变和淤塞而受到影响，因此近代以来，杭州的海上贸易逐渐衰弱，而陆路贸易凭借杭州四通的交通条件，自古就非常发达。早在清朝中业，浙江省已建成邮驿道 14825 里，其中陆路 9755 里，水路 2470 里，水路兼路 1400 里，山路 1020 里，海塘路 280 里，形成了以杭州为中心与周边苏皖赣闽相连的省、府、县、乡之间的古代道路网络。[②] 杭州与外界的水路交通则有赖于浙江省密如繁星的内河资源。同时杭州地处钱塘江下游北岸，钱塘江、京杭大运河、浙东运河交叉沟通，水运条件十分优越。自太平天国运动以后设立的厘金局遍布于商品流通的各条道路及商品集散的中心，且一般情况下都是设在水路沿线。从 20 世纪初绘制的浙江省厘金总局、厘金局、厘卡所在分布图（见附图 1）上，可以想见当时浙省发达的水上交通对于商品经济的繁荣作出的贡献。从附图 1 上厘金局分布的密度可以看出杭州已成为浙省商品生产、流通及消费的中心地。但是介于清朝国内的税卡没有完整确凿的统计数字以记录当时杭州对外贸易发展的历史，因此只有通过对海关数据的整理分析，大致了解晚清时期杭州海

---

  ①　本书有关对外贸易的理解是根据当时海关的统计资料，实际包括国外贸易和国内贸易两部分的内容。

  ②　徐望法：《浙江古代道路交通史》，浙江古籍出版社 1992 年版，第 178 页。

关对外贸易发展的概况，以窥视杭州开埠对于杭州乃至整个浙江省经济社会发展所产生的影响。由于中国近代海关的特殊性，中国海关贸易成为对外贸易与国内贸易的媒介，而且还有着将对外贸易概念转换为国内贸易的税则与课税原理。① 故此可对海关资料做深入分析，以便对地域市场作系统性把握，亦可掌握杭州开埠以来至辛亥革命爆发前经济发展的变迁。

　　1896 年至 1910 年，杭州进口洋货除鸦片外，以洋油、糖类、锡及火柴（日本）为大宗；进口土货则以大豆、烟丝、红砂糖、桐油、白蜡、黑枣等为大宗。1858 年时，英法与我国签订的《天津条约》附约规定："鸦片改称洋药，可自由买卖及进口。"使得鸦片买卖披上了合法外衣，在中国土地上流动更快。杭嘉湖道台邹渭清作为洋关监督，当时给每箱进口鸦片发了 3 两 8 钱的津贴，有人迷惑不解，认为道台大人昏蒙愚昧，但无利可图发津贴，有这等好事吗？津贴的背后其实是利益之手在较量。离杭州不远的宁波，开埠比杭州要早，鸦片战争后进浙江的鸦片都走宁波关口，进口鸦片为宁波带来丰厚的关税收入。杭州洋关开设后想要改变鸦片进口路线图，只有抛出肥硕的诱饵。这一招果然有效，烟商本来报宁波"浙海关"进口的鸦片，纷纷改报"杭州关"进口。杭州发放津贴，看似减少了洋关关税收入，但每箱鸦片 110 两的"货厘"可是实实在在的真金白银，两下一算，洋关认为并不吃亏。当时在杭州进口鸦片主要在嘉兴分关完税，从货值上看，从外国进口的鸦片要占全年杭州洋货进口总值的四成，直接影响杭州关进口洋货的数量变化。杭州关进口的鸦片以印度中央地区生产的马尔瓦鸦片为主，还有少量的印度孟加拉国管区生产的帕特纳鸦片和贝内来斯鸦片。杭州进口的马尔瓦鸦片数量从表 3 - 1 中可见，在全国范围内，杭州的进口数量还是较大的，成为长江中下游一带外国鸦片进入内地的又一个重要通道。以马尔瓦鸦片的进口数量为参照来分析杭州关鸦片进口的情况如表 3 - 1、表 3 - 2 所示。显然

——————————

　　① ［日］滨下武志：《中国近代经济史研究》上册，高淑娟等译，江苏人民出版社 2009 年版，第 497 页。

从数量上看，从 1899 年开始，鸦片进口量较前猛增 1 倍多，到 1903 年、1904 年两年最甚，进口数量分别为 2198 担和 2442 担，说明杭州市场很快就被进口鸦片所侵占。

表 3 - 1　　　　1903—1910 年全国马尔瓦鸦片进口数量对比　　　　单位：担

年份	杭州	上海	宁波	九江	芜湖	镇江	汕头	福州	全国进口总数
1903	2185	3121	2107	2211	2254	3471	2478	1518	21626
1904	2431	3117	2165	2395	2360	3431	2352	1442	22098
1905	1996	2059	1727	1686	1625	2313	1672	1081	16034
1906	1473	1625	1339	1435	1621	2451	1518	1025	14368
1907	1535	2017	1385	1837	2412	3264	1832	1062	17394
1908	1124	2080	1274	1470	2026	2853	2093	1085	15691
1909	974	2369	889	1363	1649	2591	2009	909	14136
1910	358.50	2085.19	449	1157.12	1445	2014.50	1306.63	845.81	10656.69

资料来源：第二历史档案馆编：《中国旧海关史料（1859—1948）》，京华出版社 2002 年版，其中每年的各海关外籍税务司报告。

表 3 - 2　　　　1897—1910 年杭州关进口马尔瓦鸦片数量对比　　　　单位：担

年份	1897	1898	1899	1900	1901	1902	1903
马尔瓦鸦片	928	940.5	1919.5	1774	1834.06	1836.5	2198.5
年份	1904	1905	1906	1907	1908	1909	1910
马尔瓦鸦片	2442.5	1996	1473	1535	1124	974	358.5

资料来源：第二历史档案馆编：《中国旧海关史料（1859—1948）》，京华出版社 2002 年版，其中每年的各海关外籍税务司报告。

"鸦片输入之数如此甚大，加以本省所出土膏数不胜纪。居民之贫者纯服土膏，所谓台桨是也。然则每年销膏之数直至不可计数，谓之病国也亦宜。"① 但自 1908 年开始，因为当时全国在大规模地强调和开展禁烟宣传，要求在中小学教科书中加入拒毒内容，此外通过禁止外国毒品输入案，要求调查南洋群岛殖民当局公卖鸦片情形，并向国际禁烟大会申诉，设法免除侨胞受鸦片毒害，使得浙江也开始实行

①　浙江省图书馆古籍部藏：《浙江潮》，光绪二十九年二月二十日发行。

禁烟政策"著定限十年以内，将洋土药之害一律革除净尽"，从而导致鸦片输入数量明显出现递减趋势，到 1910 年进口量只有 358 担，与最高时期相比，降幅达 86%。此外本国自产的土药渐渐成为洋药的替代品，也是洋药进口锐减的另一个重要因素。本省所消费的国内鸦片实际上都是在本省种植的，本省每年零星种植量约为 7400 担，主要供穷人使用或与外国鸦片混用，基本能满足市场的需求，无须从别的省进口。

（一）进口洋货的商品结构及来源分析

将海关报告中进口的大宗商品每年货值数及其在进口中所占比重表列出来，可以直观地反映每种进口商品的贸易走向。由表 3-3 可见，杭州进口洋货中，除鸦片外，最主要的进口商品是洋油和糖类制品。洋油的年平均进口值为 447830 两，占进口洋货年平均净总值的 11.6%。糖类的年平均进口值为 930224 两，占进口洋货年平均净总值的 24%。其他商品中占比较大的有锡、日本洋火、肥皂、机器等。

表 3-3　　　1896—1910 年杭州关洋货进口大宗商品货值及比重 单位：海关两

年份	进口洋货净总值	洋油（1）货值（比重）	糖类（2）货值（比重）	锡货值（比重）	日本洋火货值（比重）	鸦片（3）货值（比重）
1897	1259544	238798（19%）	45869（3.6%）	68983（5.5%）	31789（2.5%）	543800（43.2%）
1898	2084875	373975（17.9%）	119090（5.7%）	194971（9.4%）	68525（3.3%）	667404（32%）
1899	2736032	429450（15.7%）	170157（6.2%）	113894（4.2%）	91313（3.3%）	1245877（45.5%）
1900	2581807	397376（15.4%）	257607（10%）	108878（4.2%）	—	1184110（45.9%）
1901	3565760	523897（17.7%）	656040（18.4%）	175124（4.9%）	120370（3.4%）	1272632（35.7%）
1902	3660386	411540（11.2%）	913605（25%）	51330（1.4%）	97511（2.7%）	1425470（38.9%）
1903	4344168	382891（8.8%）	1144233（26.3%）	158120（3.6%）	130549（3%）	1566214（36.1%）

续表

年份	进口洋货净总值	洋油（1）货值（比重）	糖类（2）货值（比重）	锡货值（比重）	日本洋火货值（比重）	鸦片（3）货值（比重）
1904	5144223	699220（13.6%）	1140014（22.2%）	196617（3.8%）	97387（1.9%）	1818698（35.4%）
1905	4438522	362642（8.2%）	1184694（26.7%）	128649（2.9%）	82237（1.9）	1669420（37.6%）
1906	4354880	302985（7%）	1364239（31.3%）	61172（1.4%）	93511（2.1%）	1187805（27.3%）
1907	4789000	432610（9%）	1683114（35.1%）	158344（3.3%）	77542（1.6%）	1007588（21%）
1908	5070753	607792（12%）	1499359（29.6%）	192342（3.8%）	291785（5.8%）	893655（17.6%）
1909	5653614	620613（11%）	1503439（26.6%）	89727（1.6%）	44094（0.8%）	928704（16.4%）
1910	4550816	485834（10.7%）	1341670（29.5%）	181516（4%）	38921（0.9%）	584973（12.9%）
平均	3873884	447830.2（11.6%）	930223.6（24%）	134261.9（3.5%）	97348.77（2.5%）	1142596（29.5%）

注：（1）洋油类包括杭州进口的各国家煤油种类的具体数据的总和。（2）杭州进口糖类包括红糖、白糖、精制糖及冰糖。（3）指从外国进口的鸦片。

资料来源：第二历史档案馆编：《中国旧海关史料（1859—1948）》，京华出版社 2002年版，当中每年的杭州海关外籍税务司报告中"Trade in foreign goods—Imports and Re-exports"和"Principal Articles Imported through the Maritime Customs"两项及 1906 年和 1910 年的"Analysis of Foreign Trade：Imports"联合统计得出。

　　杭州关进口的洋油包括美国、俄国及印度尼西亚三个国家产的煤油。其中以美国产煤油为主要的进口洋油商品。14 年来美国洋油的平均年进口数量为 2347100 加仑，占平均进口洋油总量的 74.8%。而 1897 年至 1903 年，这七年的年平均进口量占进口总量的 86.3%，可见美国洋油几乎垄断了整个杭州及腹地经济市场，这可以作为 19世纪 90 年代美国商品开始大量输入中国并抢占中国市场的一个佐证。但从 1904 年开始，杭州市场上美国洋油的优势地位受到来自俄国和印度尼西亚洋油的挑战，特别是印度尼西亚苏门答腊洋油，印度尼西亚苏门答腊洋油的进口量从 1904 年到 1910 年，进口比重占 30% 以上（见表 3 - 4）。1909 年，美国洋油进口比重由最高峰的九成下降到五成。美国洋油的进口减少一方面是国际煤油进口市场竞争激烈的结果。1907 年，亚细亚火油公司在杭州运河以北英租界一英里处对岸建造两座贮油池和一所灌油厂。[①] 这是英国亚细亚公司自 1903 年建立以来与美孚石油公司抢占中国市场的表现。另一方面是由于 1905 年至 1906 年全国掀起的抵制美货运动所产生的效应，美孚石油公司当时就曾警告国务院，抵制运动是"对美国煤油工业来说将是一场巨大的灾难"。但从洋油的总体进口趋势上看，杭州关洋油进口呈递减状。由于有商家将洋油通过认捐公所，将煤油厘捐包认一数目，按季解交于厘金局，[②] 走厘金局进入，所以杭州进口洋油数量远不止海关记录的数据。

表 3 - 4　　　　　　1897—1910 年杭州关进口煤油种类数量　　　　单位：加仑

年份	美国洋油	俄国洋油	印尼冷吉洋油	印尼苏门答腊洋油	总量
1897	1534123 （88.6%）	103150	94200	—	1731473
1898	2483350 （88.6%）	82150	238900	—	2804400
1899	2638730 （80%）	198200	—	463060 （14%）	3299990
1900	2002280 （82.5%）	210710	—	214800 （8.8%）	2427790
1901	3125700 （91.8%）	169450	—	108025 （3.2%）	3403175
1902	2616140 （89.4%）	36500	—	275291 （9.4%）	2927931
1903	2975560 （84%）	62200	—	503885 （14.2%）	3541645
1904	2700920 （68%）	292100 （7.4%）	—	975050 （24.6%）	3968070
1905	1867540 （70.5%）	119450 （4.5%）	—	662800 （25%）	2649790
1906	1569140 （63.4%）	34750 （1.4%）	—	871060 （35.2%）	2474950

---

①　第二历史档案馆编：《中国旧海关史料（1859—1948）》第四十六卷，京华出版社 2002 年版，第 321 页。

②　同上。

续表

年份	美国洋油	俄国洋油	印尼冷吉洋油	印尼苏门答腊洋油	总量
1907	2321580 (68.6%)	20900 (0.6%)	—	1040480 (30.8%)	3382960
1908	2631021 (67.7%)	15150 (0.4%)	—	1240475 (31.9%)	3886646
1909	2211330 (55.7%)	269750 (6.8%)		1486070 (37.4%)	3967150
1910	2181988 (62.9%)	195650 (5.6%)		1091700 (31.5%)	3469338
平均	2347100 (74.8%)	129293.6 (4.1%)	—	744391.3 (23.7%)	3138236

注：表格中括号内的数据代表各种洋油的进口比重。

资料来源：1897 年至 1910 年海关报告中 "Trade in foreign goods. —Imports and Re-exports" 及 1906 年和 1910 年的 "Analysis of Foreign Trade：Imports" 联合统计得出。

杭州关进口洋货货值最大的是糖类商品，包括红糖、白糖、精制糖及冰糖四种。从每年的进口量看（见表 3 – 5），糖类商品进口量增长较快。从 1901 年开始，进口数量已上升到六位数，达 120072 担，到 1907 年达到顶峰，共进口 357213 担，六年内增长近 3 倍之多。1908 年至 1910 年进口量虽有回落，但是相比 1901 年，进口量也翻了 2 倍多。

表 3 – 5　　　　1897—1910 年杭州关进口糖类商品数量表　　　单位：担

年份	红糖	白糖	精制糖	冰糖	总量
1897	2755	5427	—	289	8471
1898	7923	13983	—	433	22339
1899	12436	23141	—	426	36003
1900	9946	37089		338	47373
1901	17840	101199		1033	120072
1902	35799	147924		1681	185404
1903	38045	63488	98289	3060	202882
1904	45787	50220	129578	2586	228171
1905	42838	167210		2400	212448
1906	80292	104385	91396	2781	278854
1907	95342	95966	162854	3051	357213
1908	69710	67278	152093	2382	291463
1909	81223	73620	135780	2722	293345

续表

年份	红糖	白糖	精制糖	冰糖	总量
1910	65213	54095	136763	2345	258416

资料来源：1897 年至 1910 年海关报告中 "Trade in foreign goods. —Imports and Re-exports" 及 1906 年和 1910 年的 "Analysis of Foreign Trade：Imports" 联合统计得出。

从进口糖类商品种类上看，白糖和精制糖进口数量较多。精制糖从 1900 年才开始引进，但以后每年进口数量均保持在十万担以上，直到 1907 年以后，已成为杭州关进口数量最多的糖类产品，1908 年至 1910 年进口数甚至超过其他三类商品进口量的总和。杭州关洋糖贸易的激增实际是 20 世纪初全国洋糖进口扩大的一个反映，由于"洋糖洁白如雪，人皆乐用，是以洋糖之贸易甚巨"[1]。洋糖在华销售已深入中国内地更广阔的地域，我国南方制糖业在洋糖的挤压下进一步遭到破坏。

杭州关进口的锡块主要是为了制造锡蜡器皿（pewterware articles）、锡箔和茶箱衬里，因为这个在杭州有相当大范围的生产，[2] 一般从由香港转运到上海的货物中进口。实际上杭州进口锡不光是为了满足本地和绍兴的制造需求，其周边省份，如江西、安徽两省锡箔制造业也相对发达，杭州开埠以后两省由于地缘关系也经杭州转运锡块。所以杭州关锡块的进口一直占有相当的比重，1897 年至 1910 年，杭州关锡块年平均进口货值占进口总值的 3.5%，仅次于洋油和洋糖。从杭州关进口锡块数量上看（见表 3 - 6），锡块贸易并不稳定，时高时低，起伏较大。1898 年进口数量最多，达 7799 担，而 1899 年即减少到 3451 担，减少一半多。1901 年进口 5837 担，但 1902 年又降低到 1345 担，减少近八成。1906 年最少，仅进口 1020 担。波动如此剧烈的原因与锡商选择运输途径有关。1909 年，锡商将锡块装民船由上海运至海宁，再由海宁潜运至各地，如此即避开关税。除此之外，锡箔市场需求降低也直接导致杭州关进口锡块的数量

---

[1]　彭泽益编：《中国近代手工业史资料》第二辑，三联书店 1957 年版，第 473 页。

[2]　第二历史档案馆编：《中国旧海关史料（1859—1948）》第二十五卷，京华出版社 2002 年版，第 333 页。

减少。由于浙省锡箔制品主要用于佛事制品及茶叶出口装箱上。且不论茶叶出口相对减少影响锡箔业的生产，由于社会"风气渐开，迷信之人已不多"，也使得锡箔"销路日形疲滞"。[1] 除以上大宗货物的进口外，杭州关进口洋货还包括棉织品、毛织品、铜铁各物及其他一些杂货。值得一提的是，在各种洋布畅销于全国各地之时，杭州关进口洋布数量却很少，有些年份甚至无洋布进口。实际上，并不是洋布不受杭城士绅的欢迎，而是由于早在洋布盛行之时，杭城的商人就已经将洋布公所开在当地，并通过与厘金局认捐的方式进口洋布，所以杭州销售洋呢、棉布实际是"久已驰名"，[2] 只是这部分的利权由厘局所得。

表 3 - 6　　　　1897—1910 年杭州关进口锡块数量对比表　　　单位：担

年份	1897	1898	1899	1900	1901	1902	1903
锡	2759	7799	3451	3629	5837	1345	5271
年份	1904	1905	1906	1907	1908	1909	1910
锡	4536	2991	1020	2436	3847	1763	4748

资料来源：第二历史档案馆编：《中国旧海关史料（1859—1948）》，京华出版社 2002 年版，其中每年的各海关外籍税务司报告。

（二）进口土货商品构成及来源分析

由于海关报告统计的差别，我们只能找到 1896 年至 1904 年的各种土货进口的货值与数量数据，而 1905 年至 1910 年则只有大宗土货进口的数量记录，没有货值统计。货值统计数据的不完整对研究进口土货中主要商品的贸易演变将有一定的影响，但可以从进口土货商品数量统计中找寻相关商品的贸易走向。将 1896 年至 1910 年杭州关土货进口大宗商品数量统计后发现，杭州开埠后的最初几年，贸易发展由于海关制度及设施建设的不完善而不能完全表现其内在的需求特点（见表 3 - 7）。

---

① 第二历史档案馆编：《中国旧海关史料（1859—1948）》第五十一卷，京华出版社 2002 年版，第 348 页。

② 第二历史档案馆编：《中国旧海关史料（1859—1948）》第二十八卷，京华出版社 2002 年版，第 189 页。

表 3 - 7　　　　　　　　　**1897—1899 年从通商口岸进口土货货值**　　　单位：海关两

年份	进口土货									
	牛庄	天津	芝罘	上海	福州	汕头	广东	汉口	南京	苏州
1897	1105	1374	612	157864	994	239	79605	1881	—	
1898	—	—	216	788552	—	96	84891	—	—	743
1899	—	402	—	2239784			122595		612	3530

资料来源：第二历史档案馆编：《中国旧海关史料（1859—1948）》，京华出版社 2002年版，其中每年的各海关外籍税务司报告。

　　如表 3 - 8 所示，1897 年土货进口最多商品的前三项为烟丝、烟叶、清漆，1898 年和 1899 年大豆、豆饼、桐油、烟丝和烟叶。而1900 年以后进口最多的土货商品前五名主要在大豆、烟丝、桐油、红砂糖、白蜡、黑枣这六种商品间交替。也就是说，在 1900 年以后进口土货的大宗商品组成趋于稳定。而从货值上看，每年进口在十万两以上的商品数量有所增加，1897 年没有进口超过十万两的商品，1898 年有三种，1899 年、1900 年有四种，1901 年有六种，1902 年有八种，1903 年有五种，1904 年有七种。由此可见，杭州关土货进口贸易总体呈增长势头，进口土货主要以农副产品为主，特别是大豆的进口量对杭州土货进口贸易有直接的影响。以 1899 年为例，大豆的进口货值占土货总进口值的 45.5%。

　　由杭州关进口土货大宗商品种类可知（见表 3 - 8），进口商品主要从两个方向进入杭州及腹地市场。所需北方的商品经大运河进入，或由上海转运进杭州，而糖类商品从南方主产区通过广东、汕头等口转运进杭州。从南北进口货物比重上看，由上海转运的商品数量占绝大多数。以 1902 年为例，南方口岸和中心口岸货物进口对比值为1：33（103534 两：3426746 两）。[1] 中心口岸指上海，而南方的通商口岸主要指广东。除此之外，杭州还从牛庄、天津、芝罘、福州、汉口、苏州等地进口土货。

──────────

　　[1]　第二历史档案馆编：《中国旧海关史料（1859—1948）》第三十五卷，京华出版社2002 年版，第 506 页。

表3-8　　1896—1910年杭州关进口土货大宗商品货值及数量

年次	净进口土货值	大豆货值	数量	红砂糖货值	数量	烟丝货值	数量	豆饼货值	数量	桐油货值	数量	白蜡货值	数量	熙枣货值	数量	清漆货值	数量	烟叶货值	数量
1896	—	—	—	—	—	—	—	—	—	—	—	—	—	—	—	—	—	—	—
1897	241703	753	376	—	—	83496	5566	—	—	6065	977	2728	34	663	133	17927	448	22893	2289
1898	875359	204068	102034	3035	759	187653	11038	83865	76241	104416	10442	29978	300	—	—	59299	1235	23244	1937
1899	2363183	1076118	413918	8011	2195	280194	16482	236918	236918	175861	17586	77679	762	4112	653	66224	1380	56758	4730
1900	2066593	832745	333098	109206	27301	265324	15607	17107	11404	177053	17705	81843	802	31415	3142	1853	37	61727	5144
1901	2723925	509431	221492	380308	95077	264770	15575	79968	66640	111061	11106	132306	1297	105728	8811	68388	1425	140554	11705
1902	3523652	958629	383452	449694	112423	256965	15116	41928	27952	116740	12971	103951	1091	202572	16881	74559	1553	68936	5745
1903	3059939	742690	412606	508915	127229	371158	14846	69226	27690	107486	13436	77600	1035	84592	16918	64628	1616	30393	3199
1904	3444920	794512	441396	448603	121244	367564	15981	275114	196510	137704	16427	54056	730	97559	15244	23733	1732	40644	4418
1905	2857835	—	173293	—	95315	—	16838	—	—	—	14173	—	—	—	16078	—	—	—	—
1906	2174540	—	299199	—	67411	—	15805	—	—	—	17740	—	—	—	15168	—	—	—	—
1907	4596740	—	424391	—	95271	—	17348	—	—	—	21047	—	—	—	24270	—	—	—	—
1908	5112390	—	321738	—	113373	—	17692	—	—	—	30528	—	—	—	23694	—	—	—	—
1909	5841518	—	449781	—	76745	—	14623	—	—	—	26460	—	—	—	27444	—	—	—	—
1910	4557633	—	396918	—	92744	—	18281	—	—	—	28832	—	—	—	29030	—	—	—	—

资料来源：第二历史档案馆编：《中国旧海关史料（1859—1948）》，京华出版社2002年版，其中每年的各海关外籍税务司报告。

二　清末杭州关出口贸易分析

（一）出口商品结构及流向分析

清末杭州的输出贸易延续了以往的大体格局，其输出大宗商品仍以农副产品为主。杭州虽然田地数量不多，但是赖于适合农作物生长的良好自然环境及土地优良的作用，农田产量较高。其中产量较巨，影响较大的当属丝茶，在出口贸易货值中经常占据第一的位置。如杭州龙井之所以冠列中国十大名茶之首，是与杭州独特的自然环境密不可分的。在杭州的龙井茶区，狮子峰、龙井、灵隐、五云山、虎跑、梅家坞一带的土地十分肥沃，多为含有机磷较高的微酸性沙质土壤，而且因为独特的地理位置，使这一带地区气候温和湿润，日照时间长，所以孕育出了如此优良的茶品，再加上精湛的制茶工艺，才最终产出举世闻名的西湖龙井茶。在农业生产旺盛的基础上，杭州自古发展形成独特的手工业生产也给杭州出口贸易增加不少商品种类。清末，传统的拳头产品是赫赫有名的"五杭"。根据范祖述《杭俗遗风》记载："五杭者，杭扇、杭线、杭粉、杭烟、杭剪也。扇店推芳风馆为首，其余则张子元、顾升泰、朱时敏等；线店推张允升为首，其余则胡开泰、张大森、鼎隆、德一等；粉店推裘鼎聚为首，其余则关玉山、金建侯等；烟店推达昌为首，其余则陈四海、迎丰、天润、天隆、玉润等；剪刀店则推张小泉一家而已。"① 这些产品在市场上颇受消费者的喜爱，出口货值占据相当的比例。

由海关报告统计可查：② 1897 年（杭州开埠后的第一个税收整年）杭州海关出口商品有 30 种，1898 年增加到 37 种，1899 年即达

① 范祖述著，洪如嵩补辑：《杭俗遗风》，上海文艺出版社 1989 年影印本，第 111—112 页。

② 每年杭州口出口商品种类及商品名的统计是根据每年海关税务司的报告中 "Table-Trade in Native Produce-Exports and Re-exports" 项得出。

53 种，至 1910 年出口的商品种类则为 55 种，约占全国出口此类商品种类的 37%（1910 年全国海关十年报告中表列的出口商品种类有 149 种）。从以上数据可见：1897 年至 1899 年，杭州关出口商品种类增加近 1 倍；而 1899 年到 1910 年，这十年的出口商品种类只增加了两种。由此说明在杭州开埠的第三年就已经形成了较为稳定的出口产品组成，且在全国出口商品市场上占近四成的出口种类，这也是杭州本地及腹地经济发达的一个重要体现。而从出口商品结构上看，杭州关自 1897 年到 1910 年，出口的大宗商品主要有：棉花、绸缎、生丝、蚕茧、绿茶、纸扇、木炭、烟叶、柴、药材等。现根据杭州海关光绪二十二年至宣统二年的海关报告（1896—1910 年）的记录，将由杭州关输出的大宗商品的种类及数量列表（见表 3－9），以揭示杭州出口市场发育情况。

表 3－9　　　　1896—1910 年杭州关出口大宗商品货值及比重　　单位：海关两

年份	出口总值	生丝（1）货值（比重）	绸缎（2）货值（比重）	绿茶（3）货值（比重）	扇（4）货值（比重）	棉花（5）货值（比重）
1897	6169372	729960（11.8%）	802300（13%）	4267869（69.2%）	193524（3.1%）	3578（0.1%）
1898	5033245	634210（12.6%）	1935540（38.5%）	1921935（38.2%）	70418（1.4%）	9796（0.2%）
1899	6402552	1111842（17.4%）	2516028（39.3%）	1833472（28.6%）	101208（1.6%）	138083（2.2%）
1900	4785371	229626（4.8%）	1580571（33%）	1859383（38.9%）	186376（3.9%）	32209（0.7%）
1901	5815982	667663（11.5%）	1502541（25.8%）	2506439（43.1%）	230973（4%）	66321（1.1%）
1902	7125445	408630（5.7%）	1323762（18.6%）	缺	314410（4.4%）	122132（1.7%）
1903	8203026	367695（4.5%）	1472167（17.9%）	4325448（52.7%）	541497（6.6%）	149442（1.8%）
1904	9158519	623905（6.8%）	1776703（19.4%）	4183096（45.7%）	801680（8.8%）	306228（3.3%）
1905	10200623	308447（3%）	2244824（22%）	5253298（51.5%）	863137（8.5%）	65648（0.6%）
1906	9769765	340471（3.5%）	1774496（18.2%）	4860512（49.8%）	960115（9.8%）	30750（0.3%）
1907	10301995	763924（7.4%）	1805529（17.5%）	4005502（38.9%）	991289（9.6%）	127855（1.2%）

年份	出口总值	生丝（1）货值（比重）	绸缎（2）货值（比重）	绿茶（3）货值（比重）	扇（4）货值（比重）	棉花（5）货值（比重）
1908	11833917	816695（6.9%）	2932708（24.8%）	4588240（38.8%）	775347（6.6%）	156588（1.3%）
1909	12557729	600885（4.8%）	2977926（23.7%）	5119787（40.8%）	969246（7.7%）	241525（1.9%）
1910	11735868	506940（4.3%）	2632000（22.4%）	5033837（42.9%）	1307896（11.1%）	303926（2.6%）
平均	8506672.1	579349.5（6.8%）	1948363.9（22.9%）	—	593362.86（7%）	125291.5（1.5%）

注：（1）生丝的统计包括海关资料中的 white raw silk 和 thrown raw silk 两项。（2）绸缎由海关报告中 silk piece goods 项统计得出。（3）绿茶数据组成：1897—1902 年由徽州茶（Fychow Green Tea）、龙井茶（Loongching Green Tea）、平水茶（Pingsuey Green Tea）三种商品的出口数据组成；1903—1906 年由以上三种茶再加毛茶组成；1907—1910 年按 1910 年的"Analysis of Foreign Trade：Exports"所载。（4）包括出口的各种扇及扇的组件。（5）由于1896 年只有三个月的数据记录，所以在计算年平均值时未统计在内。

资料来源：第二历史档案馆编：《中国旧海关史料（1859—1948）》，京华出版社 2002年版，其中每年的杭州海关外籍税务司报告中"Trade in Native Produce-Exports and Re-exports"和"Principal Articles exported through the Maritime Customs"两项及 1906 和 1910 年的"Analysis of Foreign Trade：Exports"联合统计得出。

由表 3-9 可见，丝、茶、绸类商品是杭州出口的核心商品，每年的出口量占全年出口量的绝大部分。十四年里，生丝的年平均出口值所占比重为 6.8%，绸缎的年平均出口值所占比重为 22.9%，绿茶的年平均出口值所占比重由于数据统计上的差别，所以无法准确计算，但以 1897—1904 年的徽州茶、龙井茶和平水茶三项之和计算得出的年平均值所占比重为 28.4%，1903—1906 年再加上毛茶的出口值计算出的年平均值所占比重为 50%，按 1907—1910 年的绿茶统计数据得出的年平均值所占比重则为 40.4%。因此，不管怎么计算，这三类商品的年平均输出值所占比重之和最少也占了六成。由于海关资料统计方法的原因，表 3-9 内这三类商品的数据只包括了出口数较多的几项，并未将三类商品所包含的全部商品出口数统计出来，因此这三类商品在杭州关出口商品总值中所占的比重还要更大。剩下的商品中，占比重较大的是扇类，杭州的扇子自古就有"杭州雅扇"

之称，扇的年平均出口值所占比重为7%。

　　从出口货值上看，这四类商品的出口实际即代表了整个杭州关的出口，也就是说研究杭州关出口贸易的走势只需掌握以上四类产品的出口情形即可。此外，杭州关出口的这四类商品在全国同类产品的出口中也占有重要地位。如表2-2反映：丝类以生丝为例，1903年杭州关出口数量位居全国第四，但1904年以后一直居于全国第三，年平均出口量约占全国总量的4.3%，但是货值却占全国总值的6.8%；绸缎的出口（见表3-11）在1903—1907年一直名列第四，但从1908年开始反超南京，排名第三，年平均出口量约占全国总量的10%，但是货值却占全国总值的22.9%；绿茶的出口（见表3-12）则一直保持第一的位置，年平均出口量占全国总量的44.6%；扇的出口（见表3-13）在表列的时间内一直处于全国第三，但是由于各关出口的扇子种类有所不同，所以出现量大但总值却低的现象，各关的海关报告发现，拱北、广东出口的主要是棕榈叶扇，价值较低，而杭州出口的多为纸扇，属手工制品，价值较高。以1907年为例，广东出口的扇子种类有十种，但棕榈叶扇在数量上就占96%，纸扇的出口量仅为19011把，而杭州纸扇的出口量为7575662把，相差巨大。① 所以从扇子出口的货值上看，杭州关应该名列全国之首，1903—1910年，杭州出口的各种扇的年平均货值占全国年平均值的55.3%。

表3-10　　　　　　　　1903—1910年生丝出口数量对比　　　　　单位：担

年份	杭州	上海	广东	芜湖	全国总数
1903	829	15346	1408	1277	20444（11666432）
1904	1407	27488	2915	993	35298（20034763）
1905	719	19384	1853	732	24594（13647055）
1906	812	23593	1127	611	28204（16937481）
1907	1728	23318	1342	1595	30738（18891544）

① 从 CIMC，Report of Canton，Native Goods exported through the Maritime Customs during 1907 项中计算得出。

续表

年份	杭州	上海	广东	芜湖	全国总数
1908	1731	24982	1964	1802	32695（18093318）
1909	1328	25829	1416	1421	31573（15787812）
1910	1491	25264	1600	1070	31600（16264034）
平均	1116.1	23150.5	1703.125	1187.625	26127.3（16415305）

注：全国总数一栏括号内的数为价值量。

资料来源：第二历史档案馆编：《中国旧海关史料（1859—1948）》，京华出版社 2002
年版。

表 3 - 11 　　　　1903—1910 年绸缎出口数量对比　　　　单位：担

年份	杭州	上海	广东	南京	苏州	全国总数
1903	1784（6.8%）	9259	9285	2641	347	26068（19607502）
1904	2167（8.3%）	9532	8291	3071	531	26225（19451699）
1905	2565（9.5%）	9658	7942	3218	947	26926（19747539）
1906	2218（8.8%）	9128	7305	3280	886	25327（18423796）
1907	2124（8.1%）	8955	8476	3235	1157	26076（19578522）
1908	3666（12.5%）	9609	9642	2718	1232	29242（20913664）
1909	3667（12.4%）	9906	9390	2663	1117	29589（21360548）
1910	3760（12.3%）	9892	10203	2883	1420	30660（22263361）
平均	2439（10%）	9492.375	8816.75	2963.625	954.625	24457（20168329）

注：全国总数一栏括号内的数为价值量。

资料来源：第二历史档案馆编：《中国旧海关史料（1859—1948）》，京华出版社 2002
年版。

表 3 - 12 　　　　1903—1910 年绿茶出口数量对比　　　　单位：担

年份	杭州关	宁波关	三都澳	九江关	温州关	全国总数	销往国外
1903	125305	114827	37333	54347	14993	387577	301620
1904	111227	98316	47024	38965	14074	329360	241146
1905	106588	87029	59219	34556	12023	321084	242128
1906	102362	82820	69199	31761	10378	327553	206925
1907	106845	106589	64038	33049	14649	343950	264802
1908	108790	105201	50889	44237	25139	352827	284085
1909	132459	96948	66906	44934	11794	371922	281679
1910	136209	110763	75195	44363	15845	407226	296083

注：1907—1910 年的数量不包括绿茶和毛茶

资料来源：第二历史档案馆编：《中国旧海关史料（1859—1948）》，京华出版社 2002
年版，其中每年的各海关外籍税务司报告。

表 3-13　1903—1910 年全国扇的出口货值和数量对比表

年份	杭州		拱北关		粤海关		宁波		全国总数	
	数量	货值	数量	货值	数量	货值	数量	货值	数量	货值
1903	6075048	541497	36165962	239167	13222104	216681	2140302	134839	67423161 55081366	1380777 557228
1904	6219894	801680	39896535	317846	11876512	224880	2226782	135407	66154475 53743533	1681101 612812
1905	6696965	863137	40875800	327254	2284126	76900	1648070	77129	58304947 45508717	1539098 468941
1906	7491397	960115	36935707	238556	5089480	107435	1509493	60380	57977925 46435347	1547665 441503
1907	7713067	991289	35086860	233480	8140662	160528	2253776	94659	68459075 56548442	1626319 478061
1908	5782594	775347	37949367	247578	7233482	170447	3905631	164036	64227761 52217081	1501471 49835
1909	7248578	969246	31250613	217447	11650430	277749	2996292	125844	61573393 48999140	1728244 558133
1910	8804619	1307896	37254114	253123	7720908	219824	1898484	79736	63658449 50437808	2036908 584571
平均	6225795.8	801134.11	36926870	259306.4	8402213	181805.5	2322354	109003.8	—	1449064.8

资料来源：第二历史档案馆编：《中国旧海关史料（1859—1948）》，京华出版社 2002 年版，其中每年的各海关外籍税务司报告。

从出口商品的组成上看，出口数较多的商品大多是初级产品，以农副产品或是当地的土特产居多。如生丝、蚕茧、乱丝头、茶、棉花、烟叶、柴、药材等。大量农副产品的出口虽然有利于加快农副产品的商业化进程，但是对于以生产丝、茶等为生的当地农民而言，在抵御风险能力上是比较弱的，因为他们没能掌握经济的主动权。特别是在《马关条约》签订以后，外商取得了在内地办厂的特权，更加方便列强对中国原材料市场及劳动力资源的掠夺，也对中国民族企业形成强大的挤压。杭州有日本租界和英国租界，在开埠初就已有外商觊觎这里丰富的农副产品资源，准备投资办厂。外商依靠其先进的技术、生产方式加上在内地生产土货出口的税收与洋货相同的优势，对当地传统手工业生产施以强大的压力，大量的手工作坊破产，但是也同时迫使该地区传统手工业在生产方式上寻求转变。

就出口商品来源看，出口的大宗商品大多为本地生产，像丝绸一类得益于杭嘉湖地区得天独厚的自然条件，使得自南宋以来该地区就已成为全国主要的丝绸生产基地之一。此外，由当地传统手工业生产出的茶、扇等在全国乃至世界都享有很高的声誉，而且经久不衰，所以一直以来成为当地出口的主要产品之一。除了本地的商品供应以外，与杭州邻近的周边省份的不少商品也选择从这里出口，最典型的当属来自安徽的茶叶，而且每年以稳定的出口数量稳步上升，形成较为稳固的出口贸易联系。

就出口商品流向看，杭州关出口的商品几乎都是运到上海转运出口国外的，只有零星数量是运往苏州转销内地。杭州与上海相距175公里，当时的交通条件如经"拖船"运输只需要24个小时。由杭州公共租界出拱宸桥沿运河往北到塘栖，走东北到嘉兴后出浙江省，继续沿着东北方向进入江苏省松江、三江后进入黄浦江，过白渡桥再经苏州河到达上海。杭州与宁波的距离虽然和杭州到上海的距离相差无几，但是从杭州直走宁波的交通比较困难，船运起码要三天半。[①] 所

---

① 陈梅龙、景消波译编：《近代浙江对外贸易及社会变迁》，宁波出版社2003年版，第211页。

以杭州的对外贸易都是经由上海完成的。运往苏州的商品直接出长安桥走运河到达。自江墅铁路及杭州站建立起来以后，铁路进入杭州城内，与北面及东北面主要的出口地相连，大大便利了货物的运输。特别是运往上海的货物，又多了一种运输途径。而上海—嘉兴—杭州的火车运输是在厘金局的控制之下，因此以海关数据为依托对于通商口岸贸易状况的考察只限于 20 世纪初期，特别是对于通商口岸市场圈的判断，由于铁路的连接可以进一步与广泛的内地市场相联系，因而海关数据则不足以反映通商口岸与内地市场的联系。

（二）茶出口情形分析（包括所有的茶品种）

从 1896 年至 1910 年的海关报告册中显示，杭州关出口的茶类商品包括红茶、徽州茶、龙井茶、平水茶、茶末、毛茶六种（见表 3 - 14 示）。杭州关出口的红茶数量很少，因浙江境内红茶主要产于温州，所以大多红茶都经由温州出口。而徽州茶产于安徽省，在杭州关未开之前，大部分经多次转运到宁波出口（见表 3 - 15）。在宁波出口的每年平均有 75000 担，1895 年出口最多，达 90379 担，[①] 自 1896 年杭州关设立以后，都改从杭州出口，这是因为到宁波路程远且要缴纳塘捐。

表 3 - 14　　　　　　1897—1910 年杭州关出口茶叶各品种数量对比　　　　单位：担

年份	红茶	徽州茶	龙井茶	平水茶	茶末	毛茶	总计
1897	200	71131 (4267869)	—		3440	576 (0.8%)	72251
1898	—	76231 (1905686)	162		5976	4615 (5.3%)	86984
1899	67	74618 (1790837)	656	—	6085	4642 (5.4%)	86068
1900	—	69792 (1744809)	998	2594	3157	4304 (5.3%)	80845
1901	—	75327 (2259812)	941	5786	4136	3697 (4.1%)	89887
1902	—	98693 (34.019)	1276	3066	6440	6103 (5.3%)	115578
1903	227	114496 (4088005)	1362	958	6310	8489 (6.4%)	131842
1904	283	103035 (3979828)	1407	202	5710	6583 (5.6%)	117220

---

① 第二历史档案馆编：《中国旧海关史料（1859—1948）》第三十八卷，京华出版社 2002 年版，第 228 页。

年份	红茶	徽州茶	龙井茶	平水茶	茶末	毛茶	总计
1905	483	98543			5570	8045（7.1%）	112641
1906	840	92485			8033	9877（8.9%）	111235
1907	1070	92343			8650	13918（12%）	115981
1908	631	107494			7478	1091（0.9%）	116694
1909	399	116243			9476	16216（11.4%）	142334
1910	814	120229			9730	15980（10.9%）	146753

注：1905 年至 1910 年海关统计册上只有徽州茶、龙井茶、平水茶出口的总数，未单列统计。徽州茶栏中括号内的数值为相应的货值金额，单位为海关两。

资料来源：第二历史档案馆编：《中国旧海关史料（1859—1948）》，京华出版社 2002 年版，其中每年的各海关外籍税务司报告。

表 3 - 15　　　　　　　　1897—1910 年经宁波出口的徽州茶数量　　　　单位：担

年份	1897	1898	1899	1900	1901	1902	1903
宁波	12468	3561	299	—	—	—	254
年份	1904	1905	1906	1907	1908	1909	1910
宁波	—	—	—	753			

资料来源：第二历史档案馆编：《中国旧海关史料（1859—1948）》，京华出版社 2002 年版，其中每年的各海关外籍税务司报告。

　　平水茶，古称越州茶。产自绍兴府之南，与杭州和宁波的距离相近。相传欧冶子为越王铸剑，他处都不能铸成，而至此仅一日便铸成，故名"日铸岭"。岭下阳坡朝暮常有日，产茶奇绝。宋时列为贡品，但产量甚微，有"日铸雪芽"之称。明许次纾在《茶疏》中说："浙之产，又曰天台之雁荡、括苍之大盘、东阳之金华、绍兴之日铸，皆与武夷相伯仲。"日铸作为皇家珍品，声誉极高。19 世纪中后期，珠茶出口达鼎盛期，年输出量约 1 万吨。据载，1898 年，平水茶在刚上市时曾由上海茶师品评过，"称色香味三者具备，为三十年中所未曾有"，[1] 所以每担要价较高，值银三十一两，而当年徽州茶每担仅值二十五两。可惜当年美国正逢战事，所以平水茶错过了出口创收

---

① 第二历史档案馆编：《中国旧海关史料（1859—1948）》第二十八卷，京华出版社 2002 年版，第 183 页。

的机会。在杭关未开设之前，平水茶主要从宁波出口，运费每吨二元五角。自杭关开埠以后，于 1900 年 6 月开办沪杭运输业务的半官营性质的利用公司为了在沪杭轮船业中站稳脚步，和好几家平水茶商签订合同，以每吨二元的运费，由钱塘江上的闸家堰将茶运往上海。这一年中共运茶叶 2594 担，而后利用公司便放弃了该项营业。因为他们从这数次的承运中发现，为了经济效益，它们应该每吨收费约三元。茶商们发现，由新路转运，他们的包裹确较取道宁波少遭破损。即使运费略增，也还是的。因此，他们又于 1901 年和利用公司及大东汽船公司另订合同，同意每吨付运费二元八角，运了 5786 担，较上年多运 1 倍以上。[①] 1902 年开始，全国茶叶税减收 1/2，徽州茶、龙井茶都有大幅的增长，但是平水茶却有明显减少，1903 年较上年减少近七成。因为平水茶又转回宁波出口，较少从杭州转运。平水茶商又改由宁波出口的原因可参考以下文字："一因钱塘江一带木排拥挤异常，一因起货至运河抬力昂贵，一因江干厘局应还之塘工捐款年迟一年，一因各小轮船局待客不惟不以优礼相加，且反视同罪犯，一因厘局留难勒索，令人难堪。此外光绪二十五年所定之包皮单箱除十四斤双箱二十一斤，今年已将单箱减为十二斤半，双箱十九斤半。"[②] 可见，钱塘江水运不畅、人力成本的上升、厘金局与海关利权的争夺及海关条例的不稳定等因素都将影响茶商的利益，特别是对平水茶商而言，产地与两个出口地距离相差无大，在这种情况下，就没有非得经杭州出口的理由了。

　　茶农所制初制茶，即为毛茶，也称毛条。从表 2 - 6 毛茶在杭州关的出口数量来看，1897 年的出口数量显少，但 1898 年至 1902 年，出口数量占杭关茶叶出口总量基本保持在 5% 以上，除了 1901 年受国内动乱的影响数量有所减少以外。1903 年在全国茶税减少 1/2 的利

---

① 聂宝璋、朱荫贵编：《中国近代航运史资料》第二辑（下册），中国社会科学出版社 2002 年版，第 897 页。

② 第二历史档案馆编：《中国旧海关史料（1859—1948）》第四十卷，京华出版社 2002 年版，第 249 页。

好带动下，此后杭州关的茶叶出口有了较大幅度的增长，毛茶自然也不例外，出口比重平均保持在10%左右，比前期增长了1倍多。在杭州关出口的其他茶叶种类中，增幅是最快的，也成为杭州关茶叶出口增长的一个新的亮点。杭州关茶叶主要出口到美国、东欧、英国、法国等国家与地区。

（三）丝绸商品出口情形分析

从杭州关出口的丝大多为生丝、厂丝一类。此外，蚕茧、乱丝头也有一定量的出口，但货值较少。如表3-10可见，生丝的出口在1899年达到顶峰，出口货值达1111842两，占杭州关出口总值的17.4%。此后的出口一直低迷，使得这十四年里，生丝的年平均出口值只占年平均出口总值的6.8%。从数量上看，土丝在1900、1902、1903、1905、1906年这五年里出口数量都低于1000担，与1899年相比（出口1853担），下降五成有余。而从1907年开始又恢复1728担，直到1910年，虽有下降，但降幅没有超过前次。其他丝类的出口情形也大致相同，时好时坏。以厂丝为例，1899年出口377担，1900年出口突增到773担，1901年的出口又降至382担，直至1903年恢复1900年水平，1904年达到顶峰，出口991担。但1905年又骤降至1901年水平，直至1910年，出口数量基本保持在五六百担。丝类商品的出口波动在这十四年中特别显著，表现出贸易的不稳定性。而绸类产品出口下降的现象更为严重，十四年中，绸缎的出口有八年是低于年出口平均值的，从1900年到1907年，这八年中除1905年外，七年的绸货出口货值都低于二百万两以下，特别是1903年，绸货出口数量仅为1784担，相比1899年的出口4193担的量下降了近六成，出口形势相当严峻。丝绸类商品的出口形势不光影响杭州对外贸易的发展，而且是关乎国计民生的大项。自康熙二十三年（1684年）至鸦片战争前，从浙江到日本的商船就有6200多艘，在整个贸易额中，白丝和丝织品占了70%。[①]而白丝的产地就在湖州。清政府

---

① ［日］木宫泰彦：《中日交通史》下册，陈捷译，民国商务印书馆发行，第354页。

就曾在《南京条约》签订以后，坚持增加湖丝从新开四个通商口岸出口的内地税（因湖州离上海近，所以从上海出口，除交4%的正税外，还要增加三关税，即原来一口通商时期从广东出口要经过的北新关、赣州关和太平关应缴纳的税收），① 以保证其在我国对外贸易中的地位，保护国家重大税利的来源。此时杭州关丝绸类出口不振的原因，从生产环节上看，杭嘉湖地区气候温和，雨水调匀，水流清澄，土质枯韧，很适宜种桑、养蚕、缫丝。但是在传统农业生产模式中，生产技术水平低下，生产的多寡主要取决于自然因素。丰年丰产，出口量自然增加，反之亦然。除此之外，在19世纪末20世纪初，全国适合丝类生产的省份都派员到浙江学习养蚕缫丝技术，浙江省也出动专业技术人员到各省帮助指导生产，这些举措将大大提高全国丝织品生产能力。虽然浙江省的丝大多出口到国外，但是也有部分是销往国内的，国内生丝生产技术的提高，必然促进生丝产量的提高，这在一定程度上会缩小浙江省丝织品原料的对外需求量。再从销售环节上看，1900年北方的动乱使得丝绸类商品在国内的销售受阻，但动乱是可以平定的，出口的减少只是暂时的。导致出口下降的最主要原因是资本主义列强为了掠夺我国的蚕茧生丝，同时扼杀我国的丝绸业，方便倾销它们自己的丝织品而采取的"引丝扼绸"政策。"引丝扼绸"政策的核心就是调整我国进出口货物的关税税率，它们利用不平等条约通过所谓"协定关税"特权，降低中国蚕丝的出口税，提高中国丝织品的出口税；又把洋绸的进口税大幅度降低。这样，它们一方面大量掠夺廉价的中国蚕茧生丝，运回国内加工生产；另一方面在中国倾销它们的丝织品，扼杀中国的丝织业。如将湖丝出口税率，由9.43%降为3.97%，把我国丝织品的出口税率由3.11%提高到4.17%。同时还大量夺取我国蚕茧生丝，鸦片战争以前，我国每年出口生丝从未超过10000担，但在1845—1850年间每年输出量增至150000担左右，至1870年为79000担，至1895年为110000担，其中主要输出的为品质较好的江浙湖丝及广东粤丝。此外，国外资本家

---

① 王庆成编著：《稀见清世史料与考释》，武汉出版社1998年版，第23页。

还将大量蚕茧运回其国内加工，以清末浙江出口为例，1908 年为 988 担，1910 年为 1392 担，1911 为 1652 担。有些资本主义国家将我国绸缎的进口税率提高 45%—60%，以阻挠我国丝织品的出口销路。① 浙江丝蚕之利甲于天下，在利益的驱动下，外商纷至沓来，他们在浙江设茧行或租行买茧，烘干后直接运往国外，但是不缴纳厘金及其他任何捐税。而华商设灶收茧，必接灶按茧抽捐。加之中日甲午战争后，帝国主义国家开始转变对华的经济侵略方式，开始由原来的商品输出转为资本输出。外国丝厂直接建在我国原料生产地及交易中心地，以低廉的价格大量收购江浙一带的生丝，并利用我国廉价的劳动力，取得巨额的商业回报。

一国的关税设置本应是为了保护本国商品的生产和销售，但在晚清时期西方列强的高压政策下，清政府的关税已成为破坏本国经济发展的罪魁祸首。加之日本与印度生丝与中国生丝的竞争一直非常激烈，在国产生丝行业为外国资本破坏的情况下，中国生丝在国际市场上所占的比重也处于下降的局势。除此之外，绸缎经海关出口数量的减少也与厘金局的政策调整有关。"厘局所抽绸缎之厘金较之海关正半税并计稍轻。较之出口正税稍多，惟有绸缎之须在上海转运外洋或至别通商口岸者始经海关"。② 因此还有大量绸缎是经厘局出口的，数据难以查实。

（四）纸扇出口情形分析

杭州生产的扇种类繁多且工艺独特，在全国乃至世界都有很高的评价。据《杭州府志》记载："杭有细画绢扇、细色纸扇、影花扇、藏香扇及漏尘扇柄、夹纱扇"③ 等品种。明清时期制扇作坊已有 50 余家，有林芳儿、张子元、舒莲记、王星记等大型扇庄，均是前店后

---

① 朱新予主编：《浙江丝绸史》，浙江人民出版社 1985 年版，第 127—128 页。

② 第二历史档案馆编：《中国旧海关史料（1859—1948）》第三十八卷，京华出版社 2002 年版，第 228 页。

③ （清）龚嘉隽修：《浙江省杭州府志》，成文出版社有限公司印行，民国十一年铅印本《中国方志丛书》，第 1597 页。

厂的生产经营方式，分布在扇子巷、太平坊、保佑坊、三元坊、官巷口、弼教坊，羊市街等市商业中心。① 清代前期，"世以制扇为业"的芳风馆制作的杭扇最为著名，其中它们制作的百骨扇，已经相传好几世，以骨多、厚大而又色古润、苍细的独特工艺闻名。后被舒莲记扇庄取而代之，官府所需扇子几为垄断。全盛时，其营业额约占杭城扇业总额的 2/3。直至辛亥革命之前，该扇庄尚有雇工 300 余人。王星记扇庄与生产著名黑白花扇的张子元扇庄、舒莲记扇庄，并称为杭州扇业的三大名庄。而 1875 年由扇子巷内的制扇名匠王星斋创建的王星斋扇庄创制了洒金贴花黑纸扇，与茶叶、丝绸成为杭州进贡朝廷的三大贡品，由此确立了当时杭扇的最高地位，杭州王星记扇子从此成了杭扇的替代名称，和浙江丝绸、龙井茶并称"杭产三绝"。杭扇，历史悠久，制作技艺精湛，扇面装饰优美，是中国著名的传统产品。除了杭州制作的扇子以外，绍兴制作的扇子大多由杭州出口，因为相较走宁波，运费要更为便宜。②

从 1896 年至 1910 年杭州关纸扇出口比重上看（见表 3 – 13），纸扇的出口在杭州关出口货值中所占比重越来越大。1902 年前，纸扇的出口比重在 5% 以下，从 1903 年开始，出口比重即上升到6.6%，1906 年、1907 年已接近 10%，1910 年达到最高峰，出口比重为 11.1%。从数量上看，1897 年出口纸扇 3225396 把，1910 年出口纸扇 8694006 把，十四年内出口数量增加了 1.7 倍。从货值上看，1897 年纸扇出口货值为 194524 两，1910 年纸扇出口货值达 1307896两，出口值增加 5.8 倍。可见，纸扇的出口市场正逐渐增大，出口贸易发展稳步上升。值得注意的是，纸扇的出口值在 1903 年后甚至超过了土丝的出口值，而年平均出口值所占比重也超过土丝，成为杭州关出口贸易的第三大出口商品。在浙江省纸扇出口贸易中也远高于宁波的出口量（见表 3 – 16），在全国同类产品的出口贸易中，杭州纸

---

① 毛维东：《杭州"扇业祖师殿"石匾史语》，《浙江工艺美术》1997 年第四期。
② 陈梅龙、景消波译编：《近代浙江对外贸易及社会变迁》，宁波出版社 2003 年版，第 221 页。

扇的出口值占全国出口总值的一半以上。由此可见杭州制扇业的发达，是本地除丝绸、茶以外最主要的手工业。杭州的纸扇主要是出口到上海，再经上海出口到国外。日本、泰国等亚洲国家是杭扇的主要销售地。

表3－16　　　　1897—1910 年宁波、杭州纸扇出口数量对比　　　单位：把

年份	1897	1898	1899	1900	1901	1902	1903
杭州	3225396	2626913	3654377	3719540	4595776	5688422	5993155
宁波	2288021	2821750	1857643	1561922	2278785	1883819	2140302
年份	1904	1905	1906	1907	1908	1909	1910
杭州	6150922	6623609	7341206	7575662	5719404	7248578	8694006
宁波	2189828	1648070	1509493	2253776	3905631	2996292	1898484

资料来源：第二历史档案馆编：《中国旧海关史料（1859—1948）》，京华出版社2002年版，其中每年的各海关外籍税务司报告。

附图：

图 1　浙江省厘金总局、厘金局、厘卡所在分布（20 世纪初）

地图来源：〔日〕滨下武志：《中国近代经济史研究》，江苏人民出版社 2008 年版，第 5 页。

第四章

清末杭州关进出口贸易特点分析

民国初年，国家按照各海关税收的数量来划分海关的等级，杭州关被划为第四等，也就是税收最少的一等当中。以税收多少来衡量各海关的等级不能客观解释一个海关的安全性。通过对杭州关进出口贸易的定量分析，不难发现，杭州关虽然整体税收较弱，但在某一个商品的进出口比重来看，仍然具有突出的优势。而从整体收支平衡的角度去发现杭州关贸易的特点则更能反映杭州整体经济的结构及发展趋势。而对其贸易类型与周边经济圈的联系等相关问题的讨论，又将有助于学者对杭州对外贸易发展方向及变迁的认识。

一 杭州关贸易收支状况

（一）杭州关进出口贸易总量的消长

根据杭州关统计数据，可知从杭州关设立至辛亥革命爆发前，杭州海关每年进出口贸易总值见表 4-1。由表 4-1 中贸易总值一栏可看出：十五年来，杭州海关贸易除了 1900 年、1905 年、1906 年、1910 年相比上年略有下降以外，总体上处于上升的趋势。根据贸易总值的变化，可将其分为三个阶段来加以讨论。第一阶段：光绪二十二年（1896 年）至光绪二十六年（1900 年），时进出口货价总额每年约在 7673000 元至 11516000 元之间（除 1896 年以外）。开关后第一个税收整年（1897 年）的进出口货价总额即达 7673076 关平两，

"以此新关口岸通商未久而竟得此数者可称盛也"。[1] 1898 年，相对上年增长率为 4.21%，增长速度是十五年中最慢的。当时杭州新关副税务司庆丕在年底呈报的《杭州口华洋贸易情形论》中说明了这一年贸易清淡的原因：因天时旱涸，久无雨泽，以致运河水浅，沙泥淤积。杭沪苏船只往来不特，使费浩繁，行驶迟滞，且贸易之信息传递难，通各处小河甚至无水而船只之被搁者不知凡几。[2] 可见，在贸易信息不发达的年代，由于当时运河的流通状况出现问题，直接影响杭州贸易的兴盛。1899 年（开埠后的第三年），贸易总数即突破了 1000 万大关，相对上年增长率是十五年中最快的，达 44.03%。发展速度突飞猛进，原因在于："是年春间，河水仍浅……后甘霖大降，至七月十八日，河水涨至十三英尺五寸，此乃是开埠以来河水之最深者也。"[3] 如此可见，运河水量充足致水运通畅，杭州关的贸易才大有增进。再从表 4-2 的数据来看，1898 年的 7 月至 9 月税收总数占全年税收总数的 52.2%，即超过一年税收的半数，1899 年、1900 年虽有下降，但均为一年中税收最旺季节。由此进一步说明，在铁路未修以前，杭州关一年中进出口贸易的旺季在夏秋季，即运河水量最多的时期，也就是说运河的通畅与否直接影响杭州关的贸易总数的增减。1900 年，由于北方"义和团运动"兴起，影响杭州关进出口贸易的增长，全年无论是进口还是出口都呈负增长。其中，出口降幅为 24.97%，为十五年中降幅最大的一年，进口则下降了 8.84%，显然对输出的影响更大。因为杭州的出口产品丝绸、纸扇在北方的销售量很大，北方的动乱停止了商人正常的经济活动，从而直接导致杭州出口贸易的锐减；而进口货物中大豆、豆饼又多从北方运来，因此进口贸易也受到了相当的影响。该年贸易总数下降 17.83%，也是十五年

---

[1]　第二历史档案馆编：《中国旧海关史料（1859—1948）》第二十六卷，京华出版社 2002 年版，第 185 页。

[2]　第二历史档案馆编：《中国旧海关史料（1859—1948）》第二十八卷，京华出版社 2002 年版，第 187 页。

[3]　第二历史档案馆编：《中国旧海关史料（1859—1948）》第三十卷，京华出版社 2002 年版，第 205 页。

表4-1

1896—1910 年杭州关进出口货物总值

单位：关平两

年份	进口货价（占比例）	对上年增长率（%）	出口货价（占比例）	对上年增长率（%）	进出口货价总数	对上年增长率（%）	入超（-）或出超（+）
1896	124402 （54.7%）	—	102994 （45.3%）	—	227396	—	-21408
1897	1501247 （19.6%）	—	6171829 （80.4%）	—	7673076	—	+4670582
1898	2960234 （37.02%）	97.18	5036230 （62.98%）	-18.40	7996464	4.21	+2075996
1899	5099215 （44.3%）	72.26	6417693 （55.7%）	27.43	11516908	44.03	+1318478
1900	4648400 （49.1%）	-8.84	4815173 （50.9%）	-24.97	9463573	-17.83	+166773
1897—1900 平均值（除1896）	3552274 （38.77%）	53.5	5610231.25 （61.23%）	-5.31	9162505.25	10.14	—
1901	6289685 （51.9%）	35.31	5834873 （48.1%）	21.18	12124558	28.12	-454812
1902	7184038 （50.2%）	14.22	7140984 （49.8%）	22.38	14325022	18.15	-43054
1903	7404107 （47.4%）	3.06	8217654 （52.6%）	15.08	15621761	9.05	+813847
1904	8589143 （48.4%）	16.01	9171625 （51.6%）	11.61	17760768	13.69	+582482
1905	7296357 （41.6%）	-15.05	10222074 （58.4%）	11.45	17518431	-1.36	+2925717
1906	65294209 （40%）	-10.51	9788358 （60%）	-4.24	16317778	-6.85	+3258938
1901—1906 平均值	7215458.33 （46.22%）	7.17	8395928 （53.78%）	12.91	15611386.33	10.13	—

续表

年份	进口货价（占比例）	对上年增长率（%）	出口货价（占比例）	对上年增长率	进出口货价总数	对上年增长率（%）	入超（-）或出超（+）
1907	9385740（47.6%）	43.75	10317224（52.4%）	5.40	19702964	20.75	+931484
1908	10183143（46.2%）	8.50	11852818（53.8%）	14.88	22035961	11.84	+1669675
1909	11495132（47.7%）	12.88	12598897（52.3%）	6.29	24094029	9.34	+1103765
1910	9108449（43.7%）	-20.76	11749090（56.3%）	-6.75	20857539	-13.43	+2640641
1907—1910年平均值	10043116（46.34%）	11.0925	11629507.25（53.66%）	4.955	21672623.25	7.125	—

注：（1）1896 年 10 月 1 日杭州关开始征税，因此该年的统计数字只包含三个月的内容。（2）出口货价含复出口额。

资料来源：第二历史档案馆编：《中国旧海关史料（1859—1948）》，1896 年至 1910 年杭州海关贸易情形论略；中华人民共和国杭州海关译编：《近代浙江通商口岸经济社会概况 浙海关 瓯海关 杭州关贸易报告集成》，杭州关验放进出口贸易货值统计，第 919—920 页；《最近三十四年来中国通商口岸对外贸易的统计》，商务印书馆 1935 年出版。

来，降幅最大的。这足以说明，杭州关贸易深受国内政局动荡影响的特质。从贸易收支上看，这一阶段一直处于出超地位，但是出超数逐渐减少，从出口货值所占比重上明显地反映出来，1897 年占 80.4%，1900 年只占 50.9%，杭州的出口贸易优势正在逐渐减弱。

表 4-2　　　　　**1898—1900 年杭州关分季度税收总数**　　　　单位：关平两

年份 \ 分段	自西正月至六月	自西七月至九月（FU TA YX）	自西十月至十一月	自西十二月内	全年总数
1898	89108	232188（52.2%）	99566	23749	444611
1899	1841111	280152（47.01%）	104972	26726	595960
1900	201005	226527（42.4%）	77608	29526	534666

　　资料来源：第二历史档案馆编：《中国旧海关史料（1859—1948）》，1900 年杭州关贸易情形论略，第 198 页。

　　第二阶段：光绪二十七年（1901 年）至光绪三十一年（1906 年），时进出口贸易总数较上一阶段有所增加，为 1210 万至 1770 万海关两，1904 年达到顶峰后回落，但年均贸易总额已突破 1000 万大关，达 1561 万多海关两。1901 年至 1904 年，贸易总额均保持了较高的年成长率，除 1903 年以外，其余三年的年成长率均超出这一时期的平均年成长率；但 1905 年、1906 年有所下降，特别是 1906 年降幅较大，达 6.85%。1905 年，由于杭州地方政府颁布禁烟令，鸦片进口量锐减，最终拉低了贸易总量，而鸦片进口的减少对本地区经济发展而言无直接的利害关系，但是出口仍然是在增长，而且出口仍然大于进口，1906 年进出口都呈负增长，但是仍处于出超地位，由此说明贸易总量的减少并不是经济发展衰弱的表现，杭州开埠后十年的经济除受国内政局动荡的影响的两年外，其余时间稳中有升，到 1905年，杭州的经济发展形势是十年中最好的，要优于 1906 年。就输出货值与输入货值的增长率而言，这一阶段的输出增长要高于输入增长，前者六年的平均增长率为 12.91%，后者为 7.17%，相比第一阶段有了明显的变化，但是两个阶段的贸易总额的平均增长率却基本持平（第一阶段为 10.14%，第二阶段为 10.13%），由此说明，杭州关进出口贸易所占比重发生了根本的变化。具体变化：1901 年，由于北方乱事未定，仍然影响正常的商业活动，杭州的出口货值所占比重（48.1%）自开埠以来首次低于进口货值所占比重（51.9%），出现入超现象，时人也难免感叹"国家之变政无期，时事之变迁靡定，足以阻遏生意之兴旺"。① 除了时政方面的因素以外，该年雨水过多也影响了杭州本地棉花、茶叶、丝绸的产量，而这些商品均为杭州的出口大宗，故出口贸易从生产到销售都出现了缩量的现象，虽然出口货值比上年有所增加，但是出口比重一直在下降，为十五年来最低值，说明这时的出口贸易在持续走低的情况下恶化到极点，终于出现了入不敷出的现象。庆幸的是，入超的状况只持续到1902 年，而且入超数值大为下降，到 1902 年，入超数仅为 43000 多海关两。1903 年即恢复出超状况，直到 1906 年，出超数达到 3258938 两，为十五年来最大值。从以上论述得出，两个阶段的贸易成长率虽然基本相同，但是贸易结构却出现了可喜的变化，出口贸易扭转了低迷的态势，进口贸易更趋平稳，杭州的经济处于和谐发展的状态。

　　第三阶段：光绪三十二年（1907 年）至宣统二年（1910 年），时进出口货价总额持续走高，为 1970 万—2409 万两，贸易总额平均值达 2160 多万两，较上一阶段增加 600 多万两。1907 年至 1909 年，这三年的贸易量一直处于上升趋势，贸易货值平均年增长率达13.98%，但相比上一阶段持续增长的年份（1901—1904 年）的贸易货值平均年增长率为 17.25%，下降了近 4 个百分点。1910 年，进口和出口双双下挫，尤其是进口，下降了 20.76%，为十五年来最严重的一次，最终导致贸易总值下降，降幅达 13.43%，仅次于 1900 年。造成该年贸易下降的原因，时任杭州关代理税务司铁士兰总结：1910年杭州关贸易总额下降了 300 多万海关两，其中的原因部分是由于嘉兴鸦片进口的中断，部分是由于那年夏天占本省优势地位的商品总体

　　① 第二历史档案馆编：《中国旧海关史料（1859—1948）》第三十四卷，京华出版社2002 年版，第 205 页。

下降。① 由于外围金融市场的动荡（上海金融恐慌）造成杭州金融市场混乱，加上自 1906 年杭州造币厂关闭后，杭州市场上银圆的严重短缺，各种各样的辅币泛滥成灾，同时纸币在市场的流通量偏多。不过，当风潮初起之时，人们还没有方寸大乱，因为这时上海银钱业的巨擘源丰润、义善源还挺得住，只要它们不倒，上海市面就乱不到哪儿去，更不会引起全国大乱。源丰润是一家银号，义善源是一家票号，历来领袖上海银钱业，实力不在大清银行（清中央银行）和交通银行之下。由于同业之间生死与共，利害相关，每逢市面不稳，源丰润、义善源都会竭力救市，成为上海乃至中国银钱业的擎天之柱；同样，官府也会调剂款项，增强这两大机构的力量，以稳定市面。但是 9 月因清政府的昏庸指令使得恐慌再度爆发，大量钱庄纷纷倒闭，其中中国最大的国内钱庄——源丰润钱庄也因为这次风暴而破产。继源丰润之后，义善源不能独存也告倒闭。源丰润、义善源分号遍布全国，往来庄号不可胜数，它们的倒闭致使北至营口、北京，南至广州，西至重庆，全国各大商业工业城市陷入一片恐慌之中，随之而来的全国经济萧条也就在所难免了。从而杭州的金银购买力受到严重影响，由此导致进口的大幅下降，影响了杭州经贸发展的正常秩序。

　　由以上对贸易总值的讨论，我们可以看出杭州在 1896 年至 1910 年间的海关进出口贸易货值的演变是（见图 4 - 1）：一是贸易货值不断地升高，至 1899 年的 11516908 两达了一个高点后，1900 年降至 9463573 两，1901 年至 1904 年又持续增长，并在 1904 年达到第二个高点，贸易货值达 17760768 两，1905、1906 两年微跌，但从 1907 年后迅速回升，至 1909 年达到顶峰，贸易货值达 24094029 两，1910 年回落。从发展速度上讲，杭州开埠后十年的海关进出口贸易发展保持了平稳上升的发展态势，后四年的发展速度有所下降，总体上看没有出现大起大落的现象，但也没有保持一个较高的增长率，表现出后劲不足的特点。二是纵观这十五年的杭海关进出口贸易发展，我们认

---

① 陈梅龙、景消波译编：《近代浙江对外贸易及社会变迁》，宁波出版社 2003 年版，第 226 页。

为将其分为三个阶段，因为这三个阶段都有一个共同的特点，就是贸易在持续增长三四年后，由于国内外的因素，都出现了下滑，但是又能很快恢复。从图 4 - 1 来看，贸易值相比上年下降的年份分别是1900 年、1905 年、1906 年、1910 年，降幅最大的是 1900 年，其次是 1910 年，而 1905、1906 两年是略微的下降。从进出口下降比例上看，1900 年的贸易下降主要是由出口下降快导致；1905 年、1906 年是在出口贸易增加的同时，由于进口受到重挫，而最终导致贸易总值的下降；1910 年的贸易下降则主要是受进口下降影响较大。结合这几次贸易下降的原因来考察当时杭州经济的发展特点，可以看出，杭州开埠以来最初几年贸易增长势头强劲，特别是出口，表现出旺盛的生命力，说明杭州本地商品生产的发达。但是在北方义和团运动兴起后，作为杭州出口商品的主要消费地的经济受到打击时，对杭州出口贸易产生了直接的影响，从而放慢了杭州经济发展的速度。直到1902 年，杭州关出口货值才恢复动乱前的水平，1903 年以后又恢复快速发展的势头；后两次的贸易总量下降虽然是由于进口下降造成，但并不影响经济的整体发展形势，出口的不断上升仍然是杭州经济发展的强劲动力。三是从进出口贸易比例上看，杭州关的出口要大于进口，但出口所占比重在这十五年中有一个先抑后扬的过程，甚至在1901 年和 1902 年出现了贸易逆差，由于影响经济繁荣的关键在于是否出现贸易逆差，说明杭州的经济发展在这两年中遇到了不小的困难，特别是在 1901 年，经济赤字较大。其余时间，杭州均保持了贸易的顺差，处于出超地位，1909 年达到顶峰，进口、出口、贸易总量均为正增长，经济状况最佳。四是由于杭州在近代以来很少从外洋直接进口，或是有土货直接出口，而是以上海为进口中介，以上海、宁波、广州为出口中介，[①] 因此本书对杭州进出口货值的统计是按洋货和土货进出口合并计算的，由此得出出入超结果可能与以往研究有所出入，但是对于探寻近代杭州经济的发展规律而言，从总体上把握杭州进出口贸易关系，要比单纯从对杭州近代成为外国倾销商品和掠

---

① 严中平等：《中国近代经济史统计资料选辑》，科学出版社 1955 年版，第 66 页。

夺原料的市场的角度来考察更为客观。

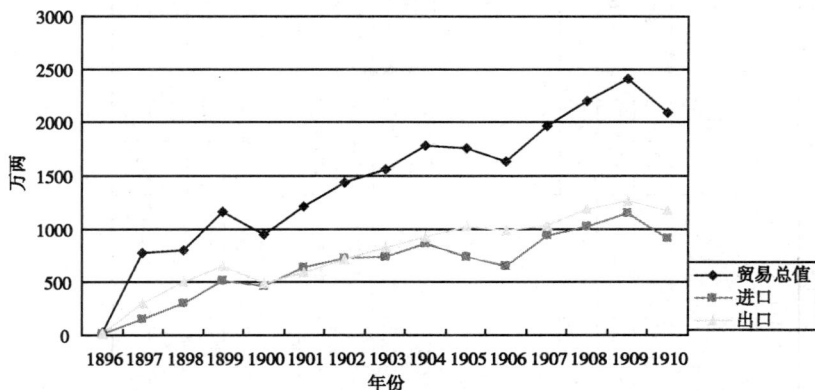

图4-1 1896—1910年杭州关进出口货值统计

（二）金银进出口贸易差额

从杭州经济整体结算上考虑，我们还必须通过对每年杭州金银进出口收支状况的分析，才能得出确切的杭州贸易收支状况的整体形势。根据杭海关每年的报告数据，可将1896年至1910年的金银进出口情况整理成表4-3，将表4-1与表4-3综合，制成图4-2，以讨论杭海关进出口贸易差额与金银进出口差额的对比关系。如图4-2所示，不难看出，由于杭州关绝少有直接与外国的进出口关系，因而其金银进出口方面与国内贸易差额有着较强对应关系。从国内贸易差额看，杭州关的贸易差额量是比较大的，而贸易差额大即意味着在差额决算中对外依赖的程度高。[①] 从表4-3发现，杭州在金银进出口方面主要是依赖上海，一方面由于杭州进出口贸易主要与上海发生关系，另一方面上海作为一个多元的金融决算市场，方便与各地方市场进行金融决算。除此之外，从苏州的金银进出口主要是因为杭州对北方部分商品的供需关系而造成的。从1900年的杭州外省输入货大宗

---

① ［日］滨下武志：《中国近代经济史研究》（上），高淑娟等译，江苏人民出版社2008年版，第466页。

表 4 - 3　　1896—1910 年杭州关金银进出口总数

单位：关平两

年份	进口 银及银圆 从沪	进口 银及银圆 从苏	进口 银及银圆 从温	进口 铜币	进口 共计	出口 银及银圆 至沪	出口 银及银圆 至苏	出口 铜币	出口 共计	差额
1896*	1041014	186209	2693	—	1229916	1076133	293020	—	1369153	139237
1897	1719078	1209821	—	—	2928899	1157362	98210	—	1255572	-1673327
1898	—	—	—	—	1182651	—	—	—	675333	-507318
1899	—	1389320	—	—	1389320	812843	4000	—	816843	-572477
1900	—	2070795	—	—	2070795	337258	273247	—	610505	-1460290
1901	321480	1067361	—	—	1388841	2635341	79202	6600	2714543	1325702
1902	520630	6270	—	—	2926900	2452191	318930	—	2771121	-155779
1903	—	—	—	—	4664535	—	—	—	4050660	-613875
1904	—	—	—	—	3378153	—	—	117070	5632509	2254356△
1905	—	—	—	91733	2679683	—	—	3960540	7798647	5118964
1906	—	—	—	6848	3787632	—	—	279333	4357077	569445
1907	—	—	—	—	5472319	—	—	68000	5106260	-366059
1908	—	—	—	26667	3212090	—	—	—	3622980	410890
1909	—	—	—	—	3869212	—	—	5925	2700581	-1168631
1910	—	—	—	—	3861651	—	—	—	575003	-3286648

注：* 只包括三个月。△其中有七十万两运往外洋作赔款之用。

资料来源：《杭州口历年海关贸易情形论》及《最近三十四年来中国通商口岸外贸易统计》第 271 页。

数目表①（见表4－4）可以看出，杭州市场上需求的豆饼、大豆这样的大宗商品主要是从我国东北地区购得，而这条货物供需线主要是依赖京杭大运河，苏州正是东北进入杭州的必经之口，加之自古形成的紧密的贸易联系，将苏州作为杭州进出口贸易的第二大决算市场是合

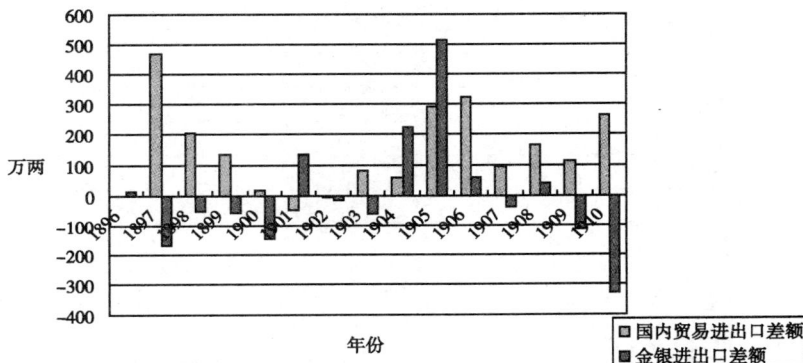

图4－2　杭州关进出口差额与金银进出口差额对比

理的。从目前所查资料上看，杭州与上海的经贸联系处于上升的态势，1896年至1902年，杭州对上海的金银进出口量一直是稳中有升，而从苏州的进口量在1902年有一个明显的下降。时人做了如下的分析："其由苏沪各地来者则自湖墅以达于江干。江干湖墅之间城河通之相距不过二十里，然河道狭隘，货物搬运必越二日或三日，甚至五、六日乃达。天旱之顷城河水少，船舶壅滞，衔尾相接，莫能前行，即以米论，都雇人肩运，需时费工，莫此为甚。"② 由于运河通行状况差，严重影响了杭州与北方的商贸联系，加之在这一年正经历北方动乱的破坏，所以从北方的进口大幅下降。但对于出口到苏州的数量则并未受到影响，因为苏州对杭州的丝、棉的供求一直就很大，两地相隔较近，除了水运，陆运也是非常发达，因此两地贸易因水运受阻的影响较少。

————————

① 浙江省图书馆古籍部藏：《浙江潮》，光绪二十九年二月二十日发行。
② 同上。

表 4 - 4　　　　　　　1900 年杭州外省输入货大宗数目①

进口商品名称	数量（担）	货值（海关两）
豆饼	11404	17107
豆	333098	832745
黑枣	2917	29162
鲜果	12279	78019
麻	2935	29350
染料	3277	14531
油	17705	177053
橄榄	938	11260
纸	625	18769
黑砂糖	27301	109206
白砂糖	8459	42294
米糖	1357	1841
烟	5122	61462
漆	1261	60524
白蜡	802	81843

　　资料来源：第二历史档案馆编：《中国旧海关史料（1859—1948）》，京华出版社 2002年版，其中每年的各海关外籍税务司报告。

　　当然，除了与通商口岸之间的贸易结算以外，还存在通过铁道和其他内陆途径进行的商品及资金转移。杭州关的进出口量远不止海关的记录，还有大量货物是通过厘金局收税的，但是经厘金局的贸易量没有可靠的统计数据，因此很难对本关央求的贸易收支平衡做一个全面的考量，但是对海关统计的进出口贸易量与金银进出口贸易量的分析，也足以体现杭州关对外贸易的一个总体趋势及在国内贸易中与之相互联系较为紧密的因素。

　　杭州开埠以来的十五年间，海关贸易大体居于出超地位，虽然杭州关进出口贸易在这一时期基本处于"顺差"状态，但是我们不能简单地认为贸易出现"顺差"就是好事，而应当对其产生的原因做出分析。在此期间杭州关进出口贸易出现顺差的原因有：一是杭州及周边地区对外国商品的需求不大，没有形成对于外国商品成熟的消费市场。二是作为杭州关贸易的商品来源地——杭嘉湖地区，自产自销

----

　　①　浙江省图书馆古籍部藏：《浙江潮》，光绪二十九年二月二十日发行。

的生产及生活模式使得外国商品很难对其产生吸引力。作为内地传统手工业及商业较发达地区，当地农副业及手工业制作也相对较为发达，因此从杭州出口的商品大多为当地的土特产及生产原料一类，在进口总值相对较低的情况下，即不利于杭州地区经济实现由传统向近代的转型。

二 出口型外贸经济的显现

(一) 出口贸易的绝对优势

杭州因其优越的地理位置及丰富的物产资源而具备成为一个优良的对外贸易市场的可能。依前章对晚清杭州关进出口贸易的比较分析可见，杭州已形成了较为稳定的出口商品结构及进口商品结构。其出口商品主要以本地及腹地盛产的丝、茶类农副产品为主，除此之外，纸扇类手工制品也成为出口大项，且在全国同类商品出口中占据绝对的优势。进口洋货除鸦片外，主要以煤油、糖类、锡块、日本洋火为主。鸦片进口占杭海关进口洋货的比重较大，特别是在未禁烟以前，年平均进口量占洋货进口总量的35%以上。土货进口主要以大豆、糖类、烟丝、桐油为主。无论是进口还是出口，在商品种类上都偏向于轻工业品，且产品附加值较低。从出口来看，杭嘉湖地区传统丝织业虽然在明朝中叶即出现了资本主义生产萌芽，城镇居民皆习机业，也出现了一批以丝织业为主的集镇，以至当地农村出现以蚕桑为主，以稻收为副的现象，但至清末民初也未见产品的升级换代，仍以原材料的出口为主，特别是在帝国主义国家"引丝遏绸"政策的破坏下，传统手工业龙头产品的生产显得极为被动，发展道路较为艰难。而对于进口洋货，由于民众的整体购买力有限，虽然洋货在品质上、价格上存在优势，但是进口量未见明显增大，十五年中，年平均进口洋货与土货出口货值比为1:2.2（见表4-5）。将表4-5制成图4-3可更清楚地显示杭州关进出口贸易的对比关系，进而了解杭州及腹地市场商品与洋货竞争的格局及洋货对这一区域的渗透程度。由图4-3

显见，杭州关土货出口量要远高于洋货进口量，而且对比净进出口总值曲线与土货出口货值曲线发现，两条曲线走势基本相同，说明杭州关对外贸易的发展走势主要由出口贸易发展情形决定。从土货出口曲线上看，杭州口土货出口在开埠后四年有些波动，但从1901年开始，一直保持稳定发展态势，到1905年，五年内出口值增长1倍，出口值首次突破1000万两水平线。此后五年出口贸易在1000万两基础上波动上升，但是上升幅度不大。从洋货进口曲线上看，洋货进口总体虽呈上升态势，但上升幅度非常缓慢，只是在1904年、1908年和1909年超过500万两的水平线，其余年份都低于500万两进口值。这些数据反映出在杭州及周边市场上对于洋货的消费并不是很感兴趣。而且洋货进口曲线时有起伏，表现出洋货进口发展的不稳定性。将洋货进口曲线与土货进口曲线相对比又发现，从1896年至1902年，两条曲线几乎平行发展且距离贴近，说明土货进口量虽然低于洋货进口，但是差额不大，可见土货与洋货在杭州及周边市场上的竞争相当激烈，洋货在这一地域的销售没有大的起色。但从1903年开始，到1906年，土货进口曲线与洋货进口曲线距离拉大，土货进口开始下行，呈现低迷的发展态势，而洋货进口却开始上扬，只在1905年、1906年受全国抵制洋货运动的影响而略有回落。说明洋货的销售市场有进一步的扩大的趋势，对国内同类行业的排挤也更为严重。所幸在1907年，土货的进口迅速回升，并最终赶超洋货进口量，所以从图4-3上看，1908年至1910年，两条曲线基本重叠。若从进口洋货与进口土货同类商品的对比来看，则更能发现洋货进口在后四年减少的原因。在进口洋货与进口土货的大宗商品中都有一件特殊的商品——鸦片，由前述可知，鸦片进口在杭州口的进口中占较大比重，由于实行禁烟政策，洋药进口税减，但土药进口却有增加。除此之外，糖类制品也是如此，这类商品在各自分项上都占有绝对的优势。如表4-6所示，洋糖在1907年进口达到顶峰，而土糖在1906年的进口却掉到最低点，此后有所回升，而洋糖进口量未有扩大，到1910年减少近1/3。由此可见，土货与洋货的市场争夺战在后四年实现逆转，很大一部分原因在于洋药进口的减少，土药成为其替代品而实现进口的增长。而洋糖的增长势头最终还是受到土糖的遏制。

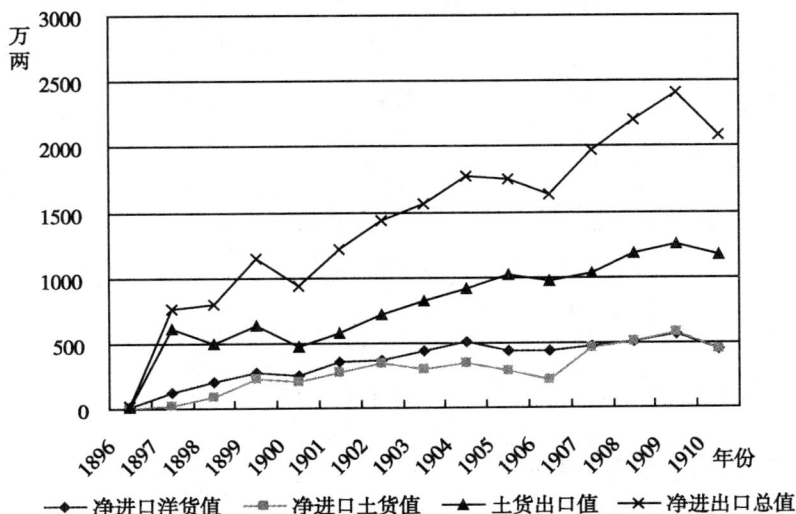

图 4 - 3　1896—1910 年杭州关洋货、土货货值对比

表 4 - 5　　　　　　　1896—1910 年杭州关进出口货值对比　　　　单位：海关两

年份	净进口 洋货值	净进口 土货值	土货 出口值	净进出口 总值
1896	92217	32185	102994	227396
1897	1259544	241703	6169372	7670619
1898	2084875	875359	5033245	7993479
1899	2736032	2363183	6402552	11501767
1900	2581807	2066593	4785371	9433771
1901	3565760	2723925	5815982	12105667
1902	3660386	3523652	7125445	14309483
1903	4344168	3059939	8203026	15607133
1904	5144223	3444920	9158519	17747662
1905	4438522	2857835	10200623	17496980
1906	4354880	2174540	9769765	16299185
1907	4789000	4596740	10301995	19687735
1908	5070753	5112390	11833917	22017060
1909	5653614	5841518	12557729	24052861
1910	4550816	4557633	11735868	20844317
平均	3873884（25%）	3102852（20%）	8506672（55%）	15483409

资料来源：第二历史档案馆编：《中国旧海关史料（1859—1948）》，京华出版社 2002
年版，其中每年的各海关外籍税务司报告。

表4-6　　　　　　1897—1910年杭州关洋糖与土糖进口数量对比　　　单位：担

年份	1897	1898	1899	1900	1901	1902	1903
洋糖	8471	22339	36003	47373	120072	185404	202882
土糖	—	1085	2433	37117	116691	135802	160332
年份	1904	1905	1906	1907	1908	1909	1910
洋糖	228171	212448	278854	357213	291463	293345	258416
土糖	145122	111523	75694	108467	133049	86095	104371

　　资料来源：第二历史档案馆编：《中国旧海关史料（1859—1948）》，京华出版社2002年版，其中每年的各海关外籍税务司报告。

（二）影响杭州出口型贸易发展的几点因素

1. 交通条件亟待改善

　　从杭州关贸易报告中发现，杭州与国外鲜少有直接的贸易记录。这种现象并不是在这时候才发生，其实杭州海外贸易的发展早在明朝末年就开始受到抑制。曾经繁荣的以朝贡贸易为主的海外贸易在政策的变动及外国的侵扰下慢慢走向衰落，然而这些人为因素也可能导致其他口岸的没落，杭州港终止海外贸易更主要的原因是钱塘江道的变迁。历史上，钱塘江在杭州和海宁盐官之间曾有过三条流路。北宋中期以前，江流潮汐从龛山和赭山之间出入。因龛、赭两山对峙如门，俗称"海门"，又称"南大门"。这时，钱塘江河口和杭州湾呈一顺直的喇叭形，涌潮过海门后，直冲杭州城以上。所以，潮头上溯较远。北宋中期以后，江道开始变化，先改为从赭山和河庄山（今白虎山）之间出入，称"中小门"；随后几经变迁，最后于清乾隆年间稳定地走河庄山与今北岸海塘之间出入，称"北大门"。江道走北大门后，钱塘江和杭州湾已不再是顺直的喇叭形，出现弯道，流路增长，摩阻力也增大，涌潮上溯的上界有所下移。直到如今，也就是说杭州失去成为海外贸易港的一个基本前提。地理条件的变动在当时的社会条件下是无法被人类改造的，因此只能把贸易发展的目标放在以内河航运为支撑的国内贸易上。杭州货物外销依赖上海和苏州，从交通条件角度来看，实际上就是依赖去往上海和苏州的道路交通是否通畅。

自《马关条约》规定"日本轮船得驶入下开各口附搭行客、装运货物：从湖北省宜昌溯长江以至四川省重庆府，从上海驶进吴淞江及运河以至苏州府、杭州府"允许外国人从事内河航运后，各方积极地抢占内河航运市场。"识时君子恐利柄之外夺，惧他人之我先，于是招商集股，创设内河轮船。如苏、杭、常、镇、湖、绍及江西等处，先后兴办者不啻十数处，获利当亦无算。"① 1896 年杭州开埠时，杭州设有轮船局四家，在沪苏均设有分号。来往上海和苏州的船只种类有小轮船、拖船等，实行货客并行。在内河中航行时，一旦水量减少，船只吃水深度不够，加上河道管理不善而导致河道拥挤，通航不畅将直接影响杭州对外贸易的发展。我们在历年杭州口华洋贸易情形论中不止一次看到官员记录下商民苦恼道路不通畅、河道拥挤而影响货物进出的文字，甚至有因为这些原因而改道将货物发往他处交易的记录。1898 年记录如下："杭州贸易之清淡皆因天时旱涸，久无雨泽，以致运河水浅，沙泥淤积。杭沪苏船只往来不特，使费浩繁，行驶迟滞且贸易之信息传递难，通各处小至无水，而船只之被搁者不知凡几。观此则足见货物不能流通商民受害欲前不进。"② 1899 年记录如下："去年天旱，……今年甘霖大降至七月十八日河水长至十三英尺五寸。此乃是开埠以来河水之最深者也，现时仍未见开通河道。大抵亦因雨水暂时足用，隐忍目前倘仍旧不设法开通，将来必难免旧患。"③ 1903 年记录如下："石门湾为该地河道最浅处也，前曾建议开通，惜地方官因循观望，加以库款支绌，只好作为缓，图容再见机而行。"④ 1904 年记录如下："将来茶商拟仍改由宁波所以然者，其故有

---

① 聂宝璋、朱荫贵编：《中国近代航运史资料》第二辑（下册），中国社会科学出版社 2002 年版，第 851 页。

② 第二历史档案馆编：《中国旧海关史料（1859—1948）》第二十八卷，京华出版社 2002 年版，第 187 页。

③ 第二历史档案馆编：《中国旧海关史料（1859—1948）》第三十卷，京华出版社 2002 年版，第 205 页。

④ 第二历史档案馆编：《中国旧海关史料（1859—1948）》第三十八卷，京华出版社 2002 年版，第 226 页。

五。一因钱塘江一带木排拥挤异常……"[1] 1906 年记录如下："本省河港四通八达，虽甚形淤塞……惟此河道修之不虽不难，然苟或仍前，不修，一遇天旱，船只便苦不能行驶，几至彼此隔绝。"[2] 1907年记录如下："行试者已不乏人，俱缘觅利维难，以致旋开旋闭。且因河道淤塞，只有数条河道小轮可周年畅行无阻，余仅堪供数百只吃水较浅之航船行驶而已。"以上文字清晰反映出当时杭州内河航线堪忧的通行状况，可惜地方政府又迟迟不能解决，以致人货往来都遇到不小的阻碍，也最终影响商民取道杭州贸易的信心，使得杭州对外贸易发展无法取得预想的成果。

　　除了修缮内河航线外，加快杭州其他基础设施建设也显得十分必要。时人早就希望在杭州修建铁路，但由于各方利益协调不畅，直到1907 年才开通第一条城内铁路线——江墅线。"江墅铁路"的得名，是因为它从江干闸口至湖墅拱宸桥，始建于 1906 年，全长 16. 135 公里。自中日甲午战争结束签订《马关条约》（1895 年）之后，拱宸桥一带曾沦为日本人的"租界"，市面曾一度畸形繁华，而江墅铁路的开通运行，也为当时拱宸桥地区的经济繁荣起到了很大的推动作用。虽然铁路线贸易是在厘金局的控制之下，海关记录中无法显示铁路开通后对杭州经济发展的提升作用。但是从 1910 年的铁路与航运运费对比中可见（见表 4－7），杭州进出口大项中大豆、棉花、生丝、绸缎、糖、烟叶通过火车运输的运费都比船运要便宜，特别是生丝和绸缎，运费差价较大。若排除厘金局的税制干扰，商民选择铁路运输的可能性还是非常大的。铁路建设也必将在日后的经济发展中显现突出的作用。

---

　　[1]　第二历史档案馆编：《中国旧海关史料（1859—1948）》第四十卷，京华出版社2002 年版，第 249 页。

　　[2]　第二历史档案馆编：《中国旧海关史料（1859—1948）》第四十四卷，京华出版社2002 年版，第 299 页。

表 4 - 7　　　　　　　　1910 年上海到杭州货物运输费用

货物	大豆 （每担）	棉花 （每担）	麻皮 （每担）	生丝 （每担）	绸缎 （每担）	糖 （每担）	茶 （每吨）	烟丝 （每担）	烟叶 （每担）
通过火车运输	0.13	0.22	0.22	0.34	0.34	0.13	3.44	0.34	0.22
通过货船	0.18	0.35	0.20	2.00	2.50	0.15	2.50	0.15	0.25

资料来源：第二历史档案馆编：《中国旧海关史料（1859—1948）》第五十二卷，京华出版社 2002 年版，第 684 页。

2. 优势商品的生产方式落后

丝绸产品是杭州对外贸易商品中最主要的货种，在国内及国外都有广阔的销售市场。销售杭绸的店铺甚至开设到西南等边远地区，而在东南亚一带杭绸的销售也是非常旺盛的。杭嘉湖地区的农民大多以此为生，甚至曾有"一乡之人皆织绫锦为业"的评语。而且"机杼之利，日生万金"[1]，所以杭嘉湖地区也成为全国最富庶的地区之一。丝绸行业的从业人数虽然众多，但都是依赖传统手工作坊生产，直至甲午中日战争以后，民族工业得到初步发展，江、浙等省陆续添设纺纱、缫丝工厂，进口机器制造，呈现出一派新式工业生产的繁荣景象。如表 4 - 8 所示，杭开埠后第二年（1897 年），杭州关进口机器设备货值为 184227 两，占当年进口洋货总值的 14.6%，仅次于鸦片和洋油的进口值，由此可见一斑。但此后进口机器设备只保持在万两以上，进口的机器还用在洋酒、洋蜡、火柴、碾米及自来火的生产上。从 1896 年至 1910 年，杭州新开的厂矿数量及资本统计如表 4 - 9 所示，十五年内共开 13 家，资本总额为 1552000 两，规模较小。以新式缫丝、棉纱工厂的经营状况来看，新式工厂在刚起步时即受外国产品的打压及内部运营机制的影响而纷纷夭折。1896 年，杭州缫丝厂建立，既只开工一季，于 1898 年停闭后，便没有再开张。[2] 1897年，杭州通益公纱厂竣工，这是辛亥革命前杭州兴建的唯一一所官办

① 嘉靖《仁和县志》卷七，光绪癸巳武林丁氏刻本，第 25 页。
② 汪敬虞主编：《中国近代工业史资料》第二辑（下册），科学出版社 1957 年版，第704 页。

新式纱厂，但实际的资金来源主要靠李鸿章的私人资本。1899 年获利甚巨，各股东正商拟再扩充事宜，1902 年由于资金不足曾处于半开半闭的状态，后由于洋纱的倾销，国内市场因北方动乱的影响而销量萎缩，以致资金不能周转而于 1909 年宣告破产。通益公纱厂是当时浙江省规模最大、设备最先进、最具社会影响的三家民族资本开办的近代棉纺织工厂之一，而其留存的厂房等建筑遗存，是杭州清末、民国时期工业建筑的代表。虽然在 1905 年至 1908 年，在国家立商部、奖励实业的政策刺激下，新式工厂的新建又掀起一波浪潮，但从杭州新建工厂数量及资本来看，都较少，市场竞争能力相对较弱。由此可见，杭州出口税收大项丝类商品的生产大多仍依靠手工生产，生产技术的提升及产业的升级受时代的限制而未能进一步实现。

表 4 - 8　　　　1897—1910 年杭州关机器与设备进口货值及比重

单位：海关两

年份	1897	1898	1899	1900	1901	1902	—	—
机器	184227 (14.6%)	17970 (0.9%)	5357 (0.2%)	17964 (0.7%)	—	2696 (0.1%)	—	—
年份	1903	1904	1905	1906	1907	1908	1909	1910
机器和设备	14072 (0.3%)	18318 (0.4%)	25939 (0.6%)	25876 (0.6%)	10020 (0.2%)	27166 (0.5%)	11972 (0.2%)	5595 (0.1%)

注：数据分两类，一类为 1897 年至 1902 年的机器进口值，一类为 1903 年至 1910 年的机器与设备进口值。

资料来源：第二历史档案馆编：《中国旧海关史料（1859—1948）》，京华出版社 2002 年版，其中每年的各海关外籍税务司报告。

表 4 - 9　　　　1896 年至 1910 年杭州新开的厂矿数量及资本统计

年份	1896	1897	1898	1899	1900	1901	1902	1903
工厂数	1	2	—	—	1	—	1	1
资本（千元）	80	953	—	—	70	—	50	50
年份	1904	1905	1906	1907	1908	1909	1910	总计
工厂数	—	2	1	1	1	—	2	13
资本（千元）	—	40	200	15	14	—	80	1552

资料来源：汪敬虞主编：《中国近代工业史资料》第二辑（下册），科学出版社 1957 年版，第 654 页。

3. 金融市场的混乱

同样从海关报告中反映出杭州开埠以来金融市场的混乱局面。由于杭州完全依靠上海进行外国货币的兑换，所以海关两的购买力也依赖上海市场。商贩从上海进出口货物一般通过钱庄来进行货币汇兑，他们使用海关两、库平银和上海规元，这些货币还包括在海关和厘金局交付税金上使用。海关两、库平银与上海规元的兑换基本稳定，100 海关两在本地相当于 116. 60 上海规元，而在上海相当于 114. 40 上海规元，而 100 两库平银相当于 109. 60 上海规元，或 101. 85 库平银等于 100 海关两。[①] 商贩从上海购进的货物要在杭州及内地市场进行交易，与购买者之间使用的货币除了银两以外还有银圆、辅银、铜钱及纸币。而这些货币之间的兑换率在不断地变化，而且同一时期的不同地区也可能出现不同的兑换率，因此在商品交换过程中会出现种种问题而几乎无法实现交换。特别是铜钱，由于铜钱种类繁多，而且质量不一，铜钱与铜钱之间的兑换都很难实现。杭州造币厂初为官督商办，不久收归中央管理，隶属财政部，全名"财政部杭州造币厂"，主要受上海、杭州两地的中国银行、交通银行委托代铸银圆，时开时闭，官方铜钱与民间铜钱没有一个统一的生产标准，民间铜钱在价值上要低于官方铜钱。此外，市场上还充斥着金华和衢州制造的假币，由于制法简便，而且操此业者多为妇孺，每日可因此而赚得一两百文，[②] 所以官员屡禁不止。

由于银价飞涨，1907 年杭州市面上现银奇缺，各钱庄担心无法维持，请求地方官员暂时禁止现银出口到上海。但商人见有利可图都纷纷从事银圆出口业务，而各种各样的辅币又泛滥成灾，加上纸币发行过多，最终导致钱庄倒闭成风。最严重的一次是 1910 年源丰润钱庄的破产。源丰润钱庄和日升昌钱庄是浙江省最大的钱庄，它们开展

---

① 陈梅龙、景消波译编：《近代浙江对外贸易及社会变迁》，宁波出版社 2003 年版，第 226 页。

② 第二历史档案馆编：《中国旧海关史料（1859—1948）》第三十四卷，京华出版社 2002 年版，第 205 页。

各种业务，并在全国各地设有分行。钱庄的破产是本地财政金融行业状况恶化的集中表现，也揭露出政府对金融行业管理的松散。货币制度本身的混乱已造成金融业发展的滞后，再加之人为因素的干扰，外部环境的恶化，更加重了金融业的负担，最终将阻碍商品经济的发展。

综上所述，由于出口大宗商品在全国占有领先的地位，而且有国外市场需求的保证，杭州关出口贸易具备长期发展的可能。而进口贸易中，由于受地域需求不旺的影响，加之有本土商品的抗衡，国外商品很难在这一领域实现贸易突破，由此确定杭州关出口型贸易经济的特性。当然一味地出口，不讲究出口与进口的成本对比，不计算增加产品附加值所带来的经济效益，没有一个稳定的金融市场的保证，也不能形成一个成熟的对外贸易市场。

三　转口贸易与内地市场

由于近代海关在第二次鸦片战争以后，通过设置内地子口税，将部分国内贸易也纳入管辖范围，所以从海关税收项中也可以获取有关内地贸易的相关信息，以便了解通商口岸与内地市场的联系。杭州关在 1896 年至 1910 年间，内地子口税收不多，平均只占税收总数的 1.36%。[①] 从每年发放的子口税单数量上看，1897 年共发放 2861 张，1903 年发放 6654 张，六年内增长 2.3 倍；1909 年发放 7810 张达到顶峰，1910 年发放子中单数也有 7402 张。从内地贸易值看，1897 年为 141152 两，1909 年最多，贸易值达 516386 两，增长 3.7 倍。可见，由杭州关进入内地市场的贸易往来日益增多，说明杭州与内地的经济联系也越来越紧密。

杭州土货进口主要从上海、广东、天津、苏州、牛庄、汕头、汉口等口岸输入，而洋货的进口主要从上海转运。进口货物运入内地省份的数量如表 4－10 所示，计算平均值可大致获知杭州进口货物输入

---

① 汤象龙编著：《中国近代海关税收和分配统计（1861—1910）》。

内地的市场比重：50.5%的货物运到安徽省，43.9%的货物供应本省使用，4.4%的货物运往江西，剩余即运往福建，江苏省只在1908年和1910年有零星货物输入的记录。运往浙江省内的洋货商品以未加工的棕榈扇、机器、美国洋油、海藻、白砂糖、红砂糖为主；运往安徽的洋货主要有洋布、铅锭、牛皮胶、土靛、日本火柴、美国洋油、檀香木、水产干货、白砂糖、肥皂、皂石粉等；运往江西的洋货主要有日本火柴、海产品、白砂糖等；而运往福建的洋货主要有美国洋油、糖类等商品。

　　由1897年和1898年杭州海关贸易报告中的两份洋货运往内地的主要目的地及货物数量表（见表4-11、表4-12）可大致了解杭州关货物转运内地的路径。表4-11、表4-12中出现的开化县位于浙江西部边境，与江西、安徽接壤，隶属衢州府。浦城县隶属福建省，东抵浙江处州府龙泉县牌头岭界，北抵浙江衢州府江山县大竿岭界，东北抵浙江处州府遂昌县界，西北抵江西广信府广丰县界。① 如此可清晰当时货物运输的路线：往安徽的货物运至开化县后入安徽境内，经钱塘江支线运至屯溪（系徽州商务总汇处）后分发至屯溪东北一带，其西南一带的货物需求主要从九江口输入。往江西的货物走衢州江山县过山后至广信府（现今上饶市）即进入江西省东北部。往福建的货物可经处州运至浦城县，也可走江山县往南至浦城进入福建。而浙江省内的洋货需求主要是来自绍兴、湖州、金华等地。

表4-10　　　　　　　　进口洋货转运到内地省份货值　　　　　单位：海关两

年份	浙江	安徽	江西	福建	江苏	总计
1899	64961	179507	2267	13965	—	260700
1900	57823	119229	489	6844	—	184385
1901	85897	211300	5724	3231	—	306152
1902	94779	231826	9088	3847	—	339180

---

　　① （清）黄恬主修，余奎元、邱文彬、蒋珍点校，福建省地方志编纂委员会整理：《新修浦城县志》，方志出版社2005年版，第40页。

续表

年份	浙江	安徽	江西	福建	江苏	总计
1903	178819	263671	19440	3953	—	465883
1904	211428	253839	30571	7374	—	503212
1905	215930	182083	25474	5013	—	428500
1906	181393	184573	15932	2019	—	383917
1907	238413	210845	14048	4128	—	467435
1908	250617	219022	22584	1285	368	493876
1909	275397	204259	35106	1624	—	516386
1910	264284	180091	31107	1907	260	477649
平均（份额）	176645.1（43.9%）	203353.8（50.6%）	17652.5（4.4%）	4599.2（1.1%）	314（0.08%）	402272.9

资料来源：第二历史档案馆编：《中国旧海关史料（1859—1948）》，京华出版社 2002年版，其中每年的各海关外籍税务司报告。

表 4 - 11　　　　　1897 年洋货运往内地的主要目的地及数量

目的地	扇叶	日本火柴	美国洋油	俄国洋油	荷兰洋油	红砂糖	白砂糖	冰糖
衢州	—	4000	144400	10000	36700		643	
湖州	—	11450	48200	4900	4900	2669	4593	286
绍兴	20000	—	4000	—	—	—	—	—
上虞	40000	—	—	—	—	—	—	—
金华	—	200	1200	1000	—	—	—	—
处州	—	8550	—	—	—	—	—	—
开化	—	250	97900	16500	13500	—	—	—
严州	—		1000	400	500	—	—	—
浦城	—		67700	8100	8500	—	—	—

资料来源：第二历史档案馆编：《中国旧海关史料（1859—1948）》，京华出版社 2002年版，其中 1897 杭海关外籍税务司报告。

表 4 - 12　　　　　1898 年洋货运往内地货物主要目的地及数量

目的地	铅锭	日本火柴	美国洋油	俄国洋油	印尼洋油	红砂糖	白砂糖	冰糖
徽州	518	26700	61300	32300	38800	6457	12188	411
开化	—	—	92400	36750	51850	—	—	—
浦城	—	—	59500	27650	34000	—	—	—

目的地	铅锭	日本火柴	美国洋油	俄国洋油	印尼洋油	红砂糖	白砂糖	冰糖
衢州	—	3800	49600	8100	23100	356	32	—
处州	—	—	—	—	1000	—	—	—
金华	—	50	500	1000	1700	597	1091	20
严州	—	—	1000	300	—	—	54	2
绍兴	—	—	—	—	—	59	201	—
广信	—	—	—	—	—	—	140	—
台州	—	—	—	1000	—	—	—	—

资料来源：第二历史档案馆编：《中国旧海关史料（1859—1948）》，京华出版社2002年版，其中1898年杭海关外籍税务司报告。

综上所述，杭州关是以近邻腹地为市场圈的通商口岸，转口贸易虽然不是杭州关对外贸易的主要特点，但是杭州作为江、浙、闽、赣的货物集散地依然显现出其优越的区位优势。特别是对于安徽省而言，杭州已成为其对外贸易发展的一个重要通道。而对子口税单的研究一方面可以了解通商口岸市场圈的方向，另一方面也可以了解外国商品在中国的渗透过程。杭州的开埠，使得外国商品进一步打入中国的内地市场，尤其是对中部地区市场的侵占，将对中部地区的经济发展产生一定的影响。此外，杭州关记录的子口税单数及内地贸易货物值并没有完全反映洋货进入内地的真实数量，因为大量的子口税单都在上海申报了。

近代海关的职能权限远不同于现代海关的职权范围。特别是对杭州关来说，近代杭州关几乎没有直接的国外贸易，海关册中记录的进出口贸易主要是指国内贸易。虽然概念完全不同，但是海关记录的贸易数字是最完整的。我们完全可以利用这样一份完整的原始资料，运用经济学的分析方法，从进出口商品贸易变化的角度去探讨杭州开埠前后的经济发展变化。除此之外，还可以通过当时特殊的子口税单发放来考察杭州经济发展的腹地范围变化以及杭州与周边市场圈的联系。

杭州开埠后十五年的进出口商品贸易变化总体趋势是向上的，进口和出口都呈现出明显的上升势头，尤其是出口。从数量上看，十五年间出口总量翻了一番，增长的速度反映出杭州自有商品对外部市场的强烈需求，由此说明开埠是对杭州经济发展有益的。从出口商品种类上看，杭州出口商品种类一直保持稳定，出口大宗主要以农副产品为主，而且大多是初级产品。出口商品的结构组成又说明杭州经济生产方式仍然处于一个比较落后的状态，生产的近代化在这个地域没有明显的迹象。至于进口贸易值得一提的是，进口土货与进口洋货的竞争表现出部分商品存在土货取代洋货之势，这也是杭州及其周边市场所反映出的特点。此外，进口商品多为消费品，生产资料的进口除锡以外少有记录。

从海关子口税单的发放记录中，我们可以清晰地找寻出杭州与周边市场经济联系的轨迹。在浙江省内，杭州成为部分地区商品运往上海、苏州的通道，分享了宁波的对外贸易数量，悄然地改变着浙江省的对外贸易格局。而对于浙江省以外的市场，杭州作为内陆地区商品通往沿海通商口岸的桥梁特征更加明显。杭州转口贸易的发展已成为杭州对外贸易发展中的一个重要内容。

第五章

民国时期杭州对外贸易情况分析

民国时期杭州的对外贸易，因外部环境的变化而出现明显的起伏。自《南京条约》签订以来，杭州地区虽历经半个多世纪的半殖民环境，然而在中国出口贸易额上仍占据较大的份额。同时，越来越多的含有近代工业成分的贸易货物也纷纷进入中国，进入杭州，开始主导杭州、浙江乃至中国的市场。可以说，在民国时期的对外贸易过程中，杭州与外界的贸易往来始终呈现双向流动的特点，并且主动权牢牢掌控在西方列强的手中。

一　民国时期杭海关与对外贸易

杭州关相较于浙海关、瓯海关而言，开放的时间最晚，这在杭海关的发展中起到双重的作用。一方面，杭州关的较晚设立使得杭州港的发展严重滞后于其他港口，对杭州近代化的发展产生了诸多不利的影响。另一方面，虽然港口起步较晚，但为杭州港的发展提供了一个优越条件：即杭州关可以充分借鉴其他港口建立和发展的部分经验，并呈现出自身独特、跳跃式的发展。正是基于这样的优势，民国时期的杭州对外贸易获得了巨大的发展，扩展了广阔的空间，这与杭州关的建立必然有着紧密的联系。

1912—1921 年，杭州在海关的管辖下，一个突出特点是贸易额保持稳定。1912 年的贸易额为 20226316 海关两，8 年后只多了几百万海关两，变动范围在 1914 年的 17177343 海关两与 1921 年的

22244724 海关两之间。①

　　杭州作为浙江省的省会城市，其最主要的产品是茶叶和丝绸，杭州作为茶叶贸易和丝绸贸易的一个重心，从这两者的贸易上获得了很大一部分财富。从 1914 年起，由于当地丝织业的需求，杭州从日本大量进口既便宜又方便的丝织纺织机器，直到 1920 年因抵制日货运动而中止。② 在 1912 年到 1916 年间，由于欧洲忙于一战的准备和消耗，茶叶贸易失去了欧洲这一重要的市场，只剩下美国这一较大的市场。杭州与俄国的贸易在 1916 年之前保持在较好的水平，但从 1917 年开始，由于俄国十月革命以及国内的混乱局势而导致与俄国的贸易也开始崩溃。这十年，与日本方面进行的油菜籽和菜籽饼生意很兴隆，平湖和嘉善周围地区是主要产区，从油菜籽中榨出的油可用作机器润滑油，菜籽饼则可用作肥料。此外，德国的苯胺染料进口因一战爆发而中断，使得本地靛青的种植规模开始扩大。

　　由于浙江省从 1914 年 6 月 16 日起禁止鸦片进口（包括本国和外国的鸦片），所以浙江的鸦片贸易基本上已经不复存在。民国前期，进口卷烟一直控制着杭州市场。1925 年，由于五卅惨案，抵制英、日货运动在全国开展，从而使外烟失去了中国市场。以后，虽然略有回升，但 1929 年以后，外烟销售量逐渐衰退，市场又被地方产品所代替，外烟进口遂告败落。

　　纺织机的进口始于 1914 年，是从日本进口的一种小型轻便、价格较低的一种织机，这种小型织机的进口，比较适合本地纺织业的经营特征。但是好景不长，1920 年由于反对袁世凯与日本订立"二十一条"，掀起了抵制日货运动，从而使这种比传统手工操作织机先进得多的生产机器停止了进口。

　　煤油的进口在民国初期上涨较快，但从 20 年代末 30 年代初开

　　① （清）黄恬主修，余奎元、邱文彬、蒋珍点校，福建省地方志编纂委员会整理：《新修浦城县志》，方志出版社 2005 年版，第 258 页。

　　② 同上书，第 259 页。

始，由于白银贬值，通货膨胀，使煤油价格上升，从而失去了顾客。在煤油进口逐渐减少的同时，1928 年以后，汽油、石油、润滑油的进口量却持续增长，这是随着汽车这一交通工具的日益普遍使用而出现的新需求。

表 5 - 1　　　　　　民国以来报经杭州关进口的主要货物统计

货别 / 年份	棉纱（担）	布（棉、毛、人造丝质）（尺）	棉花（担）	锡块（担）	镀锌钢材及器件（担）	纸烟（千枝）	自来火（火柴）（罗）	赤糖（担）
1912	686	457	2734	—	905	183288	79650	46667
1913	632	267	—	5029	1895	227045	66447	66386
1914	419	2571	—	11350	1889	363147	53299	62093
1915	690	947	—	10591	960	425654	44847	42068
1916	1370	19131	—	3968	880	438102	142846	45430
1917	705	8241	6264	346	782	567763	160373	27939
1918	384	906	737	73	730	694332	222300	31036
1919	57	39	344	—	740	620442	100510	20146
1920	61	145	4117	1	1287	567763	68171	18087
1921	284	10745	13107	—	1702	694332	56092	26848
1922	1198	9827	9361	194	3732	620442	2750	13941
1923	822	292	481	94	2558	652997	—	15763
1924	859	11286	297	1	2793	587764	—	21274
1925	725	3582	1024	660	3456	495140	—	19652
1926	826	1170	4164	102	4424	476520	900	21500
1927	285	5490	—	1	6927	135690	250	26362
1928	—	22360	—	160	6785	497682	—	46660
1929	—	3961	11847	425	6698	185662	2365	66782
1930	—	6376	12685	4	4105	29510	6733	68641
1931	—	2205	7816	7	3872	68605	—	23110

表5－2　　　　　民国以来报经杭州关进口的主要货物统计

年份＼货别	白糖（担）	车白糖	冰糖	人造丝	煤油（美加仑）	煤（吨）	燃料、颜料、油漆 各色燃料（值关平）	人造靛（担）	绿酸钾（洋销）（担）
1912	30565	120053	2032	—	2830910	11046	22739	3546	—
1913	17320	151241	1575	—	2846570	11582	23752	5665	—
1914	17059	127018	1390	—	3342299	10595	21473	5554	—
1915	94340	128394	2160	—	1300120	12125	9276	704	1101
1916	117415	164578	1386	—	1454060	11363	7766	221	916
1917	170109	162301	4436	—	2447770	10365	4853	455	1092
1918	254275	208309	3912	—	2205510	6422	9897	134	1008
1919	185059	102977	3241	—	2533546	2477	17724	734	1931
1920	43757	106945	4477	—	2586125	1277	2647	1716	—
1921	61619	137476	6579	—	2109833	2151	12012	2269	—
1922	10370	187712	6101	—	3416973	2941	12040	4732	—
1923	10072	183445	5431	—	3506695	1669	31356	4184	—
1924	10729	181114	7686	26	3383915	3113	33039	4821	—
1925	41182	152576	7439	123	9191570	6471	19589	7841	—
1926	33457	252469	8356	263	8346152	3909	41488	10041	—
1927	47151	154205	5923	273	4755324	16057	71695	5933	—
1928	136350	175352	7556	3366	1978965	23737	96098	9342	173
1929	204914	81880	3391	4657	6993759	3732	73029	8115	—
1930	123769	95522	3376	1273	5022127	255	83408	7592	—
1931	21568	54156	344	4702	795686	—	40545	3963	149

资料来源：根据中国第二历史档案馆、中国海关总署办公厅编：《中国旧海关史料（1859—1948）》，京华出版社2001年版，杭州关各年统计报告整理。

表5－3　　　　　民国以来报经杭州关出口的主要货物统计

年份＼类别	杭州棉纱（担）	白丝（担）	白缫丝（担）	白经丝	白厂丝	蚕茧	乱丝头（担）	绸缎（担）	红茶（担）	绿茶（担）
1912	3048	8897	1420	30	—	1782	10419	593	998	117568
1913	2223	3971	544	36	—	1950	10982	803	617	105735
1914	201	1810	513	28	—	2239	8585	675	427	113079
1915	10857	2486	558	10	—	1913	7439	1885	460	97370

续表

类别\年份	杭州棉纱（担）	白丝（担）	白缫丝（担）	白经丝（担）	白厂丝	蚕茧	乱丝头（担）	绸缎（担）	红茶（担）	绿茶（担）
1916	9249	2156	564	5	—	3154	9287	1920	899	108343
1917	17565	1152	720	25	—	525	7931	1756	703	87710
1918	18793	566	561	—	—	994	9756	1912	792	64666
1919	34604	256	486	—	—	836	8568	2254	435	81040
1920	39663	501	239	—	—	822	6714	1788	710	63476
1921	38645	470	392	—	—	515	4199	1450	866	62997
1922	24687	759	442	—	—	507	7536	1455	1559	90262
1923	8009	478	483	—	—	713	7160	1720	1883	107684
1924	3198	1049	1705	—	—	778	7681	2198	2291	88014
1925	7282	353	517	10	—	844	5115	2166	3701	98778
1926	8576	618	—	74	968	—	4003	1855	1702	129920
1927	1071	2015	—	447	1123	—	2461	1652	9681	109818
1928	2933	214	—	—	1084	—	1594	1302	3312	123192
1929	26270	33	—	—	360	—	498	754	5011	122558
1930	18067	6	—	—	5	—	44	558	2025	103619
1931	107	—	—	—	18	—	273	623	1700	81400

类别\年份	毛茶（担）	茶末	纸扇（柄）	火腿（担）	菜籽（担）	菜籽饼（担）	纸扇（柄）	烟叶（担）	药材（值关平）	酒（担）
1912	—	9183	4947305	2259	261051	214936	4947305	35225	30867	556
1913	—	9107	5095689	1885	152232	192925	5095689	21955	35422	665
1914	—	12251	6364272	1491	96042	187526	6364272	9042	45300	1302
1915	23712	8787	8042344	2223	196719	130929	8042344	23544	54970	14404
1916	26696	9125	5452489	2350	163376	112470	5452489	9754	58556	34483
1917	27197	11904	5819142	2284	124387	199401	5819142	16630	72299	27224
1918	21946	9799	6302903	2733	110309	97164	6302903	16194	70496	14918
1919	24918	8460	5995158	3354	94449	102532	5995158	37342	80136	15362
1920	36564	7127	—	3777	4773	72685	—	12218	49760	14742
1921	28914	11116	—	4685	262425	171347	—	7397	72953	20377
1922	34427	11125	—	4080	192668	122223	—	20846	78744	15611
1923	32549	1595	—	3855	159856	164998	—	16408	85729	18643

续表

年份\类别	毛茶（担）	茶末	纸扇（柄）	火腿（担）	菜籽（担）	菜籽饼（担）	纸扇（柄）	烟叶（担）	药材（值关平）	酒（担）
1924	39214	—	—	7101	3600	74011	—	22113	102625	19260
1925	32451	—	—	3694	3937	43782	—	31078	102320	19523
1926	30891	—	3602000	—	900	83790	3602000	35848	101729	15946
1927	27858	—	1020000	—		57105	1020000	18804	86286	12461
1928	46503	—	1769000	—	30850	185816	1769000	8143	70255	7433
1929	36492	—	2238000	—	105811	175828	2238000	14392	101961	7473
1930	39007	—	3178000	—	147654	105879	3178000	20238	123442	3750
1931	38485	—	2495000	—	106068	193533	2495000	18225	77210	3902

资料来源：根据中国第二历史档案馆、中国海关总署办公厅编：《中国旧海关史料（1859—1948）》，京华出版社 2001 年版，杭州各年统计报告整理。

进口商品中，还有从越南进口的稻米，此外还有苏打、火柴等。在 1912—1916 年间，美国、法国的茶叶进口减少，1917 年俄国发生革命，茶叶进口陷于停顿，从而影响了出口量。但在整个杭州对外贸易中，茶叶始终是大宗的出口商品，并占据着国际市场的优势地位。杭州出口的茶叶主要为本地的龙井和部分的平水茶，在铁路未通之前，平水茶通过运河支流直达杭州运销全国。[①] 民国以后，由于机器纺织业的兴起和人造丝的进口，传统丝织业受到打击，代之而起的是真丝与人造丝的混纺织物的巨额出口。原先由航运和铁路出口的生丝和丝织品出口减少，通过邮寄出口到其他口岸的多起来了。1922—1931 年，杭州通商口岸平均贸易额已达到了 25000000 海关两。[②]

1922 年至 1931 年间由于铁路发展迅速，为了同铁路进行竞争，航运业不得不降低运费，但贵重的货物如丝和丝织物等长期以来从不问津航运，茶叶也越来越多地转向铁路运输。在 1931 年 1 月厘金取消之前，要运往上海的货物都经过杭州的海关，为的是避免江苏省的

---

① 建设委员会经济调查所编：《浙江之平水茶》，1937 年版，第 10 页。

② 陈梅龙、景消波译编：《近代浙江对外贸易及社会变迁》，宁波出版社 2003 年版，第 285 页。

厘金,但在这一年以后,商人们明智地选择了航运,结果经过杭州海关的贸易量明显减少。这就导致杭州口岸在 1931 年的贸易额只有 18000000 海关两。[1]

在 1922—1931 年的十年间,土货与洋货展开了激烈的竞争。如香烟市场,前期洋烟占据市场的主要地位,但后来由于抵制英货、日货运动,使得洋烟自 1929 年起被土烟所代替。人造丝的进口发展很快,在这十年中的后六年间,由 26 担发展到 4657 担,并在丝织业中广泛掺和使用,[2] 大量的人造丝杂织品每年从杭州口岸出口。

表 5-4 杭州关进出口货值

年份	进口			出口				进出口货值总数 (1) + (2)
	洋货进口	土货进口	总计 (1)	土货出口	土货复出口	洋货复出口	总计 (2)	
1912	2809786	3876361	6686147	13540169	538	19829	13560536	20246683
1913	3401521	3036657	6438178	10855330	1455	30536	10887321	17325499
1914	3523948	2825476	6349424	10827919	2588	29997	12866126	17209928
1915	3008043	4205221	7213264	12822168	2555	41403	13210663	20079390
1916	4338112	3647696	7985808	13191301	3126	16236	11366028	21196471
1917	5755038	3934878	9689916	11348472	3625	13931	9316889	21055944
1918	5672169	3793240	9465409	9269781	6342	40766	11206785	18782208
1919	4600496	2578407	7178903	11196530	2841	7414	10268798	18385688
1920	5614911	4135500	9750411	10243515	8903	16380	11322777	20019209
1921	7160503	3789255	10949758	11294966	14839	12972	11422506	22272535
1922	9645901	4506927	14152828	11359986	31691	30829	11276583	25575334
1923	8465814	6921796	15387610	11231473	31769	13341	12477389	26664193
1924	6005618	4181863	10187481	12425734	45543	6112	11877409	22664870
1925	6902178	4309921	11212094	11868813	5383	3213	14047517	23089503
1926	10750382	5266587	16016969	13997295	30403	19819	12948512	30064486
1927	6240732	6499054	12739912	12921640	24318	2554	14415154	25688298

[1] 陈梅龙、景消波译编:《近代浙江对外贸易及社会变迁》,宁波出版社 2003 年版,第 285 页。

[2] 同上书,第 286 页。

续表

年份	进口			出口				进出口货值总数 (1) + (2)
	洋货进口	土货进口	总计(1)	土货出口	土货复出口	洋货复出口	总计(2)	
1928	6872521	4917202	11789723	14407364	5112	2678	15771336	26204877
1929	7409640	5338272	12747912	15734212	4189	32946	13489618	28519248
1930	11192881	3686913	14879794	13480771	2053	6794	11124980	28369412
1931	3347050	4092077	7439127	11109857	557	14566	11213272	18564107
1932	※113263	6105504	6218767	11179040	34232	—	9396700	17432039
1933	※1436295	6863381	8299676	9381009	15691	—	—	17696376

注：由各口岸进口洋货总数不在内。

资料来源：中国第二历史档案馆、中国海关总署办公厅编《中国旧海关史料（1859—1948）》，京华出版社 2001 年版，根据杭州关统计报告整理。

　　由于政治因素，发生多次的贸易抵制运动。第一次抵制运动是 1923 年的抵制日货运动。当时杭州市民和全国大众一样强烈要求废除与日本签订的"二十一条"；第二次是 1925 年的抵制英货运动，目的是抗议上海的五卅事件；第三次也是抵制日货运动。在这些抵制运动期间，对外贸易并未受此影响，因为每一次事件发生前，商人均有足够的时间补充存货。

　　之后几年，出现了史无前例的银价暴跌，影响到了许多商品，其中以煤油最为显著，它的需求量剧减。另外，浙江省政府出资筹建的公路，也刺激了汽车及交通工具的需求增多，结果使汽油、石油、挥发油、润滑油的进口从 1928 年持续增加。至于出口的土货，海关管辖下的丝织品，主要以邮政包裹的形式运送到其他通商口岸，而不是运送到上海。棉纱出口断断续续。尽管由于俄国实施的高额税制对茶叶贸易产生了一定影响，国际市场对茶叶的需求基本上保持活跃。菜籽和菜籽饼作为嘉兴的物产，在厘金取消后已不再受海关的管辖，这些商品直接从生产中心船运至上海。

　　杭州商人还没有建立起直接与国外通商的网络，因此在海关报告中，几乎没有直接从国外进口的商品，所有到达这一口岸的商品，按规定首先要进口到上海，取得免重征执照后再船运到杭州。

杭州海关的开设是在西方列强强加给中国诸多不平等条约的背景下建立的，相应的，对外贸易的管理实权自然也是掌控在外国人手中。从进出口贸易额看，杭州的入超大大多于出超，这正是帝国主义在我国倾销剩余产品，实行经济侵略的结果。所以，近代中国半殖民地半封建的社会性质，决定了杭州关必然沦为帝国主义广泛劫取中国政治、经济、文化、军事等权利的一个据点，杭州海关也就无可避免地带有半殖民性质。

二　民国杭州对外贸易特征

从开埠口岸的贸易性质来说，杭州与中国其他商埠一样，都具有半殖民地半封建的贸易性质。但作为一个商埠，杭州又有其自身的自然、交通、政治以及腹地经济社会等独特的特点，特别是进入民国时期，杭州的对外贸易在继承原有传统的基础上，有其新的发展。总体上来说，民国年间的杭州对外贸易有如下特征：第一，在贸易规模上，民国元年到抗战前期这 27 年间，杭州对外贸易总体上处于上升趋势，个别年份有所回落，可以说上升中又有曲折。第二，从贸易额的比重来看，杭州对外贸易的比重在中国中东部 16 个对外开放的商埠中的比重额中占中等偏上位置。第三，从贸易趋势来看（洋货土货贸易额），在这 27 年间，杭州对外贸易均处于出超的局面，且进出口总额都呈上升趋势。下面我们将分述之。

从贸易规模上看，民国以来，杭州关贸易值总体呈上升趋势，并长期处于比较高的水平上。尤其是进入 20 世纪以来，贸易总额稳步上升。在第一次世界大战后至 1921 年的十年间，杭州对外贸易额均维持在 2000 万关平两之上，变动范围在 1914 年的 17144758 海关两与 1921 年的 22244724 海关两之间。[①] 1922 年到 1931 年这十年间，年平均贸易额已达到 2500 万关平银，最高为 1926 年的 3000 万两，

---

① 中国第二历史档案馆、中国海关总署办公厅编：《中国旧海关史料》（第 58 卷），1912—1921 年《杭州口华洋贸易情形论略》，京华出版社 2001 年版，第 71 页。

1931 年最低，仅有 1800 万两而已。① 1912 年，辛亥革命刚成功，百废待兴之际，贸易估价亦有关平银 20226316 两②之巨。第一次世界大战前夕虽有减少，亦有 17293500 关平两。③ 自 1914 年以后的四年，西方各国卷入世界大战，所有与中国的贸易也大多数中断，同时国内刚经历辛亥革命，内乱迭起。杭州虽未直接遭受军阀内讧之患，但对外贸易亦有影响。1918、1919 两年减少为 1800 余万关平两，另外几年贸易额复又增加，均超过 2000 万关平两大关。至 1926 年，更是突破 3000 万关平两大关，较之上年（1925 年）增加 689 万两，④ 创历年之最高纪录，为 1912 年的 1.5 倍，也就是说比 1912 年增加了 50%。此后几年，杭州对外贸易总额均维持在 2500 万关平两以上。"迨 1931 年元旦通令裁厘后，产地出口货物逐不再经本埠，而直接转运上海。"⑤ 同时受世界经济危机的滞后影响以及日本对华侵略、经济不景气等原因，杭州对外贸易逐年下跌，1930 年还有 28360565 关平两之巨，到 1931 年下降至 18548984 关平两，比上年减少了 70%。从总的趋势上来看，辛亥革命后，杭州贸易有了巨大的发展，表明杭州市场通过上海与世界市场的联系日益密切。

从贸易额占全国贸易总额的比重来看，在中国中部地区 16 个对外开放的通商口岸中，杭州贸易额占全部贸易额的比重居中等偏上位置。据统计，从 1912—1933 年的 22 年中，在这 16 个口岸的贸易额所占全国贸易额的比重排名中，杭州位于上海、汉口、重庆、九江、宁波、芜湖之后，居第 7 位（镇江、南京偶尔有几年的比重比杭州高）。而在华东地区的几个通商口岸的排名中，杭州仅次于上海和宁

① 中国第二历史档案馆、中国海关总署办公厅编：《中国旧海关史料》（第 92 卷），1922—1931 年《杭州口华洋贸易情形论略》，京华出版社 2001 年版，第 251 页。

② 同上书，第 345 页。

③ 同上书，第 968 页。

④ 杭州海关译编：《近代浙江通商口岸。经济社会概况——浙海关、瓯海关、杭州关贸易报告集成》，浙江人民出版社 2002 年版，第 815 页。

⑤ 中国第二历史档案馆、中国海关总署办公厅编：《中国旧海关史料》（第 92 卷），1922—1931 年《杭州口华洋贸易情形论略》，京华出版社 2001 年版，第 251 页。

波而居第三，居于中游地位。同时也注意到一个问题，即杭州开埠通商后，尤其是民国时期，原先由宁波出口的部分商品由于离杭州出口比较近且方便而改由杭州关出口，说明杭州贸易在浙江对外贸易中的地位逐步提高。其间，杭州贸易额占中部各港口的比重于1912年开始便呈上升趋势，特别是进入20世纪20年代中期以来这一趋势益发明显。参见附录表7。

从海关税收来看，进入民国时期，杭州关税收逐年下降，出口关税的实际总数收缩大，进口关税也相应下降。1912年为544822海关两，此后海关税收逐年显著下降，到1920年下降为174364海关两[①]，往后又不断下降，至1925年达到一个低谷，是税收额最低的一年，为171755海关两。此后海关税收增加，但是增加得不多，到1930年时增至333748海关两[②]，是1925年的1倍左右。这一情形跟杭州对外贸易的情形和当时的贸易条件改变有关。一是出口贸易走下坡路。进入民国时期，作为杭州关大宗的茶叶和丝绸出口贸易减少是关税下降的主要原因。茶叶，除了数量减少外，由于第一次世界大战，关税率不断减少，到最后出口国外完全免税。嘉兴地区油菜籽和菜籽饼贸易也因经费短缺而停顿；二是运输业与铁路造成竞争。20年代后期，由于铁路的通畅，许多轻便货物改由铁路运输，茶叶、丝绸多半由铁路运销出口，如当时的沪杭铁路年载客量已突破500万，年载货量近60万吨，运输的货物主要有水果、蔬菜、大米、茶叶、煤、丝绸、蚕茧、纸张、木材、食糖等。另外还有一个重要原因是1914年后，原来洋货进口的复出口税予以取消，免税区扩展到苏杭口岸。复进口税和附加税的取消、厘金的取消使商人们通过火车、民船或者从内地邮局寄运包裹方式运送货物，逃避了海关税收。虽有此上种种，但是由海关税收的变迁，还是可以看出民国时期杭州对外贸易的大致情况。相关数值参见附录表8。

---

① 中国第二历史档案馆、中国海关总署办公厅编：《中国旧海关史料》，1912—1921年《杭州口华洋贸易情形论略》，京华出版社2001年版，第72页。

② 同上书，第253页。

　　从贸易趋势看（洋货土货贸易额），就总体而言，进入民国时期，洋货土货进出口货值总数呈上升趋势，在 1912 年到 1930 年，杭州关的进出口货值均保持在 2000 万两左右，个别年份稍有下降。其中洋货的进口货值呈上升趋势。在 1914 年计关平银 3493951 两，[①] 到 1916 年时为关平银 430 余万两，较上年约增 130 万两。[②] 一方面由于一战的影响，货价大涨，另一方面因为沪杭火车阻碍，各种货物都由水道运输。此后几年均维持在 500 万两之上，直至 1926 年达到高峰 10730563 关平两，[③] 此后逐年下降，到 1930 年时仍有 11186087 关两之巨，比民国元年增加 4 倍之多，之后由于往来上海的货物由另外途径运输，致使海关统计数目锐减，因此不做讨论。土货出口货值也呈稳步上升趋势，1913 年土货出口贸易估值关平银 10855300 余两。[④] 此后几年均维持在 1200 万关两上下。1918 年由于丝茶出口短绌之故，[⑤] 跌至 9269781 关平两，此后土货出口逐渐增加，在 1926 年出口土货值达到 13997295 关平两之巨，[⑥] 1929 年达到最高峰 15734212 关平两，此后逐年下降，到 1931 年土货出口为 11109857 关两，进出口贸易货值计 28351718 关两。总的来说，民国时期，杭州洋货土货进出口均呈现稳步上升的趋势，在洋货进口值增加的同时，本国货的进口值也大大增加，特别是辛亥革命后，国货进口呈逐步增长趋势，同时土货出口值也随之增加。直到 1931 年日军侵华，杭州对外贸易因生丝贸易的迅速衰落而趋于衰微。相关数值参见附录表 1、表 2。

　　从贸易方式上看，杭州贸易为转口的贸易方式。民国时期，据目

---

　　① 中国第二历史档案馆、中国海关总署办公厅编：《中国旧海关史料》，1914 年《杭州口华洋贸易情形论略》，京华出版社 2001 年版，第 824 页。

　　② 同上书，第 890 页。

　　③ 杭州海关译编：《近代浙江通商口岸经济社会概况——浙海关、瓯海关、杭州关贸易报告集成》，浙江人民出版社 2002 年版，第 816 页。

　　④ 中国第二历史档案馆、中国海关总署办公厅编：《中国旧海关史料》，1916 年《杭州口华洋贸易情形论略》，京华出版社 2001 年版，第 971 页。

　　⑤ 同上书，第 936 页。

　　⑥ 杭州海关译编：《近代浙江通商口岸经济社会概况——浙海关、瓯海关、杭州关贸易报告集成》，浙江人民出版社 2002 年版，第 816 页。

前所知，杭州商人还没有建立起直接与国外通商的网络。这就是说，在海关报告中，几乎没有直接从国外进口的商品，所有到达这一口岸的商品，按规定首先要进口到上海，取得免重征执照后再船运到杭州。① 上海是长江流域货物进出口的总汇之地，"浙江之重要都市均以国际市场之上海为总汇之枢纽，土产既运上海出口，外货亦由上海购入"。② 在 1931 年前，杭州对外贸易多在上海转口，进口洋货80% —90% 也从上海转口而来，直接输入者甚少，出口外洋的土货也多输到上海再出口。1931 年虽有直接出口，但数量仅 7000 余关平两而已，到后来才逐渐增加。③ 杭州的洋货进口是从各通商口岸进口的复出口商品或者是外洋通过各通商口岸转运至杭州的商品，基本上是来自上海、广州、重庆、宁波等地。而杭州关集运出口的各种土货，一是运往上海、广州、宁波等通商口岸，再由各通商口岸运往外洋；二是将各种土货直接运往外洋。据记载，杭州关直接运往外洋的土货，1912 年为 33 关平两，1931 年为 7749 关平两，1932 年为 504593关平两，占据的比重都较小。据统计，1896 年至 1937 年，报经杭州关运至各通商口岸出口的土货约占杭州土货出口值的 99.87%；经由杭州关直接运往外洋的土货仅占杭州土货出口量的 0.13%。④ 另外还有从常关出口至省内或者国内其他地区的商品，本书不计在内。当然在进出口贸易中还存在着土货的进口和洋货的复出口，在本书中此未被计算在内。总的来说，杭州处于华东、华南地区的中间地带，杭州的进出口货物绝大部分通过上海为主的华东各埠或者华南各埠进行贸易往来，主要进行转口贸易。

---

① 中国第二历史档案馆、中国海关总署办公厅编：《中国旧海关史料》，1922—1931年《杭州口华洋贸易情形论略》，京华出版社 2001 年版，第 252 页。

② 实业部国际贸易局：《中国实业志·浙江省》，实业部国际贸易局 1933 年版，第1 页。

③ 周峰：《民国时期杭州》，浙江人民出版社 1992 年版，第 354 页。

④ 杭州市对外经济贸易委员会编：《杭州对外经贸志》，北京师范大学出版社 1993 年版，第 98 页。

三　进出口商品结构分析

　　列强开埠最主要的目的便是开拓市场，为其国内廉价的工业品打开市场，同时不断获得廉价的原材料。民国时期，杭州对外贸易的商品种类不断增多，从海关统计资料上看，仅以数量分析，项目不断增加，由最初的几十种商品发展到后来的上百种甚至上千种。从商品结构来看，输出品中大半为农副产品及初级产品，以生丝、茶叶、绸缎、纸张、棉布及纸扇、纸伞为大宗，再次为半成品、烟草药材等。输入货物中以工业制造品为最多，其次为工业用原料、半成品、烟草药材等，另外还有部分以纺织机为代表的生产工具的输入。本书出于资料整理的方便起见，仅以洋货进口和土货出口两方面进行讨论。

（一）进口商品结构分析

　　1896 年杭州开埠后，洋货便开始直接报经杭州关进口，这使得杭州逐渐形成为洋货销售和洋货运销安徽、江西和浙江内地等地区的转运中心。在进口贸易方面，由于第一次世界大战前后资本主义国家工业的迅速发展，西方工业品生产成本进一步降低，洋货进口的品种日趋丰富多样。民国时期，鸦片进口顿绝，而生产日用品的进口逐年上升。同时由于民国时期商品生产和流通的发展，以及城乡社会消费习惯在欧美国家的影响和商品经济发展的过程中发展变化，从而对舶来品产生了种种新的需求，引起进口商品新品种的不断增加及进口商品结构的变化。1921 年至 1930 年为洋货进口最盛时期，每年报经杭州关进口的各种洋货均保持在 800 万关平两以上。1930 年为杭州洋货进口最高年份，达到 1119.29 万关平两，约占是年杭州关进口货值的 75%。[①] 输入杭州的主要洋货以棉布、疋头、杂货、粮食、果品、

糖类、烛皂、煤油等项为大宗。① 其中棉类和轻工业品进口主要来自英国；煤油主要来自美国；化学颜料和油漆等制品来自德国；火柴主要来自日本。下面我们对主要的进口商品进行分析。

1. 棉制品及棉纱。棉制品和棉纱一度构成了进口贸易中的绝大部分，清末民初，棉纱的进口量占据进口值的比重较大。第一次世界大战前，杭州进口的棉纱均在一千担以上。战后，棉纱年进口量明显减少，出口量则跳跃式上升，由入超变为出超。当时杭州有鼎新纱厂和萧山的通惠公纱厂。其中鼎新纱厂有 20000 个锭子，年产量为 13000 担。② 此外，它借第一次世界大战西方列强无暇于中国之机，迅速发展成为浙江省规模最大、设备最先进、最具影响力的三家民族资本纺纱厂之一。而当时杭州关进口的棉纱为日本和印度棉纱，由于受国产机制棉纱的竞争和抵制日货运动的影响，杭州棉纱进口量逐渐减少，由 1916 年的 1365 担，减少至 1920 年的 26 担，几乎在海关报关册中消失。此后虽有增加，但是数量不大，仅在几百担左右。洋布物美价廉，逐渐为国人接受、喜欢并使用。棉布进口值每年起伏不定，最低的 1919 年、1920 年和 1923 年只有 39 尺、145 尺和 292 尺，是历史最低纪录，主要是由于当时抵制日货运动，日本货基本在中国市场上消失，而杭州市场的棉布均来自日本。除了这两年外，棉布进口的趋势大体上在 20 世纪 20 年代之前增加，而在 20 年代以后，则趋于下降。在 1936 年棉布只占进口值的 1.9%。③ 棉类制品在进口总额中的相对地位不断下降。同时，随着国内轻纺工业的发展，棉花、烟叶等农产原料的进口数量大幅度增长。棉花进口主要来自美国，其他依次为印度、埃及等国。1920 年棉花的进口量由上年的 344 担猛增到 4117 担，次年又增至 13107 担，值银 289002 关平两。1929 年棉

---

① 实业部国际贸易局：《中国实业志·浙江省》，实业部国际贸易局 1933 年版，第 83 页。

② 中国第二历史档案馆、中国海关总署办公厅编：《中国旧海关史料》，1912—1921 年《杭州口华洋贸易情形论略》，京华出版社 2001 年版，第 94 页。

③ 陈争平：《1912—1936 年中国进出口商品结构变化考略》，载张东刚主编《世界经济体制下的民国时期经济》，中国财经出版社 2005 年版，第 2 页。

花进口量又增至 11847 担，值银 376531 关平两，此后，棉花的进口值银均为 30 万—40 万关平两。

2. 染料。近代杭州的纺织业、印染业较为发达，丝绸炼染业的发展，使得染料的需求量很大，且不断攀升。杭州开埠后，报经杭州关进口的外国燃料有五色燃料、银珠、拷皮、人造及天然靛，同时颜料也大量运至杭州，杭州进口的染料主要从德国进口。因土产的靛蓝已不能满足纺织业和印染业的巨大需求，杭州开埠通商后，德国的染料商立即蜂拥而至，组织了大批苯胺进口到杭州地区。在大量的国外染料倾销下使得土产靛蓝迅速衰落，大批的靛蓝种植户失业和破产。1914 年，由于第一次世界大战爆发，国外进口燃料顿减，苯胺进口也逐渐停止，染料价格暴涨。一战结束后，染料进口又逐渐增加。据海关资料显示，自 1896 年到 1937 年的 41 年间，由杭州关进口的染料、颜料值银 150 万关平两，人造靛和天然靛值银 372.65 万关平两，拷皮值银 31262 关平两，银珠值银 25.66 万关平两，四项合计共达 551.68 万关平两。

3. 卷烟。由于美国与日本生产的卷烟质量要比国产烟质量好，因此洋烟比土烟更有市场。杭州开关后，洋烟的进口量逐年攀升。民国时期，随着鸦片禁绝，纸烟进口逐年增加。从 1912 年进口 183000 千支起，此后几乎每年都在增长，1914 年，纸烟一项竟增多 60%。[①] 1915 年，进口 426000 千支，1916 年则增至 438000 千支，其估值几增 90%。[②] 外洋纸烟，虽有土烟与其竞争，但是进口仍旧有加无减，1919 年占进口数的 38%，到 1921 年，纸烟进口增至 831000 千支，[③] 值银达 2439260 关平两，为民国时期杭州进口纸烟的最高纪录。1923 年 2 月 21 日，浙江省征收卷烟特税总局正式成立，3 月 1 日开始对全

---

① 中国第二历史档案馆、中国海关总署办公厅编：《中国旧海关史料》，1914 年《杭州口华洋贸易情形论略》，京华出版社 2001 年版，第 825 页。

② 中国第二历史档案馆、中国海关总署办公厅编：《中国旧海关史料》，1916 年《杭州口华洋贸易情形论略》，京华出版社 2001 年版，第 891 页。

③ 杭州海关译编：《近代浙江通商口岸经济社会概况——浙海关、瓯海关、杭州关贸易报告集成》，浙江人民出版社 2002 年版，第 802 页。

省境内卷烟和雪茄烟按批发价征收 20% 卷烟特税,纳税款以印花形式贴于售卖烟制品之最小单位(罐、盒、包)上。这种卷烟特税实际取诸吸户,由各售烟商店代征,英美烟草公司所销纸烟顿时锐减。继浙江省之后,各省也先后仿照办理,或名特税,或称吸户捐,其税率有 20% 者,亦有 30% 或 40%。1924 年,纸烟进口跌至 66230 千支。[1] 1925 年,由于五卅惨案的爆发,在杭州掀起了一股抵制英日货的运动,洋烟销售首次受挫,国产香烟迅速抢占市场。1925 年,外国纸烟进口跌至 1180437 两。[2] 1927 年,本省卷烟特税改为统捐,加至 50%,纸烟进口减少至 13569 千支。[3] 尽管洋烟此后有所反转,但自从 1929 年以来,土烟替代洋烟,并在 1932 年击败洋烟,外烟进口遂告败落。

4. 锡。民国前后,杭州、绍兴、宁波曾是全国重要锡箔产地。杭州关进口的锡,一部分来自新加坡、香港;一部分来自我国云南和湖南。杭州人普遍信佛,因此大量的进口锡也是信佛的杭城人的必需品,用来制造佛事用具,加上杭州是产茶的主要区域,而茶叶的包装也需要锡。据记载,当时设在湖墅一带的锡箔庄多达二三十家,年营业额近千万元。1909 年以前,锡锭年进口量均保持 3000—5000 担。1909 年,锡商为避关税,将锡锭直运海宁,再由海宁潜运内地;加之"风气渐开,迷信之人已不多见",锡箔销路"日形疲滞"。民国年间,由于原本报经上海改运宁绍的锡锭又直运杭州,杭州关的锡进口开始回升。1913 年,报经杭州关进口的锡增加至 11350 担,[4] 值银492703 关平两,为民国年间杭州锡进口的最高纪录。1914 年,进口共计 10591 担,虽不及上年之运入,然较以前为佳。[5] 1915 年,由于

① 同杭州海关译编:《近代浙江通商口岸经济社会概况——浙海关、瓯海关、杭州关贸易报告集成》,浙江人民出版社 2002 年版,第 810 页。

② 同上书,第 813 页。

③ 同上书,第 818 页。

④ 中国第二历史档案馆、中国海关总署办公厅编:《中国旧海关史料》,1913 年《杭州口华洋贸易情形论略》,京华出版社 2001 年版,第 970 页。

⑤ 同上书,第 825 页。

日本机制锡箔的涌入，杭州传统锡箔手工业遭受重创。1916 年因内地捐税更张之故，使得绍兴锡块取道宁波运入，由 3968 担减至 346 担。[①] 同时，香港严加限制锡锭出口，因此报经杭州进口的锡锭锐减，到 1924 年后，每年进口量只有几担。

5. 丝绸机械。近代杭州丝绸业十分发达。民国前期，杭州新办一批缫丝、丝织工厂，纷纷从国外引进新式的缫丝和丝织设备。最早引进国外丝织设备的为原杭州振兴绸厂。1910 年前后，贾卡织机传入中国。1911 年，杭州绸业会馆董事金溶仲购入 10 台新式日本绸机，创办杭州最早的丝织厂之一——振兴绸厂。1914 年起，由于杭州当地丝织业的需求，从日本大量进口既便宜又方便的丝织纺织机器，直到 1920 年因抵制日货运动而中止。[②] 而后几年又有回升的趋势。新式织绸铁机，以需要继长无已，1924 年进口值关平银 313813 两，较 1923 年多 116803 两。同年由于武林造纸厂的建立，运进之机器，亦估值 73000 两。[③] 据杭州海关资料显示，在 1912—1927 年间，杭州丝绸行业共从国外引进日式提花丝织机、西洋纡车、坐缫车等共 6800 台；其中，1915—1927 年间，杭州丝织业采用日式电力丝织机 3800 余台。1912 年以后，随着杭州丝织业、纺织业、造纸业的崛起，每年报经杭州关进口的各种机器值银均在数万关平两以上。又据《中国海关册》记载，自 1897 年至 1937 年经杭州关进口的各种机器及零件，值银 1993586 关平两。[④]

6. 人造丝。人造丝是一种丝质的人造纤维，它被传统的丝绸商人描绘成与真丝竞争的可怕对手，而且生产成本不高，且可按批量生产，数量巨大，价格低廉。报经杭州关进口的人造丝始于 1924 年，

①　中国第二历史档案馆、中国海关总署办公厅编：《中国旧海关史料》，1913 年《杭州口华洋贸易情形论略》，京华出版社 2001 年版，第 891 页。

②　同上书，第 71 页。

③　杭州海关译编：《近代浙江通商口岸经济社会概况——浙海关、瓯海关、杭州关贸易报告集成》，浙江人民出版社 2002 年版，第 810 页。

④　杭州市对外经济贸易委员会编：《杭州对外经贸志》，北京师范大学出版社 1993 年版，第 117 页。

开始有记载为数仅 26 担。1925 年，人造丝之进口增加为 123 担，估值 27714 两。[1] 在 1928 年前人造丝多从日本进口，以后大都从德国和意大利进口。当时杭州许多经营传统丝绸的商人立刻预感到了这种外来的仿真丝绸将马上威胁到传统丝织业的生产与发展，于是联名向当时政府提出要求禁止这种人造丝绸进口，并得到了官方许可的法令，但这个法令在人造丝绸的冲击下成为一纸空文，其实际进口量由 1924 年的 26 担迅猛上升到了 1930 年时的 4657 担。据《杭州市工商录（民国二十年）》记载，至 1931 年，杭州进口人造粗细丝已达 4702 担。据"杭州市经济调查"载，"人造丝大部分在杭市销售，余均运销绍兴及其他有丝织业之市镇，是以人造丝以杭州为根据地，分散于四地。人造丝初至杭州，标价颇高，每包（重十磅）二十余元。不二三年，在丝绸市场上占重要地位，价逐渐增高，二十一年五六月间已涨至二十四五元"。[2] 在丝绸纺织中被广泛地使用，成为制造纺织品中的一个重要原料，其巨额的利润为杭州关也增加了税收。

7. 煤油及其他油类。煤油也称"火油"，俗称"洋油"，是杭州关进口大宗洋货之一。洋油进入以前，中国人民一直利用植物油照明。洋油进入之后，中国开始步入洋油时代。杭州进口的煤油主要是美国煤油、俄国煤油、荷兰煤油和苏门答腊煤油。民国时期，随着外国对华资本输入的扩大，以及中国新式工业、交通业的发展，煤油和汽油的进口逐年增加，1912 年即为 2830910 加仑，可见煤油进口增长之快，煤油灯使用之普遍。其中美国煤油即有 1633610 加仑，此外尚有 250 万加仑系由火车运来。[3] 1913 年煤油进口 2846500 余加仑。[4] 至 1924 年煤油进口跃升至 3384000 加仑，1925 年，浙江省将运入内地的商品税捐并入统捐，内地交通便利，乡镇人民渐将以之为需要

---

① 杭州海关译编：《近代浙江通商口岸经济社会概况——浙海关、瓯海关、杭州关贸易报告集成》，浙江人民出版社 2002 年版，第 813 页。

② 建设委员会调查浙江经济所：《杭州市经济调查》下编，1932 年版，第 70 页。

③ 中国第二历史档案馆、中国海关总署办公厅编：《中国旧海关史料》，1914 年《杭州口华洋贸易情形论略》，京华出版社 2001 年版，第 825 页。

④ 同上书，第 970 页。

品，受其刺激，煤油运销量大增，报经杭州关的进口煤油达 9192000 加仑，[1] 比上年增加了 3 倍左右，值银 2480540 关平两，为杭州煤油进口量的最高纪录。在 20 世纪 20 年代末期，由于史无前例的银价暴跌影响到许多商品，其中以煤油最为显著，它的需求量剧减。[2] 更因油价昂贵，贫穷家庭多燃其他燃料以替代，煤油的进口遂告衰退。与此同时，机器、车辆、化学产品、电器材料、燃料、钢铁及其他金属等生产资料成倍或数倍增长，进口的比重也越来越重。当时浙江省政府出资筹建的公路刺激了汽车及交通用具的需求增多，结果使汽油、石油、挥发油、润滑油的进口从 1928 年开始持续增加。1928 年进口量为 210738 加仑，而次年进口量一下攀升至 475698 加仑，增长了 2 倍之多，比前 20 年的进口量总和数量还要多，可见当时汽油需求量的巨大。

8. 糖。甲午战争以前，中国一直有大量的糖出口。杭州开埠之前，市场上出售的多是土制蔗糖。开埠后，各种洋糖随之涌入杭州。杭州关进口的洋糖主要是赤糖、白糖、车白糖、冰糖 4 个品种。最先进入杭州市场的洋糖是日本糖，日本割占糖业大省台湾后，中国由糖业出超成为入超国家。[3] 其后英国"怡和""太古"洋行利用东印度殖民地产糖，在香港经机制精炼后运往杭州。随后是荷兰的工业用糖。1919 年糖类进口占进口数的 31%。1924 年杭州关糖类进口增多 6092 担，但其所增者，均系赤糖与冰糖。[4] 到了 1931 年后，为保护国内生产，提高了进口税率，因而糖的进口量有所减少。由上述进口之数可见杭州糖业生产情形之颓败。

---

① 杭州海关译编：《近代浙江通商口岸经济社会概况——浙海关、瓯海关、杭州关贸易报告集成》，浙江人民出版社 2002 年版，第 813 页。

② 中国第二历史档案馆、中国海关总署办公厅编：《中国旧海关史料》，1922—1931 年《杭州口华洋贸易情形论略》，京华出版社 2001 年版，第 251 页。

③ 姚淑贞：《江西之特产》，《工商知识》1947 年第 4 卷第 1 期，载《江西对外贸易史资料》，第 139 页。

④ 杭州海关译编：《近代浙江通商口岸经济社会概况——浙海关、瓯海关、杭州关贸易报告集成》，浙江人民出版社 2002 年版，第 810 页。

9. 火柴。俗称"洋火"，是日常生活的必需品。我国最早的火柴是从外国输入的，所以民间习惯称为"洋火"。火柴输入我国到1867年以后始有进口记录。1880年英国人在上海开设"燧昌自来火局"，这是外国人在华开办的第一家火柴工厂。到1894年日本进口的火柴占当年火柴进口总额的88%。杭州关进口的火柴均来自日本。1897年至1937年，杭州关进口的火柴共7273585罗，值银1385108关平两。① 1910年，杭州创办光华火柴厂。民国以后，光华厂标榜"奖励国货振兴实业"，借此时机继续争取，经过相当长的时间才获准继续免税，一直到厘卡取消，实行统税为止。光华厂利用免税的优势，在金华、兰溪、温州、台州设立4个"庄口"，控制金华、衢、严、处、温州、台州，旧府属，在余姚、绍兴、嘉兴、湖州、桐庐、杭州等地，利用经销火油、卷烟、颜料的殷实商店，采取独家经销光华火柴，批发给各地关系户；还在安徽、江苏、江西、福建4省，屯溪、溧阳、泗安、广德、玉山、浦城等地建立销售网络，为光华厂日后在产供销方面的大发展奠定了坚实基础。光华厂自取得免税以后，挤走倾销的日货，营业蒸蒸日上，使日本火柴受到挑战。所以在民国时期，杭州关进口的火柴日趋减少，最主要的原因就是受国产火柴的竞争。1915年，日本自来火以本口仿制畅销，相形见绌，进口仅为44874罗，② 但由于杭产火柴原料均来自日本，而这种生料，自第一次世界大战以来，价格昂贵，使得国产火柴产量受抑，难以与日本火柴匹敌，1916年，日本火柴进口增多，为98000罗。③ 1917年，日本火柴仍旧增加。火柴的进口量每年基本维持在10万—20万罗。1920年后，由于国产火柴技术的提升，日本火柴逐渐退出市场。

除以上这些货物进口外，还有麻及其制品、镀锌钢材等制品，海参、干贝、干咸鱼、鱼翅、燕窝、炼乳、米、各类铜材、胡椒、扇子

---

① 杭州市对外经济贸易委员会编：《杭州对外经贸志》，北京师范大学出版社1993年版，第117页。

② 中国第二历史档案馆、中国海关总署办公厅编：《中国旧海关史料》，1915年《杭州口华洋贸易情形论略》，京华出版社2001年版，第873页。

③ 同上书，第891页。

（粗、细葵扇）、公班土、刺庄土、漂白粉、硝、纯碱、葡萄酒等。

（二）出口商品结构分析

　　杭州是浙、皖、赣及闽北土货集散地之一。"五口通商"和杭州开埠后，为杭州地区的土货出口提供了契机，商品市场不断扩大，商品货源增加，出口贸易日益活跃。尤其是民国时期，作为浙江省对外贸易的后起之秀，杭州日益取代宁波的地位，在浙江省的对外贸易发展中占据了重要的地位，成为我国中部地区对外贸易集运出口的重要港口。据统计，1896年至1937年，报经杭州关运至各通商口岸出口的土货约占杭州土货出口值的99.87%；经由杭州关直接运往外洋的土货仅占杭州土货出口量的0.13%（另外还有从常关出口至省内或者国内其他地区的商品，本书不计在内）。[①] 在清末民初国际竞争日益加剧的形势下，传统的出口商品如生丝、茶叶等，生产组织落后，技术发展迟缓，在国际市场竞争中越来越处于不利地位。同时，由于世界资本主义生产的发展，对棉花、植物油、毛皮等农产品和矿产品原料的需求大量增加，也导致杭州出口商品品种的增加，出口商品结构发生了很大变化。出口商品结构由单一的丝、茶为主的出口模式逐渐趋于多元化的出口模式。

　　1. 生丝及丝织品。浙江省历来为我国丝茧的主要产区。民国17年（1928）之前，中国出口商品中，丝居第一位，浙丝则占全国出口额的30%。[②] 杭州生丝出口具有悠久的历史，由杭州关集运出口的蚕丝品种主要为白生丝、厂丝和乱丝头；其次为白经丝、黄经丝、黄生丝、同宫丝等。20世纪初期，中国生丝出口基本上呈持续增长趋势，丝品之属，种类甚多，而经海关出口者，仅属少数。杭州关出口的生丝，1912年时为10347担，值银3653700余两，1913年仅为

　　① 杭州市对外经济贸易委员会编：《杭州对外经贸志》，北京师范大学出版社1993年版，第98页。

　　② 行政院农村复兴委员会：《浙江省农村调查》，上海商务印书馆1934年版，第5页。

4553 担，估值 1964100 两。① 此后逐年减少，到 1917 年生丝出口为
1152 担，值银 455050 关平两。1918 年出口仅 566 担，值银 254700
关平两。据统计，生丝之洋庄销路，1923 年有 961 担，1924 年有
2754 担，1925 年跌至 880 担。② 1924 年后，受人造丝的打击，传统
纺织业的生产积极性降低，代之而起的是真丝与人造丝品所混纺的制
品。到了 20 世纪 20 年代，由于国际丝市的不景气和国产丝遭到日本
丝的竞争，因质量不佳而逐渐衰落。到 1925 年日丝出口量已是华丝
的 2.6 倍。③ 1931 年，世界经济大危机之后，华丝出口严重受挫，杭
州生丝出口仅为 274 担，值银 11935 关平两，浙江"蚕丝业乃进入急
性的衰落之中"。④

　　中国出口的丝织品大致包括绸缎、茧绸、丝绣货、丝带、丝线及
丝类杂货等，其中绸缎为大宗出口商品。据海关的统计报告，杭州丝
织品的输入较少，输出量在中国各商埠中始终居第四五位的位置。
1919 年的输出量为 2254 担，约合 1798692 两。随着该行业的发展，
其输出额出现逐年增长的趋势。杭州素有"丝绸之府"的美誉，在
历史上一直是蚕丝和丝绸的重要产地。早在 13 世纪，意大利旅行家
马可·波罗在游记《马可·波罗行记》中盛赞杭州丝绸，并以"华
贵天城"来形容他眼中所见的杭州城。因此丝绸制品也一直是近代杭
州出口的大宗货物之一。近代杭州集运出口的绸缎在丝及丝织品中所
占的比例很大。清代后期，浙江省的外销绸缎大多是从杭州出关。光
绪二十二年（1896 年），经杭州海关出口的绸缎有 12483 关担，货值
7.48 万关平两。⑤ 杭州丝绸首推都锦生，都锦生丝绸厂创立于 1922

　　① 中国第二历史档案馆、中国海关总署办公厅编：《中国旧海关史料》，1913 年《杭
州口华洋贸易情形论略》，京华出版社 2001 年版，第 971 页。
　　② 杭州海关译编：《近代浙江通商口岸经济社会概况——浙海关、瓯海关、杭州关贸
易报告集成》，浙江人民出版社 2002 年版，第 813 页。
　　③ 朱斯煌：《民国经济史》，中国经济出版社 1948 年版，第 319—320 页。
　　④ 行政院农村复兴委员会：《浙江省农村调查》，上海商务印书馆 1934 年版，第 5 页。
　　⑤ 杭州丝绸控股公司编纂：《杭州丝绸志》，浙江省科学技术出版社 1999 年版，第
181 页。

年，曾是我国最大的丝绸工艺品生产的出口企业。1912 年至 1934 年间，杭州丝绸仍是出口大宗，年出口量平均为 1326.8 担，以销往南洋、印度及英、法、荷等国为多，瑞典、丹麦次之，也有出口瑞士、西班牙、泰国、越南、锡兰、巴基斯坦等国家，产品大多转运上海，由上海专业出口绸庄集中对外输出。① 民国时期，经由杭州报关出口的绸缎时升时降，同时，由于铁路运输条件的改善以及厘卡的裁撤，杭州关所载绸缎出口数不足以反映杭州绸缎出口全貌。1912 年，杭缎出口 593 担，值银 391380 关平两；此后杭缎的出口量一直保持在 1000 担以上甚至是 2000 担以上，直到 1929 年，从 1928 年的 1302 担骤降至 754 担，减少近 50%，② 而到了 20 世纪 30 年代时，杭缎出口也趋于消失。但与其他出口商品相比，丝与丝绸在出口中的相对地位则稍有下降。

2. 茶叶。茶叶为我国历代海外贸易主要商品，浙江省为我国重要产茶地区，杭属的茶大都专销国外，有国外市场的是湖属、绍属、温属的茶。③ 杭州开埠后，浙江省茶叶转运中心内移至杭州，并成为浙江省的茶叶集运重要基地。杭州集运出口的茶叶大致有两条途径：一是运往广州；一是运往上海。运往广州的茶叶主销南洋和中国香港地区，运往上海的茶叶则主要行销美国、法国等西欧国家。杭州茶叶集运出口多为绿茶，红茶甚少，绿茶运往美洲，红茶主销欧洲。据《华洋贸易情形论略》记载，近代杭州集运出口的茶叶共有三类，即"徽州茶""龙井茶""平水茶"。徽州茶叶产自安徽省。徽州，地处皖南山区，山灵水秀，土质肥沃，茶树遍布。茶区云雾弥漫、空气清新、茶质优良，"祁红""屯绿""黄山毛峰""太平猴魁""顶谷大方"都为茶中珍品。平水茶叶产自绍兴附近，整个产区为会稽山、四明山、天台山等名山所环抱，境内山岭盘结、峰峦起伏，溪流纵横，

---

① 浙江省丝绸志编纂委员会：《浙江省丝绸志》，方志出版社 1997 年版，第 433 页。
② 杭州市经委编志办公室：《杭州市工业志》，1998 年版，第 242—243 页。
③ 行政院农村复兴委员会编：《浙江省农村调查》，上海商务印书馆 1934 年版，第 6 页。

气候温和，景色秀丽，茶树生长茂盛。这些茶叶中除一小部分运往北方省份外，大部分都是运往美国和俄国。徽州茶主销俄国、法国、南洋等国和中国香港、澳门地区；平水茶主销美国。19 世纪末，印度和锡兰茶叶对世界市场的出口迅速增长，损害了中国的茶叶贸易。1910 年，印度和锡兰出口的茶叶是中国茶叶出口量的 2 倍。[①] 进入民国时期，特别是 1912—1916 年，出口茶商失去了欧洲这一重要市场，但仍有在美国的另一个重要市场。1912 年各种茶叶出口计 142556担，[②] 1913 年，茶叶出口 105735 担，内有自闸口由铁路运出 2 万担。[③] 而 1917 年，俄国爆发了十月革命，中国茶叶进口突然停止，使得杭州茶叶出口大受影响。1918 年，经浙省出口前往外洋者，据上海茶叶公司所核计有 9 万担，英占 3 万担、美 3 万担、俄 2 万担、日1 万担，关册则载 97203 担。[④] 1921 年，绿茶出口共 63000 担，毛茶共 29000 担。[⑤] 尽管茶叶的国家行情不断变化和波动，但国际市场对茶叶的需求总体上保持活跃。杭州的茶叶出口贸易始终为一笔大宗生意，并在国际市场中占有一定的优势。同时茶叶的出口关税也成为杭海关的一笔不小的税源。

　　3. 纸扇。杭州扇子与杭州丝绸，龙井名茶齐名，号称"杭州三绝"。杭州以用油纸生产纸扇闻名。杭州扇子大多运往上海及平、津、鲁等通商口岸，少量销往东南亚各国。近代杭州的王星记纸扇子是纸扇出口中的典型代表，王星记扇品种繁多，有黑纸扇、檀香扇、白纸扇、象牙扇、女绢扇、戏曲扇、旅行扇、儿童扇等十五大类、几千种花色，最大达 3.3 尺，最小的只有 3 寸。其中以"三星牌"黑纸扇最

---

　　① 里德：《印度年鉴》，孟买，1924 年，第 858 页

　　② 中国第二历史档案馆、中国海关总署办公厅编：《中国旧海关史料》，1912 年《杭州口华洋贸易情形论略》，京华出版社 2001 年版，第 347 页。

　　③ 中国第二历史档案馆、中国海关总署办公厅编：《中国旧海关史料》，1913 年《杭州口华洋贸易情形论略》，京华出版社 2001 年版，第 972 页。

　　④ 中国第二历史档案馆、中国海关总署办公厅编：《中国旧海关史料》，1918 年《杭州口华洋贸易情形论略》，京华出版社 2001 年版，第 936 页。

　　⑤ 杭州海关译编：《近代浙江通商口岸经济社会概况——浙海关、瓯海关、杭州关贸易报告集成》，浙江人民出版社 2002 年版，第 802 页。

为有名。虽然王星记扇子质量上乘，享誉海外，但其生产量并不是很大，出口中大多数扇子产自绍兴。自杭州关开关后，绍关的扇子商人鉴于运费问题就近于杭州关出口，而至宁波关出口的数量逐渐减少。1912 年时的出口量已高达 5000618 柄，出口的最高年份为 1910，达到 8806619 柄，值银 1307896 关平两。[①] 1920 年纸扇出口约值银 13.5 万两。[②] 20 年代末到 30 年代初，基本上保持在 400 万—600 万柄，到 30 年代末，纸扇的出口量才逐渐减少。

4. 桐油。浙江省桐油产区集中在钱塘江和瓯江流域。报经杭州出口的桐油均产自钱塘江流域的常山、江山、衢县、开花、金华、兰溪、浦江、东阳、义乌、淳安、遂安、分水、建德、桐庐、昌化一带。民国初期，桐油的出口较少，第一次世界大战结束后，欧美国家对桐油的需求量大大增加。1925 年为 105 担，从该年起出口数量逐渐增多，至 1930 年出口量达到 11904 担，值银 386880 关平两，跃升为杭州出口的重要商品。1925 年到 1937 年，报经杭州关集运出口的桐油为 71150 担，值银 1625542 担。杭州桐油主销美国、东南亚各国，次为英国、俄国等国家。[③]

5. 火腿。产自金华、兰溪、东阳一带，俗称"蒋腿"。据考证金华民间腌制火腿，始于唐代。唐开元年间（713—742 年）陈藏器撰写的《本草拾遗》载："火腿，产金华者佳"。距今已有 1200 余年历史。民国时期，报经杭州关出口的火腿数量均在千担以上。其中 1921 年为最高年份，其出口量达 4685 担。以金华一带而论，"旧金属之火腿，东阳每年约产二十七万只，多运销杭州，次为兰溪腿，产量与东阳同，多运沪，金华则年产约值十三万元，义乌、永康、浦江

① 杭州市对外经济贸易委员会编：《杭州对外经贸志》，北京师范大学出版社 1993 年版，第 108 页。

② 杭州海关译编：《近代浙江通商口岸经济社会概况——浙海关、瓯海关、杭州关贸易报告集成》，浙江人民出版社 2002 年版，第 799 页。

③ 杭州市对外经济贸易委员会编：《杭州对外经贸志》，北京师范大学出版社 1993 年版，第 108 页。

各占东阳产额之半，值一百三十万元，均运杭"。① 由此可见，金华的火腿为杭州关的重要出口商品，但是其运销地关册中并未记载。

6. 药材。清末民初，杭州关出口的药材来源于浙、皖、赣等地，主要运往通商口岸转销国外。民国时期，药材出口值均在数万关平两。1912 年为 30867 关平两，而到 1924 年后，出口的药材销售日渐兴旺，年出口量多在十几万关平两。1924 年时为 10262 关平两，到1930 年增至 123442 关平两，为民国初年的 4 倍左右。杭州关出产的药材主要为荆芥、白芷、黄白菊花、白术、薄荷叶、元参或玄参、五焙子等。主要出口到中国香港和中国南部地区，其中也有少部分运送到日本。

除这些商品的出口外，报经杭州关出口的货物还有羽毛、白蜡、腐乳、蚕豆、菜籽、柏油、麻皮麻袋（布）、烟叶、蟾酥、莲子、棉布、火麻等土货的出口。

综上所述，1912—1937 年间，杭州关进出口商品结构发生了一系列变化：第一，在进口方面，原先棉纱及其棉制品的为主体的进口模式被打破，资本主义国家的煤油、汽油、机械制品的进口占据了大宗地位，而棉纱及棉制品的进口转变为国内机制棉纱和棉纺织品的出口。日用工业品的进口逐渐被消费品的进口所取代。在出口方面，民国前期，丝、茶两项是杭州最重要的出口商品，此后其重要性不断下降，到1931 年，丝茶出口地位已被绸缎、桐油、火麻、纸扇等商品取代，杭州的丝茶出口让渡于其他类商品的出口。第二，在进口方面，对外贸易促进近代工业的迅猛发展，同时呼唤着生产资料、纺织机械、电力设备、生铁及建筑五金、化学产品、工业用染料颜料、燃料等类商品的进口。在出口方面，随着资本主义世界经济的发展，对中国农副矿产品的需求扩大，过去的一些小商品，如皮类、桐油、菜籽饼等，逐渐发展成为大宗出口商品。尤其是皮革出口从 20 世纪 20 年代开始起呈逐渐增加的趋势。原先出口

---

① 《杭江铁路运输设备及沿线物产》，《工商半月刊》第 4 卷第 24 号（1932 年 12 月15 日）。

值银集中于少数几项商品的情况已有很大改观，出口商品种类扩散，出口贸易呈多样化发展的趋势。虽然民国时期杭州关进出口贸易的商品结构发生了如上变化，但是进口以直接消费品为主，出口以农产品原料及手工制品、半成品为主这一反映殖民地性质贸易的基本格局仍然存在。同时，应看到民国时期，杭州的机制品出口有所增加，进出口贸易试图进行新的尝试。

四　进出口贸易另一途径：陆路交通运输贸易

民国初期，铁路和公路等近代交通方式出现，并在货物运输中占有越来越重要的地位。当时，浙江省政府筹划近代交通网络的建设，民国时期陆续建成杭甬线、浙赣线杭江段及其支线金兰段，1907年沪杭铁路日晖港支线通车，1909年沪宁、沪杭二线先后通车。[1] 沪杭铁路共设有22站，其中笕桥、艮山门、南星桥、闸口位于杭州市内，因而铁路成为当时重要交通工具。公路交通方面，民国初期逐渐建成杭徽公路杭余段、瓶湖双公路、杭富公路、杭州至七堡公路段；20世纪20年代后期起，又陆续建成京（南京）杭线、沪杭线、苏嘉线、衢婺线、丽浦线、江浦县等省内跨地区公路干线，以及众多县域之间和县内市镇之间的地方支线。除浙南和浙西部分山区外，大部分县都已通公路，初步形成了以杭州为中心的公路交通网络。由于铁路、公路运输具有方便快捷、运输量大的优势，进出口贸易中的部分商品，跳过海关而直接利用铁路、公路进行货运出口，这成为杭州对外贸易的又一重要途径。据《中国实业志·浙江篇》描述，"杭州在沪杭铁路未通以前，因有运河之便，为浙皖苏赣各省货物转运之中枢。其后沪宁铁路告成，运河运输，受一打击。杭关贸易，亦不及往日之胜"。[2] "当铁路未通以前，货物运输，均以运河为主，凡苏、沪、

---

① 马千里：《中国铁路建筑编年简史》，中国铁路出版社1992年版，第12—15页。

② 实业部国际贸易局：《中国实业志·浙江省》，实业部国际贸易局，1933年，"乙编"第82页。

皖、赣、闽北各地之交通，取道杭州者，均经拱埠，故当时之杭州关，实为征税之中心机关，亦即货物进出口之枢纽。迨铁路告成，一部分货物由铁路运输。其由上海起沪杭路线各地及上江（钱塘江上游地区）、绍兴、萧山往来之货物，类皆经南星站转运；浙省杭、嘉、湖、绍、金、衢、严各处及江西广丰玉山、安徽徽州各县之货物，则多由闸口站转运；其余城站、艮山、笕桥、拱埠等站，亦有货物进出。"① 另《中国经济志》在谈到徽州歙县交通运输情况时亦说："经售商品多由杭州输入，……今则除笨重各货仍由水道运输外，轻便各货悉由杭徽公路汽车运入。"② 由此可以看出，民国时期除了杭州关外，以杭州为中心的铁路和公路网络成为进出口贸易的重要途径。以茶叶为例，民国时期铁路成为茶叶外运的主要方式。其中有资料提及绍兴县平水茶的外销原来"全恃水运，……复有运河可西通杭州"。"自沪杭甬铁路由宁波通至百官，凡平茶之输出，均汇于百官，而转由宁波出口。"③

　　以杭沪甬铁路为例。1908 年 10 月 9 日，沪杭甬铁路杭州到长安段开始通车，1909 年初该线路通到了距离杭州 55 英里处的嘉兴，同时江苏铁路公司又把该线终点从上海修到了江苏剪径的枫泾。海南站至枫泾这一段称为苏路，自杭州闸口至枫泾称为浙路，长 125 公里。1909 年 8 月，从杭州到上海全长 145 英里的铁路线修成并开始通车。1910 年，沪杭甬铁路宁波至曹娥段通车营业，线长 77.9 公里。5 列火车每天在租界和闸口之间奔驰，除了运送来往于城市之间的旅客外，还运送大量前往上海或来自上海的货物。④

---

　　① 实业部国际贸易局：《中国实业志·浙江省》，实业部国际贸易局，1933 年，"乙编"第 24 页。

　　② 国民政府建设委员会经济调查所编：《中国经济志》，建设委员会调查浙江经济所，1935 年第 80 页。

　　③ 《浙江之平水茶》，建设委员会经济调查所编印 1937 年版，第 24 页。

　　④ 中国第二历史档案馆、中国海关总署办公厅编：《中国旧海关史料》，1902—1911年《杭州口华洋贸易情形论略》，京华出版社 2001 年版，第 50 页。

表 5 - 9　　　　　　1914 年到 1920 年该路所承载的货运量

年份	1914	1915	1916	1917	1918	1919	1920
货运量	2584574 市担	460463 吨	365218 吨	464059 吨	464787 吨	49497 吨	585070 吨

该路运输的主要货物是水果和蔬菜、大米、豆、茶、煤、煤油、丝、柴、木材、纸、文具、烟叶、食物和糖。[①]

综上所述，民国时期杭州的进出口贸易除了海关一途外，轻便的货物大多借助交通运输方式进行贸易流通。这部分依赖铁路、公路运输方式进行的进出口贸易，虽然未有具体系统的数据可供参考，但从浙江各县物产调查表中可以看出，当时铁路、公路运输所承担的这部分商品的进出口贸易亦不在少数。兹将民国二十年（1931 年）杭州之进出口货值总数列表于下（见表 5 - 10）。

表 5 - 10　　　民国二十年（1931）杭州之进出口货值总数

1. 由杭州关进口者（进口货总值）	单位海关两	出口货总值（海关两）
（1）国货	4091520	11109857
（2）洋货	3332484	……
2. 由铁路各站进出者	（单位国币元）	—
（1）闸口站	72683280	16505471
（2）南星站	10656400	3805700
（3）城战	14632160	10724800
（4）拱埠站	815500	7627075
（5）笕桥站	449336	2523200
（6）艮山站	137038	428690

---

① 中国第二历史档案馆、中国海关总署办公厅编：《中国旧海关史料》，1912—1921年《杭州口华洋贸易情形论略》，京华出版社 2001 年版，第 95 页。

第六章

晚清民国时期杭州对外贸易格局、
腹地范围与地缘化倾向

一 贸易格局

（一）进口贸易格局

据中国海关册记载，自 1895 年至 1937 年的 42 年间，先后进入杭州市场的外国洋货有 300 多个品种，洋货进口值银近 2 亿关平两。自民国元年（1912）至民国 21 年（1932），杭州关的进出口范围已经遍及亚、欧、美、澳四大洲的 20 多个国家与地区，以英国、香港（英占）、日本、英属印度、法国、德国、美国为主要贸易伙伴，其次与美属菲律宾、法属安南、荷兰、荷属东印度、加拿大、澳洲也有巨额的贸易往来。此外，进出口贸易也与比利时、意大利、俄国、瑞士、丹麦、英属新加坡等也有一定的往来，其具体外贸值参见表 6 - 1。

表 6 - 1　1919 年、1927—1931 年杭州从各国进口贸易总值统计

单位：关平两

国家/年份	1919	1927	1928	1929	1930	1931
英国	256	528	101	1259	972	34304
香港（英占）	18237	378302	15193	22039	27338	10098
日本	127827	14393	4916	3666	9609	2267
法国	—	469	792	1341	1831	4086
德国	—	22626	40063	86802	33130	152705
美国	—	2853	10042	7316	5435	3774
印度	—	145985	—	21972	4088416	3214

国家/年份	1919	1927	1928	1929	1930	1931
菲律宾	156	—	—	16	36	1147
加拿大	—	11	10	14	35	—
朝鲜	—	—	—	4	28	—
新加坡	—	—	—	690	31	—
丹麦	—	—	—	58	—	—
瑞士	—	—	—	114	—	—
比利时	—	—	—	—	13	—
荷兰	—	20	1734	—	—	250
安南	—	670778	—	1126	991063	—
荷属东印度	—	111986	1536	—	—	102
暹罗	—	25705	—	—	—	—
俄国和太平洋各国	—	25705	—	—	—	—
澳洲	—	—	15	56	63	6
总计	146476	1373656	74402	146473	5158282	211953

注：本表所列洋货为直接从外洋进口数：

资料来源：杭州对外经贸委员会编：《杭州经贸志》，北京师范大学出版社 1993 年版，第 133—131 页。

　　由表 6 - 1 中可以看出，民国前期，即 20 世纪 20 年代前，杭州进口贸易的主要国家为英国（包括香港地区、印度）、日本以及南洋的菲律宾，而前期主要是以中日贸易以及中英贸易为主的贸易格局。至 20 世纪 20、30 年代这种贸易格局被完全打破，杭州的外贸格局逐渐趋于复杂化和多样化，外贸国别有所扩大，同时出现了新的聚集倾向。第一次世界大战时，美、日乘英国相对衰落的时机，扩张势力，形成了英、日、美三国对华贸易的鼎立之势。至 20 世纪 30 年代，杭州对外贸易大致构成了以德国为主的欧洲、日本、美国和南洋各国的四种对外贸易格局。其中特别值得一提的是德国、日本、英国、安南四个国家和地区对杭州的贸易情形。民国时期，"德国在远东商业之地位，已渐次发展……中国各埠近年德货亦源源进口"。[①] 德国对杭州的出口贸易值逐年上升，并超过其他国家，1928 年时，德国输杭

———————

① 《申报》1921 年 4 月 7 日。

货值占据总货值的 53.85%，次年为 59.26%，到 1931 年时达到 152705 关平两，高达 72.05%。同时不可小觑的是英属印度对杭州的出口贸易，以输入的棉纱为例，"其主要出口国为英国，印、日。其中印度以纱销行于中国市场者，历年既久，数量亦最巨……欧战以后，印纱才处劣败之势"。[①] 1927 年时英属印度输杭的货值占总货值的 10.63%，到了 1930 年则增长到 79.26%，仅仅 3 年的时间，增长了将近 8 倍。同时，英属香港输杭的货值量也比较大，1919 年时为 12.5%，到 1929 年时为 15.05%，处于持续平稳状态。美国对杭州的进口贸易值占据了一定的地位。1927 年时为 2853 关平两，1928 年时上升为 10042 关平两，输杭的货值占总货值的 13.5%，以后几年虽有减少，但均保持在中等地位。美国对杭州输入的主要是煤油、机械制料等。总的来说，欧洲、美国两个地区占据了杭州进口贸易中的重要地位。

在民国时期，虽然经历了两次抵制日货运动，但由于日本依靠与中国的地理位置相近的优势，大量进行对华商品倾销，使得杭州与日本的对外贸易日趋发达，杭州与日本的对外贸易占据了杭州对外贸易的重要位置。进入 20 世纪 10 年代，日本与印度在中国棉织品贸易中的地位发生了根本性变化。1912 年，中国进口的日本棉纱有史以来第一次超过印度，达到 920589 担，印度为 627832 担。1913 年，日本棉纱的进口进一步增长，达到 1272983 担，是印度输华棉纱的近 2 倍，印度只有 656649 担，成为中国市场上棉纱第一供应大国。[②] 1919 年时，日本输杭的货值为总货值的 87.3%，而后几年虽有下降，但是幅度不大。据日本学者金冶井谷统计，1907—1930 年间，日本对华贸易顺差（即中国对日贸易逆差）总额是 24 亿 2000 万日元，而对华资本投资总额却达到了 25.3 亿日元。直到 1930 年，日本开始进军中国，准备武装侵略，日本商品大肆倾销中国市场，日本的贸易额再次攀升，日本输杭的货值占总货值的 58.38%，占据 1/2 以上。杭州

---

① 《申报》1920 年 1 月 1 日。
② ［日］松井清：《近代日本贸易史》第二卷，有斐阁 1961 年出版，第 172 页。

进口的日本货主要是火柴、机制棉纱、铜等。民国时期，杭州自南洋各国进口贸易较少，只有1927年较突出，为48.83％，为该年杭州进口贸易的最高纪录。杭州对南洋各国的贸易，主要集中在出口贸易中，这点将在下一小节出口贸易国别中加以叙述。

（二）出口贸易格局

近代杭州作为资本主义工业经济发达国家在我国东部的重要原料基地，同时作为浙、皖、赣和闽北土货重要集散地，所集运的土货常年通过上海等其他通商口岸远销至欧、美、亚诸国家。据《华洋贸易情形轮略——杭州口》记载，自1896年至1937年，经由杭州集运并经上海等其他通商口岸运抵外洋的土货有数十种，运销地主要为日本、美国、俄国、法国、英国及南洋诸国。民国时期，杭州部分出口商品的运销地详见表6-2。[①]

表6-2　　　　　　　近代部分杭州土货运销国家

土货品种	销往国家
茶叶、棉花、棉纱、丝及丝织品、菜籽及菜籽饼、麻及麻制品、烟叶、铜圆、酒等	日本
茶叶、丝及丝织品、烟叶、桐油等	英国
茶叶、桐油、酒、丝及丝织品、裘皮、烟叶等	美国
茶叶等	俄国
茶叶等	法国
丝及丝织品、酒、药材、桐油、扇、伞等	南洋各国

由表6-2可知，民国时期，杭州与各国出口贸易商品主要分为三大类：原料品、生产品、消费品。杭州出口至英国的生产品主要为丝及丝织品、桐油等；消费品主要为茶叶、烟叶等；英属香港进口杭州货物，以消费品为第一，生产品为第二。杭州出口至日本的原料主要为棉花、药材、麻及麻制品、烟叶梗、木材等；生产品为菜籽饼、

---

① 杭州市对外经贸委员会编：《杭州对外经贸志》，北京师范大学出版社1993年版，第110页。

茧绸、丝及丝织品、土布、棉纱、纸扇等；消费品为茶叶、铜圆、酒
等。杭州出口至美国的生产品以丝及丝织品、桐油为大宗，另外还有
裘皮出口；消费品主要为茶叶、酒、烟叶等。杭州出口至南洋各国的
生产品主要是丝及丝织品、桐油等；消费品主要为酒、纸扇、纸伞
等；另外还有一部分的药材出口南洋。除了以上国家与地区外，杭州
还将大宗的茶叶出口往俄国和法国。下面，本书参照樊卫国对中国近
代外贸类型的分析，讨论杭州与各国的出口贸易情况。

　　英国系老牌工业国，至 20 世纪起，英本土对中国的贸易趋向衰
弱。据时人记载，民国时期，输入英国的货物"米与茶两物，……为
数颇细，茶之大部分仅由殖民地装来"。① 虽有此评述，但民国时期，
杭州与英国贸易仍旧繁盛，其中杭州的茶叶、丝绸、桐油、烟叶等保
持着一定的数值。"世界饮茶最甚者，莫如英国，盖英人视茶，几岁
面包有同等地位。"② 民国以来出口至英国的茶叶数量虽渐渐减少，③
由于华茶外销主要是浙茶，由此也可以看出杭州对英国的茶叶出口情
况。杭州出口至英国及属国的消费品、生产品的比值较高，杭州与英
国的贸易主要集中在民国前期，到了后期，美、日对远东地区的竞争
日趋激烈，中英贸易逐渐被中美、中日贸易所赶超。不可否认的是，
民国时期，英国仍是杭州重要的出口贸易国。

　　美国是个新兴的发达国家，在"门户开放""利益均等"的政策
下发展对华贸易，贸易额增长迅速。作为后起的资本主义国家，急需
原料产地和商品倾销市场，而中国开阔的市场和丰富的原料成为其重
要掠夺目标。杭州出口美国的货物主要是以工业原料为主，桐油、丝
及丝织品、裘皮等均为原料。杭州的茶叶又是出口美国的一项大宗消
费品。据海关册记载，组成杭州贸易之大宗的绿茶主要来自徽州地
区，经钱塘江运来，大多发往美国和俄罗斯。而杭州出口的绿茶只销

---

① 《总货源减华》《申报》，1921 年 4 月 7 日，第 17284 号！第 10 版。
② 《申报》，1920 年 1 月 11 日，第 16847 号，第 22 版。
③ 1914 时华茶输英亦有 21573197 担，直到 1918 年才衰败为 1583473 担。

美国市场。① "自1912—1916年期间，出口茶商失去了欧洲这一重要市场，但仍有另一个在美国的重要市场。"② "欧战后，出洋之货，遂为梗塞，所幸美国各处，向系畅销杭茶之中心点，远离战地，仅受管运之艰难而已。"③ 杭州与美国的对外贸易，在很大程度上是工业原料的互补互惠。1920年后中美贸易条件逐步改善，④ 随着美国势力的不断扩张，中美贸易比重迅速增加，尤其作为生丝、丝绸、桐油、皮革等原料丰富的产地，成为杭州与美国贸易迅速发展的重要推动力。民国时期，美国是杭州对外贸易的重要国家。美国国内经济迅速发展，其GDP的增长率高于英国、德国、日本和世界平均水平，这也奠定了它取代英国成为资本主义大国的基础。同样，美国这种强势地位的取得可以被认为是其成为近代中国对外贸易最后一个最大对象国的根本原因。

　　日本毗邻中国，商品运输等成本低廉。同时，日本是个资源相对比较贫乏的国家，急需大量的生产原料。1871—1910年的40年间，中日贸易的商品结构并未发生多大的变化，仍以土特产品为主要内容。这一时期中国外贸的商品结构是大宗进口商品主要是印度的鸦片、英国的棉织品以及来自比利时、德国、美国、俄国的五金、煤油、棉花和染料；中国大宗输出的商品主要是生丝和茶叶，销售地也主要是英国、美国和俄国，与中日贸易的商品结构关联度不大。只是在1910年以后，日本的现代工业品如棉织品、五金、煤炭、化学品才开始进入中国市场，中国新兴的出口商品如大豆、棉花、油子及其初加工产品也开始进入日本，两国贸易的商品结构才发生了明显变

---

① 中国第二历史档案馆、中国海关总署办公厅编：《中国旧海关史料》，1898年《杭州口华洋贸易情形论略》，京华出版社2001年版，第188页。

② 中国第二历史档案馆、中国海关总署办公厅编：《中国旧海关史料》，1902—1911年《杭州口华洋贸易情形论略》，京华出版社2001年版，第41页。

③ 中国第二历史档案馆、中国海关总署办公厅编：《中国旧海关史料》，1913年《杭州口华洋贸易情形论略》，京华出版社2001年版，第968页。

④ 李一文、王仁才：《近代中国对美国贸易的条件分析》，《南开经济研究》2000年第5期。

化。① 民国时期，杭州的农副产品、初级制品、手工业品等大量出口日本，主要有蚕茧、绸缎还有大量的菜籽饼。据记载，"来自平湖、嘉善附近郊区的大量油菜籽和油菜饼多系经由嘉兴转运上海出口日本，此外也有相当一部分是从杭州运去者"。② "鲜茧报经本关出口者均运往东洋。"③ "杭产绸缎的销售，清末民初，……生货远销南洋各国及日本，当时外销绸占杭城绸缎总产量的 20% 左右。"④ 同时日本又利用廉价的原料制成工业品，返销中国或进入世界市场，使得中国的工业品如生丝、棉制品等出口受到极大抑制。

　　除了上述几种贸易之外，南洋贸易也值得我们的关注。晚清民国时期，香港成为中国内地工业品输往东南亚诸国的最重要的中转港。"香港为南洋之枢纽，南洋华侨需用祖国物品甚广，消费品在十万两以上者共有七八十种……统计消费品中，以绸缎一项，价值最巨，近数年（1930 年），常在一千二三百万两上下。"⑤ 民国时期，杭州丝织品外销地区，前期以东南亚、印度、欧美等国家和地区为主。又据二十年调查，杭州丝绸外销南洋，占总数的 14%。⑥ 可见当时杭州的丝织品大都通过香港转运至东南亚，杭州与南洋贸易往来比较密切。究其原因，一是由于暹罗、缅甸、菲律宾、新加坡、越南、印度尼西亚、马来西亚等国离中国近且工业几无，使中国国产机制品得以进入；同时南洋华侨集中，喜用国货，一些华侨掌握了当地商业贸易，

---

　　① 樊如森、吴焕良：《近代中日贸易述评》，《史学月刊》2012 年第 6 期。

　　② 中国第二历史档案馆、中国海关总署办公厅编：《中国旧海关史料》，1912—1921 年《杭州口华洋贸易情形论略》，京华出版社 2001 年版，第 71 页，第 80 页。

　　③ 中国第二历史档案馆、中国海关总署办公厅编：《中国旧海关史料》，1907 年《杭州口华洋贸易情形论略》，京华出版社 2001 年版，第 320 页。

　　④ 杭州丝绸控股公司编纂：《杭州丝绸志》，浙江省科学技术出版社 1999 年版，第 289 页。

　　⑤ 武堉干：《中国国际贸易概论》，商务印书馆 1930 年版，第 262 页。

　　⑥ 实业部国际贸易局：《中国实业志·浙江省》，实业部国际贸易局，1933 年版，第 54 页。

亦有利于中国工业品的输入销售。[①] 当时，杭州对南洋贸易主要是消费品、初级工业的输出，可以说民国时期，杭州对南洋贸易的意义和价值，一言蔽之：可贵的工业品出口市场。

综合上述两节所述，杭州的对外贸易主要是与欧洲地区、美国、日本、南洋的四种贸易格局，且各有各的特点。杭州与欧洲地区的贸易以工业品进口为主、农副产品出口为主的传统竞争互补型贸易格局；杭州与美国的贸易是工业原料进出口互补，生产力水平差异极大的两个地区的不对等原料互补型贸易格局；杭州与日本的贸易是 20 世纪以来杭州外贸国别中发展最快的贸易，是相互依赖同时又对抗竞争，落后地区与新兴工业国之间的对抗竞争型贸易格局；杭州与南洋各国的贸易则是平等状态下的经济发展水平基本相似的地区间的市场扩展型贸易格局。晚清民国时期，尤其是国民政府时期，杭州贸易中的美、日贸易比重逐渐增多，西欧国家的比重越来越少。

二　腹地范围

对外贸易的产品和货源需要市场，同时经贸易过境输往第三地的外地商品也需要市场，概言之，这个为货物进出提供物资来源和销售市场的地区即为腹地。而从海关册中有关持子口税单运销洋货入内地的相关记载看，杭州洋货内销的范围主要是浙江本省和临近周边省的部分地区，含安徽、江西、福建等。由此可知，杭州的腹地并不是铁板一块，而是按照与杭州的紧密程度，大致划定一个范围。从总体上来说，由于杭州没有港口，杭州的进出口物资都要经过上海，因此杭州的腹地实际可看成上海的腹地，[②] 也即以长江流域为自己的腹地。分层看，从浙江省内（主要是金、衢、严及杭嘉湖流域为主）外延

---

① 张东刚等：《世界经济体制下的民国时期经济》，中国财经经济出版社 2005 年版，第 30 页。

② 吴松弟：《中国百年经济拼图：港口城市及其腹地与中国现代化》，山东画报出版社 2006 年版，第 115 页。

到皖、赣、闽地区，而后扩展至整个长江流域。下面我们对杭州的腹地进行讨论。

（一）经济区域的商业联系

1933 年出版的《中国实业志》（浙江省）按照货物聚散与进出关系，把浙江 75 个县分为四大经济区。其中有关杭州经济区域的记载如下：旧杭州府所属各县都以杭州为货物进出口岸，而旧金华府所属各县以及旧衢所属各县都经过兰溪和杭州发生商业联系。此外，旧绍兴府所属的绍兴、上虞、嵊县、新昌等县，虽然通过杭绍公路与杭州保持较多的联系，但与宁波的关系仍很密切，因此可以看作宁波和杭州的混合腹地。[①] 这种经济区域之分割系根据交通路线及各县农产输出之销售地点分析而得，乃相对的分割而非绝对的分割。据资料记载，杭州区域所包括之各县，水道有钱塘江之连贯，陆路有杭江铁路及杭昌公路之接衔，因之各县均得以杭州为货物吐纳之口岸；兰溪相关各县，大率先于兰溪发生关系而后再由兰溪与杭州发生关系，绍兴相关各县亦如是，故乃附入杭州区域范围内。[②] 从水域来看，杭州主要是钱塘江和京杭大运河为主的水上交通。钱塘江是浙江省内最大河流，源于浙、皖、赣边界，新安江与兰江是钱塘江的源头，流入杭州湾，全年通航，支流遍及全省大部分地区，所以说钱塘江是杭州通向浙江全省商业上的大动脉。[③] 据记载，钱塘江方向运输的货物主要为：上行，杂货、丝织品、咸鱼、绍兴酒、盐；下行，安徽省的茶叶、江西省的瓷器、麻布、米、茶叶、棕丝、木材、炭薪、金华火腿、富阳纸、绍兴酒。北部运河方向运输的货物主要为：到杭州，从钱塘江下来的货物，纸、油槽、生丝、茧、棉花、麻、扇；到上海，一般杂货、石灰、石油、棉布、咸鱼、卷烟草、砂糖；到湖州附近，丝织

---

① 实业部国际贸易局：《中国实业志·浙江省》，实业部国际贸易局 1933 年版，第 3 页。

② 同上书，第 3—4 页。

③ 中国第二历史档案馆、中国海关总署办公厅编：《中国旧海关史料》，1896 年《杭州口华洋贸易情形论略》，京华出版社 2001 年版，第 328 页。

品、蚕丝、葛粉、菜油、麻、腌肉；运来杭州，米、咸鱼、卷烟、煤炭、杂货。① 其中以钱塘江水域的茶运销为例：钱塘江水系流经的浙、赣、皖三省，均为著名的产茶地区。徽州茶叶产自安徽省，在杭州开埠之前，大部分经多次转运到达宁波，再从宁波出口。1896 年 1 月，安徽茶的塘捐取消，后来杭州也开埠通商，自然大多数徽州茶的运输就选用较近又安全的路线，从杭州缴纳海关出口税而出口。② 收集来的安徽茶在屯溪待运，命名为屯溪茶，用义乌船和常山船转运，沿钱塘江到闻家堰，然后将茶叶装入其他船，运上堤坝，又转装入驳船，运至公共租界，最后用无锡"拖船"运到上海。自上海开埠后，这些地区的茶叶均由钱塘江水系运至杭州或者宁波而后运往上海。由于进出商品均要经过杭州关，徽州从此成为杭州的腹地。

（二）商品、货物运输路线

晚清民国初期，铁路和公路等近代交通方式出现，并在货物运输中占有越来越重要的地位，参照 20 世纪 30 年代初《工商半月刊》记载的浙江各县的物产状况及行销路线表，对杭州的货物运输路线和商品运输路线的考订有助于我们对腹地范围的厘定。据《中国实业志》记载，"当铁路未通以前，货物运输，均以运河为主，凡苏、沪、皖、赣、闽北各地之交通，取道杭州者，均经拱埠，故当时之杭州关，实为征税之中心机关，亦即货物进出口之枢纽，迨后铁路告成，一部分货物由铁路运输，其由上海起沿沪杭路线各地及上江、绍兴、萧山往来之货物，类皆经南星站转运；浙省杭、嘉、湖、绍、金、衢、严各处及江西广丰玉山、安徽徽州各县之货物，则多由闸口站转运；其余城战、艮山、笕桥、拱埠等站，亦有货物进出，但不如闸口南星之

---

① 丁贤勇、陈浩：《1921 年浙江社会经济调查》，北京图书馆出版社 2008 年版，第226 页。

② 杭州海关译编：《近代浙江通商口岸经济社会概况——浙海关、瓯海关、杭州关贸易报告集成》，浙江人民出版社 2002 年版，第 661 页。

盛"。① 传统时代，大运河至杭州，并沿钱塘江而上至南方地区的浙赣通道是南北货物交通最重要的线路之一。

从铁路货物运输看，以杭江铁路沿线物产及运输情形为例。

1928 年浙江开始筹设杭江铁路，该路经过萧山、临浦、诸暨、义乌、金华、兰溪、龙游、衢县和江山。杭江铁路穿越东北—西南走向的龙门山—千里岗山—怀玉山与会稽山—仙霞岭—武夷山两大山脉之间，途经浦阳江流域、兰江流域和浙江最大的盆地——金衢盆地，进入赣县的信江流域。上述浦阳江流域面积为 3450 平方千米，兰江流域面积为 19350 平方千米，共计 22800 平方千米，约占全省总面积的 24%。建成以后的杭江铁路与沪杭甬铁路一起构成一条人字形铁路，开始取代大运河与钱塘江水上交通运输范围，更能襟带整个浙南地区，其腹地范围比原江北线更为广大。② 1931 年 6 月，杭江铁路已开通到诸暨，路程 65 公里。杭江铁路沿县物产，以金华一带而论，旧金属之火腿，东阳每年约产 27 万只，多运销杭州，次为兰溪腿，产量与东阳同，多运沪，金华则年产约值 13 万元，义乌、永康、浦江各占东阳产额之半，值 130 万元，均运杭。至风肉、排肉及活猪、牛、鸭、茶、佛手、南枣等，均销苏、杭、绍、甬一带。输入则为自沪杭而来之肥料、煤油、南北杂货，自绍甬运来之盐、棉花、纱、草席等。衢县、龙游两县，为浙东产纸最多之处。龙游纸之出产最多者为南屏，销杭、沪、常州、浦口，转销北省蚌埠、山东、河南、天津、营口、喜峰口等地。衢县邻近之遂昌、龙泉年销杉木值百万元，销绍杭，均由衢转运。而赣省之玉山，为赣东运浙货物总汇之处，瓷器、纸、夏布等均销杭、绍、沪。闽省之浦城与江山接壤，所产纸、笋及药材，均由江山转运。至与杭垣附近之诸暨，每年丝值 150 万元，销杭州。梨、花红、李、桃，销绍杭。萧山绍兴一带，多将盐运

---

① 实业部国际贸易局：《中国实业志·浙江省》，实业部国际贸易局 1933 年版，第 24 页。

② 丁贤勇：《民国时期杭江铁路线位选择考论》，《浙江社会科学》2009 年第 9 期。

上江，丝茧则年产值 600 万元，销沪杭。① 由此可知，杭江铁路沿线的萧山、临浦、诸暨、义乌、金华、兰溪、龙游、衢县和江山地区均为杭州的腹地。

另外，从各县物产调查及行销路线来看，与杭州发生贸易关系的地区几乎遍及浙江全省范围。丝茧为杭州重要的出口产品，据中央信托局调查，浙江鲜茧、蚕丝产地杭、嘉、湖、绍四属各县市。② 崇德的部分春屑茧、夏屑茧、全数白丝、黄丝通过杭州、硖石、上海出口；杭县的丝，织成丝绸，供本地使用或者全数出口；武康的蚕丝全数通过上海、杭州出口；余杭的蚕丝全数运至杭州出口。③ 油菜是杭州和嘉兴地区重要的作物之一，约占 25%。平湖和嘉善周围地区是主要产区。大量的菜籽和菜籽饼由嘉兴出口到上海，再船运到日本，同样从杭州也有大量出口。浙、闽、赣、湘、川皆为我国产纸之区，杭市交易之纸，产自杭属、金属、衢属、严属、福建、江西一带，行销于天津、山东、浦口、青岛、江苏各路。④ 余杭县的籼米、糯米、蚕豆、小麦、菜油主要本邑自销或者以轮船、汽车运输至三墩出口。慈溪的豆、麦以轮船或者汽车运销至宁波上海出口。⑤ 海宁全县所出产的西瓜，运销杭州，约占全产额 7/10；运销上海，约占 1/10，销售本县，约占 2/10。⑥ 本省年产烟叶十余万担，大部均供本省之消

---

① 《杭江铁路运输设备及沿线物产》，《工商半月刊》第 4 卷，第 24 号（1932 年 12 月 15 日）。

② 浙江省通志馆修，余绍宋等纂：《重修浙江通志稿》，第四十一册，物产，特产上，蚕丝，民国 32 年至 38 年间纂修，稿本，浙江图书馆 1983 年誊录本。

③ 余杭：《浙江各县物产状况调查》，《工商半月刊》第 5 卷第 5 号（1933 年 6 月），"调查"第 67 页；崇德：《浙江各县物产状况调查》，《工商半月刊》第 6 卷第 17 号（1933 年 6 月），"调查"第 93 页；武康：《浙江各县物产状况调查》，《工商半月刊》第 5 卷第 10 号（1933 年 6 月），"调查"第 53 页。

④ 干人俊：《民国杭州市新志稿》，民国 37 年修，杭州市地方志编纂办公室 1987 年铅印本。

⑤ 余杭：《浙江各县物产状况调查表》，《工商半月刊》第 5 卷第 3 号（1933 年 3 月），"调查"第 67 页。

⑥ 楼荃：《海宁之西瓜》，《浙江省建设月刊》第 7 卷第 4 期（1933 年 10 月），"调查"第 5—6 页。

费。唯桐乡、萧山、新昌、松阳等县，则颇蜚声于上海，每年运销于各雪茄厂者达数万担。故有外销者仅松阳、新昌、嵊县、萧山、桐乡、建德、富阳而已。金、衢、严及处州烟叶，皆溯富春江销售杭州。新昌、嵊县烟叶多经萧山渡江入杭。间有冬运至鄞县者。嘉兴烟叶，由火车运销入杭。① 据海关册记载，杭州运往内地洋货，其中藤料乃是供绍兴的。② 杭州洋锡块历年进口多取道宁波、绍兴，现多半由上海装轮至嘉兴，再由嘉兴装车运杭，并经过杭州往他处，③ 进口的锡相当部分前往绍兴。

　　总的来说，杭州为浙、赣、皖三省的货物集散地，同时上海输入的洋货也有此通道转运至此三省。据海关关册中记载，入内地领有子口单之洋货的地区主要为安徽、江西、福建、江苏等地。杭州商品的输入分两类：一为上海运来之洋广货及南北杂货等品，此种货物，大都由转运公司所经手。一为由上江及宁绍等处转入之纸货木材锡箔绍酒等属，其所承揽转运者，则为过塘行所经手。南至江山玉山，西至徽州之绩溪屯溪，东至宁绍，凡两浙各属交通便利之处，概可设法转运也。④ 由此可知，杭州以钱塘江全流域作为其经济腹地范围，也成为全流域最大的城市。浙江省外的区域，与杭州发生商业联系的主要是皖、赣、闽地区。可以由皖、赣茶的运销情形看出当时与杭州的经济联系。据记载，皖赣茶叶运输的主要路线是：江西铅山县的河口镇，主要负责当地及武夷山南麓所产茶叶外销，其运输路线为河口—玉山—常山—杭州，后由杭州运至上海。皖南茶区的屯溪镇，亦是茶叶外销的主要通道。另外，河口、屯溪茶叶外销的另一条路线，运至

　　① 浙江省通志馆修，余绍宋等纂：《重修浙江通志稿》，民国32年至38年间纂修，稿本，浙江图书馆1983年誊录本。

　　② 中国第二历史档案馆、中国海关总署办公厅编：《中国旧海关史料》，1996年《杭州口华洋贸易情形论略》，京华出版社2001年版，第328页。

　　③ 中国第二历史档案馆、中国海关总署办公厅编：《中国旧海关史料》，1910年《杭州口华洋贸易情形论略》，京华出版社2001年版，第369页。

　　④ 杭州市档案馆：《民国时期杭州市政府档案史料汇编（1927—1949）》，1990年，第228页。

杭州城外义桥，而后折向东南，改道经宁波转海陆至上海。这是茶叶运销商为躲避一些苛捐杂税的不得已之举。明清时期，江西的"葛布唯会昌佳，会昌安远有以湖丝配入者，谓之葛丝"。[1] 其在明代上纳农桑丝绢，丝"必于浙杭等处贩买"，[2] 在福建，"此地蚕桑差薄，所产多类，民间所需织纱帛，皆资于吴、杭所至"。[3] 1929 年的一份调查表明，江西与浙江的商业联系主要是通过常山和玉山两地进行沟通，浙江的盐、杭州的绸缎、绍兴的酒由宁波运来，其他的货物则由钱塘江水运至此，再转陆路运入江西。[4] 据资料显示，到 20 世纪 30 年代初，徽州仍"属于杭州贸易区域之内"。[5] 徽州所需要的货物，大部分从杭州经过钱塘江的直流运至徽州府的商业中心屯溪，再运往各地。[6] 赣省瓷器，均由民船取道金华转运而来。[7] 而杭州与江西、安徽的商业联系，多以兰溪作为纽带。据资料记载，兰溪为三省通衢，地处衢严二府之中，皖赣闽各省与浙接壤处所，皆以取道兰溪为便。商人负贩约分四路。经衢县、常山赴赣为一路，经衢县、江山赴闽为一路，经建德、淳安赴皖为一路，经建德、桐庐、富阳或金华、义乌、诸暨、临浦、萧山赴杭为一路。[8]

　　由上述分析可知，杭州的腹地范围包括旧杭州府属，旧金华所属各县，以及经过兰溪与杭州发生经济联系的衢州各县，此外还有旧绍兴府属的绍兴、上虞、嵊县、新昌等，与杭州保持密切联系，同时亦与宁波联系密切，可以看作杭州、宁波的混合腹地，可以说整个浙江

　　① 乾隆《赣州府志》第 3 卷。

　　② 范金民：《江南丝绸史》，农业出版社 1993 年版，第 256—257 页。

　　③ 《弘治八闽通志》第 25 卷。

　　④ 铁道部编：《京粤沿线经济志略》，载《浙江》，出版社不详，浙江图书馆古籍部藏，第 3 页。

　　⑤ 葛绥成：《分省地志——浙江》，中华出版社 1939 年版，第 84 页。

　　⑥ 《贸易报告集成》，杭州口华洋贸易情形论略 1899 年，第 732 页。

　　⑦ 中国第二历史档案馆、中国海关总署办公厅编：《中国旧海关史料》，1919 年《杭州口华洋贸易情形论略》，京华出版社 2001 年版，第 848 页。

　　⑧ 实业部国际贸易局：《中国实业志·浙江省》，实业部国际贸易局 1933 年版，第 105 页。

省均包括在杭州的腹地范围之内。除此以外，江西广丰玉山、安徽徽州所属各县亦在杭州的腹地范围之内，皖、赣、闽北大部都可以看作杭州的腹地。

三　杭州同业公会

晚清民国时期，浙江商帮的经济活动十分活跃。其中宁波商帮最为著名，对包括浙江在内的长江中下游乃至于整个近代中国民族资本主义经济的发展作出卓绝的贡献。中国自古以来尤为重视乡土观念，正所谓"亲不亲，家乡人"，商帮就是基于地缘基础和乡土观念而建立和发展起来的。明清以来，商人为规避内部恶性争斗，增强外部竞争而利用其天然的乡里、宗族关系，互相支持，和衷共济，共同合作，成为商品市场中价格的制定者、接受者和左右者，并渐渐形成了以亲缘组织为纽带，以地缘关系为基础的商人组织。他们借由其籍贯相同而具有相同的口音、相同的生活习惯、相同的地域文化，甚至相同的思维习惯和价值取向，从而形成同乡间特有的亲近感，以传统中国人的乡土观念而影响商业贸易的往来与发展。

鸦片战争以后，各省商帮纷纷云集上海。其中，宁波商人更是以与上海一水之隔的交通优势乘势而入，在上海相继建立起各种行业小团体，例如同善会（渔业）、崇德会（海味业）、济安会（酒业）、永兴会（南货业）、敦仁堂（猪业）、喻义堂（药业）、诚仁堂（肉业）、永济堂（洋货业）、长寿会（石作业）、年庆会（木业）、同义会（银匠）……经营南北洋的埠际贸易及颜料、钟表、粮油、海味、煤炭、棉布、药材、西药、棉纱、银楼、五金、机械等行业，并经销洋货，开展对外贸易。这些有着同乡、同业双重结构的小团体以维护宁波帮会利益，互济互助为目的，在民国时期的社会经济中迅速崛起，对上海商界和以上海为转口的浙江对外贸易都有着举足轻重的影响。宁波商帮是中国近代最大的商帮，中国传统"十大商帮"之一，为中国民族工商业的发展作出了贡献，推动了中国工商业的近代化进程。

　　所谓同业组织，是指将同一个地域中的同一种行业联合起来，创办的一种商业组织。这种组织是行业分办的同业联合，也可称之为商会组织。商会是近代社会经济发展到一定历史阶段的产物，而它一经产生又对社会经济发展产生影响。① 商会制度的建立，是商人组织有序化的过程。与当时西方的民间商会相比较，它更具有一定的官方色彩，更依赖国家法律的制度催化。中国早期的商人组织的结构、形式与功能都比较单一，几为纯商人间的封闭型组织。

　　上海总商会是由上海各行各邦的领袖组成的法定的近代化的工商团体。清光绪二十八年（1902 年）正月，上海商业会议公所成立，严信厚担任首任总理。清光绪三十年（1904 年），上海商业会议公所改称上海商务总会，严信厚续任总理，曾铸、李云书、周金箴、陈润夫先后任总理。它由于成立的时间早、在社会的影响最大而被称为中国"第一商会"。上海总商会在许多关系商会、商业自身的活动中一直走在前列。1905 年的全国抵制美货活动、1907 年由上海商务总会发起的讨论商法草案大会，得到全国各地商会的积极响应，共有 80 多个商务总会和分会派代表前往上海出席此次大会，甚至连海外的新加坡、长崎、海参崴等华商总会也踊跃派代表参加。而上海自有商会组织以来，基本上实权由宁波商帮掌握，他们通过银业、钱业两公会，控制和影响上海工商界各业公会。在 1902—1946 年的 40 余年间，宁波商帮中在上海商会中任职的有：朱葆三（定海人）、周晋镳（慈溪人）、虞洽卿（镇海人）、秦润卿（慈溪人）、宋汉章（余姚人）、李厚佑（镇海人）、傅筱庵（镇海人）、袁履登（鄞县人）、俞佐庭（镇海人）、励树雄（镇海人）、方椒伯（镇海人）、金润庠（镇海人）、盛丕华（镇海人）等人。上海总商会当时不仅控制了上海的金融贸易各行业，而且足以影响全国的工商业。光绪二十八年（1902 年），中国通商银行总董严信厚（慈溪人）受两江总督委托创立上海商业会议公所。驻沪修订商约大臣盛宣怀委任严信厚为总理，慈溪人周晋镳为提调。宁波商人在 20 世纪前半期一直是上海总商会

---

　　①　陶水木：《浙江商帮与上海经济近代化研究》，上海三联书店 2000 年版，第 232 页。

的掌控者，其势力可见一斑。这个团体对上海商会的控制力既反映出宁波商帮在上海商界的权力，以及在整个民族资本主义经济发展中的地位，也表明宁波商帮在保护自身利益，促进其在上海的经济发展和推动浙江经济发展中所具有的实力。

与上海总商会相较，杭州同业公会的发展态势一直都比较分散，缺乏统一的组织力和凝合力。杭州同业公会组织是在商品经济相当发展的条件下，为限制竞争、规定生产或业务范围、解决业主困难和保护同行利益，由同业或相关行业联合组成。其顺应商业的发展而产生，最初称为商帮、庄客，不久改称会馆、同业公所。以杭州钱庄为例，道光二十年（公历年）鸦片战争后，杭州的对外贸易因上海、宁波先后开埠而出现激增，丝、茶业较快发展，汇兑业务日益增多，钱业成为对外贸易的重要环节。加之外国银圆流入内地，货币兑换业务增加，钱庄业务有较大发展。同治初年，杭州受战事影响，钱庄一度停歇。两三年后随着经济逐渐复苏，钱庄又迅速恢复。同治末年，杭州建立钱业会馆，形成钱业市场，出现大同行、小同行和现兑庄三类不同的钱庄。直至辛亥革命前夕，杭州丝织、绸商、南北货、剪刀等29个行业均产生了同业组织。这一时期的行会，均系自由结合，其权力多集中于业内有声望者。民国3年（1914年），政府颁布了《商会法》，行业组织有了进一步发展。1918年4月27日，北京政府农商部颁布了我国历史上第一部普遍意义上的同业公会组织法规——《工商同业公会规则》，规则规定："工商同业公会，以维持同业公共利益，矫正营业上之弊害为宗旨。同一区域之内之工商同业者设立公会，以一会为限。但同时又规定在规则实行前，原有关于工商业之团体，不论用公所、行会或会馆等名称均得照旧办理。"① 1923年4月14日，北京政府农商部公布了《修正工商同业公会规则》，对原规则作了补充规定，"原有公所、行会或会馆存在时，于该区域内不得另设该项同业公会，以一会为限"，并规定"除有法令特别规定外，于

① 彭泽益：《中国工商行会史料集》（下册），中华书局1993年版，第985—986页。

工商同业公会均适用之"。① 民国 16 年（1927 年），全市行会达 53 个，有的已称"同业公会"。两年后，政府修改原商会法，另订《工商同业公会法》，规定行会组织的名称统称工商同业公会。民国 19 年（1930 年）又公布《修正工商同业公会法施行细则》。规定凡"同一区域之同业公司行号又七家以上时，须依本法组织公会。公会不得以其名义为营利事业，公会经费由会员分担，其分担办法由会员代表大会决定之"。② 杭州沦陷期间，同业公会曾一度瘫痪，不久在日伪控制下进行改组，为汉奸和资本家中的投机分子所把持。抗战胜利后，同业组织重新整顿，民国 35 年（1946 年）共有商业同业公会 129 个，两年后再次整理为 115 个，直到新中国成立。民国时期是近代工商同业公会的兴起和发展时期，是同业组织从传统向现代的转型的时期，据《中国经济年鉴续编》资料显示的 1929—1934 年各案工商同业公会数量统计，自 1929 年《工商同业公会法》颁布后到 1934 年止，浙江省共有工商同业公会 612 家，其中 1930 年登记注册 3 家，1931 年 390 家，1932 年 145 家，1933 年 52 家，1934 年 22 家。③ 以 1931 年、1932 年登记数量最多，此后逐年下降。1937 年 7 月抗日战争全面爆发，大量同业公会解散或内迁，对于之后同业组织的统计多属部分统计，并非全面。以 1941 年 8 月国民政府之统计为例，该年浙江省的工业同业公会有 22 家，商业同业公会有 1199 家，总计 1221 家。④

　　杭州同业公会以服务同业为宗旨，订有组织章程，解决诸如同业开设新店或分店、老店迁移、同行间纠纷等问题，其归属市商会领导。清光绪二十九年（1903 年），杭州商务总会成立，这是杭州市也是浙江省

① 彭泽益：《中国工商行会史料集》（下册），中华书局 1993 年版，第 987—988 页。
② 《杭州历史丛编》编辑委员会编：《民国时期杭州》，浙江人民出版社 1992 年版，第 356—357 页。
③ 实业部中国经济年鉴编委会：《中国经济年鉴续编》，商务印书馆 1935 年版，第 66—67 页。
④ 中国第二历史档案馆藏：172—187，"后方各省市商人团体及会员统计表"，1941 年版 8 月。

工商界第一个新式的统一组织，负责人称总理。当时以樊介轩为总理，顾少岚为协理，又设议董 16 人。在 1912 年改组为杭州总商会，总理称为会长，采会长制，首任会长为顾松庆。其次为王湘泉、金润泉、王竹斋等人。1927 年前杭州总商会会员主要以行帮为单位，似乎只吸收"大中业"，不吸收"小业"。在当时的杭州，所谓"大中业"主要指一些资本额较大，并有相应同业组织的行业，如银钱业、典当业、丝业、绸缎业、米业、木业、广货业、药材业等。而"小业"一般规模不大，如普通的街头摊贩以及旅店、理发等服务性行业。[1] 民国 19 年（1930 年），成立杭州市商会。而后，这个名称一直沿用至新中国成立。从 1903 年商务总会至 1930 年改称市商会，历任会长都是金融界的知名人士或头面人物。在抗战爆发时，市商会无形消散。之后的同业组织几经波折，有过几次大的变动，成为商业发展的组织。同业公会和商会虽属民间性组织，但不同程度地受当时政府控制，国民政府中央设有工商部，省设建设厅，市设社会科。凡杭州市同业公会和商会的有关事情都必须报市长批准，具体则由社会科办理。[2]

　　了解杭州同业工会的组织状况和发展模式，可以从中窥见整个浙江省同业组织大致的发展面貌。杭州作为浙江省的省会，是全国的丝绸业中心，有各类丝绸业同业公会；同时又作为华茶最主要的出产地和集散地，又有各类茶行和茶庄。以下将以四类杭州同业组织的概况为例，通过对不同行业同业组织的全面考察，以期对杭州同业组织的地缘化倾向有所了解，同时也有助于对杭州同业组织与对外贸易、经济发展关系的进一步理解。

（一）茶业同业组织

　　晚清民国时期杭州茶叶业建有三个同业组织：茶漆会馆，成立于

　　① 心锦：《旧时代的杭州商会》，载浙江省政协文史资料委员会编《浙江文史集粹》，经济卷（下），浙江人民出版社 1998 年版，第 64 页。

　　② 《杭州历史丛编》编辑委员会编：《民国时期杭州》，浙江人民出版社 1992 年版，第 63 页。

晚清时期，是茶叶店和漆店的同业组织；秀春堂，是江干侯潮门外茶叶行的同业组织，成立略迟于茶漆会馆；四省茶商会馆，是浙江、安徽、福建、江西四省茶贩子的组织，成立于民国初期。秀春堂和四省茶商会馆至抗战爆发均无形解散。[①]

　　还有平水区茶业组织：平水茶产于浙东的绍兴属，即绍兴、萧山、诸暨、余姚、上虞、新昌、嵊县七县，而集中于绍兴的平水镇加工精制后输出国外，故以平水著称。由于萧山现属杭州，而晚清民国时期属于绍兴，所以我们也将绍兴的平水区茶业组织阐述一下。平水茶每年输出达 20 万担，占浙江全省茶类输出量之过半数，在国际贸易上，素有重要地位。[②] 平水茶区的主要茶业组织如下："首先，农会。近年来农会遍布乡村，茶区亦然。其次，茶业公所。茶业公所为茶商所组织之机关，各县或有或无，即有之亦多不开会，更无实际事业，徒拖虚名而以。第三，茶业店同业公会。此项公会属于商会，较上二种为佳，惜对于茶业改良均少注意。"[③] 据《浙江之平水茶》对绍兴全县之茶栈调查可知，自 1926—1933 年，平水茶区开工的茶栈共有 24 家，此外还有茶栈 8 家或其他关系未能调查。[④] 绍兴全县茶漆店共为 43 家，其中绍帮 29 家，徽帮 14 家，徽占 32.5%。[⑤] 绍兴的制茶业虽然发达，但就组织方面而言，可谓异常欠缺，其原因主要归结于茶栈茶行均为临时性质，茶期工作过忙，各自为政等方面。茶期后分散四方，无从组织。仅茶漆业方面，因利害关系，近年已有完整之同业公会，直属于县商会，计入茶漆店 45 家，代表 4 人。[⑥]

---

　　① 《杭州历史丛编》编辑委员会编：《民国时期杭州》，浙江人民出版社 1992 年版，第 363 页。

　　② 建设委员会经济调查所编：《浙江之平水茶》，建设委员会经济调查所 1937 年版，第 1 页。

　　③ 同上书，第 13—14 页。

　　④ 同上书，第 18 页。

　　⑤ 同上书，第 19 页。

　　⑥ 建设委员会经济调查所编：《浙江之平水茶》，1937 年版，第 20 页。

（二）杭州市丝织业、电织业同业公会

杭州丝绸业的发展催生了其同业组织的建立。清光绪五年（1879年），杭州出现了由机织工匠出资建立的同行议事之所——机神庙，这是丝织业同业公会的前身。1928 年 2 月，杭州数千机户集议成立了丝织织造公会，公推孟炳贵、王五权为正副主任，赵荣许、袁永福等为筹备员，建造公会，此为杭州丝织业有公会之开始。在整个民国时期，"丝织业为纺织业中最为悠久历史之最大工业，资本营业数量，不仅常居纺织类第一位，并为全市各种工业之冠，其经济能力亦常左右杭州市商场，关系全浙民生甚巨"。① 20 世纪 20 年代以后，江浙地区的电织业呈现快速发展的趋势，并滋生了一大批电织业同业公会。历经二三十年代的曲折发展，杭州电机业的行业规模与社会影响与日俱增。1945 年 11 月，杭州市政府选派丝织业领袖姚顺甫、陈尧卿、谢启元、王文蔚、胡乐培等为整理员对全市电织业进行整理。12 月 25 日，杭州电织业同业公会（当时称为杭州市电机丝织厂工业同业公会）正式成立，入会会员 98 家，会址设在银洞桥 41 号。

（三）杭州银行业同业公会

浙江省金融业除以地域关系自成系统的宁波、台州、温州三地外，诸如杭州、嘉兴、湖州、绍兴、衢州、金华、严州等其他各地，都以杭州市为金融枢纽。除此外，安徽省徽州、江西省上饶各地，也均以杭州市为其金融中心。据 1931 年杭州市经济调查显示，该年杭州市有银行 16 家，大小钱庄 65 家，证券号 1 家，典当 19 家，储蓄机关 20 所。② 可见当时杭州市金融之繁盛。金融之盛，使得杭州与之相关的各行业组织日益严密，并形成自己的同业组织。杭州的银行业

---

① 建设委员会调查浙江经济所：《杭州市经济调查（下）》，杭州图书馆古籍部 1932 年版，第 82 页。

② 建设委员会调查浙江经济所：《杭州市经济调查·金融篇》，杭州图书馆古籍部 1932 年版，第 133 页。

在钱业的基础上兴盛起来，其中杭州市银行同业公会即是其典型的代表。民国初期至1937年，杭州市银行业同业组织历经银行公会和银行业同业公会两个阶段的演变。19世纪晚期至20世纪初，宁波商人在杭州设有钱庄多处。正因为如此，宁波商人成为杭州钱业公会的发起者和创建者，由惟康钱庄经理、慈溪人蕊廷芳担任杭州钱业公会首任会长。但随着近代银行业的不断兴起和发展，钱业逐渐没落。1918年，北洋政府颁布《工商同业公会法》，规定只要有三家或三家以上的同业组织即可成立同业公会。杭州银行业界为应付金融动荡，巩固同业利益，于1920年11月正式成立杭州银行公会，中国银行杭州分行经理蔡谷清被选为第一任会长，会员银行有中国银行、交通银行、浙江地方实业银行、浙江兴业银行、华孚银行、储丰银行、道一银行7家。① 其中浙江兴业银行于1907年10月16日在杭州成立，为中国最早的商业银行之一，原由浙江铁路公司倡议设立并为最大的股东，次年在上海、汉口设立分行。1927年前存款总额在私营银行中基本上处于第一、第二位，后退居第五、第六位。初创时的主要投资者就有宁波商人，鄞县人苏宝森投资1万元，成为创办时的10个大股东之一。1909年，浙江银行在杭州创办，宁波人朱葆三为创办人之一。辛亥革命后，该行改为中华民国浙江银行，朱葆三一度任总经理。浙江地方银行理监事人选须由省议会选举。奉化人王澄莹是初期浙江地方银行董事长，镇海人陈廷挈任第一届驻行理事。1925年，镇海人徐青甫担任董事长一职。1929年张忍甫任董事长和监察人十多年。至1931年省政府聘任董事7人，其中2人是宁波人，并聘奉化人王澄莹为董事长。② 当时，上海银行公会鉴于同业联络之必要，又因各地组织的银行公会仅限于该地各银行之联络，"若合全国而联络之，势必各地之银行公会互相联络"，遂发起在沪举行银行公会联合会议，得到杭州、北京等地银行公会赞同，此后每年召开联合会议。1924

---

① 杭州市地方志编共委员会编：《杭州市志》第5卷，中华书局1997年版，第176页。

② 乐承耀：《近代宁波商人与社会经济》，人民出版社2007年版，第60页。

年，军阀间的争夺，造成了杭州工商业萧条，杭州银行公会以"会员不足法定人数，会费入不敷出"① 而解散。1927 年南京国民政府成立后，杭州银行业界委托杭州农工银行经理程振荃、浙江典业银行经理谢虎压、浙江实业银行经理徐行恭、杭州中国银行副理孙吉沉、史谦孙五人，讨论筹备设立银行公会事宜，8 月，杭州市银行业根据《工商同业公会法》及施行细则，制定章程，成立杭州市银行业同业公会。

杭州中国银行经理金润泉、浙江兴业银行经理徐行恭、浙江典业银行经理王荸泉、大陆银行经理史久衡、浙江储丰银行经理张旭人、四明商业储蓄银行经理何创夏、浙江典业银行谢虎垂、浙江地方银行经理徐恩培八人任第一届委员，其中，金润泉、徐行恭、王荸泉、史久衡、张旭人同时为第一届常务委员。金润泉担任杭州银行业同业公会第一、二届主席，杭州交通银行经理黄启壤则自 1935 年至 1937 年担任第三届及第四届主席。

表 6 - 3   杭州银行公会第二届委员

职别	姓名	籍贯	通讯处
主席委员	金润泉	浙江萧山	杭州中国银行
常务委员	徐行恭	浙江杭县	杭州浙江兴业银行
常务委员	王荸泉	浙江杭县	杭州浙江兴业银行
常务委员	史久衡	浙江杭州	杭州大陆银行
常务委员	张旭人	浙江吴兴	杭州浙江储丰银行
委员兼总务股主任	何创夏	浙江杭县	杭州浙江地方银行
委员兼总务股主任	谢虎丞	浙江杭县	杭州浙江典业银行
委员兼总务股主任	徐恩培	浙江吴兴	杭州浙江地方银行

资料来源：建设委员会"调查浙江经济所"编：《杭州市经济调查》1931 年版，第 841 页。转引自自吴相湘、刘绍棠主编《民国史料从编》第 12 种，台北传记文学出版社 1971 年版，第 701 页。

---

① 上海银行周报社编纂：《银行公会联合会议汇记》，上海银行周报社 1923 年版，《经济类钞》第 2 辑，第 3 页。

（四）杭州市典业公会

晚清民国时期，杭州典当业同业组织历经三个阶段演变和发展的过程，即典业公所—典当业同业公会—典当业商业同业公会。辛亥革命时期，军队的经常性滋扰和威逼使得杭州典当业遭受巨大的损失。为维护本行业利益，典商经商权决定成立同业组织。1915年3月，在杭州著名典商王萝泉（王锡荣）、谢虎压、吴筱肪等人组织下，典业公所正式成立。公所成立之初共有会员49家，其中杭州22家，余杭、临平、塘栖、富阳、新登、三墩、良洁、海宁等地共27家。① 南京国民政府成立后，根据1929年颁布《工商同业公会法》的要求，杭州典当业也进行同业重组。据1930年7月27日《申报》报道，"杭州市银钱绸典各业，赶办登记，经协理及雇用人，均得为会员，共同组织同业公会。现各该业登记事宜，定下月三日办理完竣，即着手筹设公会"。② 杭州市典业同业公会于1930年8月正式成立，成为新的杭州典业同业组织。1937年底，在日军占领杭州前夕，杭州市区典当业全部停业闭歇，同业公会也随之解散。杭州市典当业，有徽帮、绍帮的分别。1931年，杭州市各家当铺，仅天济一家为绍帮，其余均为徽帮。③

表6-4　　　　　　　1931年杭州市各典当职员籍贯一览

名称	经理籍贯	职员籍贯
裕通典	安徽	安徽居多，杭州次之
成裕典	余姚	安徽居多，绍兴次之
保善典	安徽	安徽居多，杭绍次之
协济典	杭州	安徽居多，杭州次之
善庆典	诸暨	安徽居多，绍兴次之
善兴典	安徽	安徽居多，杭绍次之

---

① 参考浙江省图书馆古籍部藏《旧杭属典业公所第一年纪事录》，1915年。
② 《申报》1930年7月27日第20592号，第10版。
③ 《杭州市经济调查》（1932）金融篇五六三，民国期刊173页。

续表

名称	经理籍贯	职员籍贯
同吉典	安徽	安徽居多，绍杭次之
聚和典	安徽	安徽居多，杭州次之
永济典	杭州	安徽居多，绍兴次之
裕兴典	安徽	安徽居多，杭州次之
同济典	安徽	安徽居多，绍兴次之
裕隆典	安徽	徽杭居多，绍嘉次之
咸康典	安徽	安徽居多，绍兴次之
寿昌典	安徽	安徽居多，杭绍次之
万丰典	安徽	安徽居多，杭州次之
聚源典	安徽	绍兴居多，徽杭次之
同康典	安徽	安徽居多，绍兴次之
天济典	绍兴	绍兴
同兴典	安徽	安徽居多，杭州次之

资料来源：建设委员会调查浙江经济所统计课编：《杭州市经济调查》，1932 年版，第 870 页

　　由表 6 - 4 可知，民国时期的杭州典当业以徽帮经营为主，其股东以杭州、安徽籍人为主。1931 年杭州的 19 家典当中，有 14 家的股东为安徽人或以安徽人为主，杭州人或以杭州人为主的股东占据 5 家。

　　工商同业公会是民国时期主要的行业组织形式，它不仅对于维护各行业的同业利益、促进行业发展有着重要的意义，同时也是政府进行经济管理的重要市场中介。经过清末民初的酝酿与初萌，到 1918 年北洋政府颁布《工商同业公会规则》以后，同业公会组织逐步遍及全国各大都市与中小城镇。[①] 此后，虽历经了国民政府的几次调整，但同业公会整体上仍不断地发展与壮大。同业联合或者相近行业间的交往，就其内部而言，有利于打破各地公会间各自为政的隔离状况，

――――――――――

　　① 魏文享：《近代工商同业公会研究之现状与展望》，载李永璞主编《全国各级政协文史资料篇目索引（1960—1990）》，中国文史出版社 1992 年版，第 10 页。

在加强行业合作的同时，也促进了行业环境的改善；就其外部而言，如若出现外国经济势力共同压迫的情况，跨地区性的行业整合也有利于提高民族工商业的抗衡和应对能力，并营造良好的发展前景。但是，同一行业的整合也有其自身的发展局限，即易受行业习惯和经营状况的限制。总的来说，近代中国出现的同业工会制度维护了商人群体的政治权益，协助了政府实施行业经济管理、推行财政政策，促进了民族工商业的发展，并在一定程度上反映了政府与企业、国家与社会之间的利益关系。而近代行业组织形态的制度转型是伴随着资本主义经济的发展而潜流涌动的，但最终确立以工商同业工会制度为法定的行业组织制度却是政府与市场共同选择的结果。政府出于完善商会制度、加强社会管理、促进经济发展等方面的需求，不断通过立法对同业工会制度充实。企业出于节约市场交易成本、抵制外资压迫、维护行业发展的目的，其行业团体意识也不断增加。①

---

① 魏文享：《近代工商同业公会研究之现状与展望》，载李永璞主编《全国各级政协文史资料篇目索引（1960—1990）》，中国文史出版社 1992 年版。第 10 页

第七章

晚清民国时期杭州对外贸易的影响

关于近代中国与西方间贸易的作用和影响问题，学术界的看法并不一致。持帝国主义侵略论的学者认为中国在这个过程中，饱受西方的侵略和压榨；而现代论的学者则认为这种贸易也带动了清末中国某种程度的经济发展。① 我们更倾向于后者的观点，虽然晚清民国时期杭州对外贸易存在着不足和缺陷，但本书对杭州对外贸易的作用和影响总体上持肯定态度，认为对外贸易发展对晚清民国时期杭州的社会经济等方面都产生了积极的影响。具体到对外贸易对当时的杭州社会经济的影响究竟如何，下面我们进行初步的探讨。

一　对商业的影响

杭州对外贸易的发展，得助于商贸、金融、电信等相关经济部门的辅助，同时，不断扩大的对外贸易，也给杭州的商业繁荣以持续、有力的刺激。开埠之后，迅速增长的贸易量多面广，远非开埠前所能比及。民国时期，贸易规模不断扩大，旧式商家店铺无法承载如此大的变化，直接触发了杭州商业门类及其经营形式等一系列新的变化和发展，刺激了商业的繁荣，推动了杭州的城市发展。

19 世纪中叶以后，由于进出口贸易的发展，各种新式工商业大量产生。五金颜料、洋布洋纱、西药、钟表眼镜等新式的近代商业和机器、纺织、火柴、电力、水泥等新式工业不断出现。对外贸易的发

---

① Ma Feng-hwa, "External Chinese Economic Development: A Re-examination", Paper Presented at Conference on Modern Chinese Economic History, Aug. 26 – 29, 1977, Taipei.

展不仅使得商业流通量扩大，商业门类增多，而且出现了不少新的商业种类和具有现代特征的经营方式。据《中国实业志》记载，杭州"市内商场以城区一带为最繁盛，其次为湖墅拱辰桥一带，次为江干区，其余笕桥等处，则不及上述三区之繁盛。全市商业共分八大类：服饰类、饮食类、住用类、燃料类、医药卫生类、教育文艺类、日用杂货类、居间类。据民国二十年统计，上列八类商业，共计 121 业，商店 10918 家；……五金业之资本占第三位，而营业额则占第二位。此外日用杂货类之洋广杂货类及居间类之茧行业亦颇重要，洋广货业计商店 152 家，资本 313860 元，营业额 2981640 元"。① 1912—1927年，杭州城陆续开办的商店多达 4379 家，是 1912 年以前的 4 倍多，详见表 7 – 1。

表 7 –1　　　　　　　　中华民国成立前后杭州商店数比较

商店类别	1912 年前已有商店（家）	1912—1927 年间新开商店（家）	1912 年后增加（倍）
服饰类	107	596	4.6
饮食类	394	1701	3.3
住用类	172	716	3.2
燃料类	22	142	5.5
医药卫生类	74	242	2.3
文化娱乐类	54	178	2.3
婚丧礼用类	70	133	0.9
日用杂物类	108	569	4.3
居间类	18	82	3.6
合计	1019	4379	3.3

资料来源：金普森等：《浙江通史（民国卷上）》，浙江人民出版社 2005 年版，第114 页。

　　在商业门类推陈出新的同时，大量的贸易往来带来的丰厚利润诱使一部分中国商人改变经营方式，转而从事洋货推销。据民国 21 年

　　① 实业部国内贸易局：《中国实业志·浙江省》，实业部国内贸易局 1933 年版，"丙编"第 21—22 页。

《杭州市经济调查》记载，至1932年，杭州城内有经营洋广货业店铺152家，这些店铺是杭州洋货销售的主要渠道。[①] 民国时期，进入杭州的洋货门类众多，机制棉纺织品是当时主要的进口商品，自长江轮运航线开通，洋布销售地域大为发展，杭州商人到上海采购布匹，而后在杭州销售。当时杭州主要的棉布贸易商有恰义、华利、大丰、吉生、广生、怡志、鼎新。[②] 同时，以五金等业为代表的洋货店亦应运而生，日益兴旺，全市计80余家，其中可分玻璃、电料、机器、煤铁、橡皮、汽车、五金等类。[③] 据统计，在1931年以前，开设在杭州城内的规模较大的煤油公司、油栈、油号计有"中和煤油号""永昌火油公司""同义公洋油行""亚细亚火油有限公司""美孚洋油行"等十多家。[④] 作为后起之秀的人造丝业也占有一席之地。人造丝由外洋输入，分由沪杭经理商号销售，1924年，杭州关进口人造丝以来，经营人造丝的商家日益增多。1926年，出现兴业机料店自上海购入人造丝来杭销售。1927年，有专营人造丝者德泰一家，机料店兼售人造丝者竹林、三泰等八家。[⑤] 由于人造丝获利丰厚，因而经营者蜂起，1931年，全市经营人造丝的商行已达33家，其中专营者10家，兼营者23家。"其中专营人造丝者，只协丰祥等十家。其他如明远公司等九家，则系机料店兼售。锦泰昌等三家，系颜料店兼售。生昌、钜成二家，系五金店。成昌等三家，系杂货店，而怡升系钱庄，吴正大则系面粉店。尚有大来昌等二家香烟店兼售人造丝者。"[⑥] 1935年，经营人造丝者又增加为36家，当年营业额达350余万元。一直到

---

① 杭州市对外经济贸易委员会编：《杭州对外经贸志》，北京师范大学出版社1993年版，第123页。

② 丁贤勇、陈浩：《1921年浙江社会经济调查》，北京图书馆出版社2008年版，第77页。

③ 建设委员会调查浙江经济所：《杭州市经济调查》下编，1932年版，第344页。

④ 杭州市对外经济贸易委员会编：《杭州对外经贸志》，北京师范大学出版社1993年版，第117页。

⑤ 建设委员会调查浙江经济所：《杭州市经济调查》下编，建设委员会调查浙江经济所1932年版，第70页。

⑥ 同上书，第73页。

1937 年杭州沦陷，全业停歇。兹将民国 20 年（1931 年）营业数在 5
万元以上的人造丝行列表于后（见表 7 - 2）。

表 7 - 2　　　民国二十年（1931）杭州市人造丝行概况表

牌号	地址	性质	资本数	营业数	职工数（人）	备注
兴业公司	菜市桥	合资	5000	144000	8	机料店
茅德源	—	独资	500	120000	6	线庄
大来昌	海狮沟	独资	2000	120000	4	颜料店
仁和	忠清街	合资	2000	120000	10	广货店
明远公司	—	公司	3500	96000	6	机料店
杭州机料公司	大东门	合资	1000	91200	6	机料庄
绵泰昌	东街路	独资	1000	84000	5	机料店
飂昌	东街路	独资	800	79200	8	香烟店
成昌	忠清街	独资	800	76800	5	杂货店
协丰祥	东街路	独资	500	72000	2	—
钮荣昌	忠清街	独资	500	72000	2	机料兼帽店
钜成	忠清街	独资	3000	72000	15	五金店
恒昌	忠清街	独资	500	60000	2	机料店
三和	白莲花寺	独资	500	60000	3	—
德泰	白莲花寺	独资	3000	60000	3	—
兴昌	东街路	独资	300	60000	2	—
义昌	太平桥弄	独资	1500	60000	9	杂货店
刘六艺	东街路	独资	1000	60000	3	兼售织梭
竹林	长庆街	独资	800	57000	4	机料店
振大祥	菜市街	独资	1000	52800	2	—
生昌	菜市桥	独资	700	52000	4	五金店
大成	三角荡	独资	500	50000	4	—
同康	忠清街	独资	2000	50000	4	颜料店
其余十家	—	—	6000	220600	48	营业数均在五万元一下
合计	—	—	38400	1989600	155	

资料来源：建设委员会调查浙江经济所：《杭州市经济调查》（下），内部资料，1932
年，第 73—74 页。

　　随着对外贸易的发展和扩展，带动了铁路和轮船事业的勃兴，刺激了商业的繁荣，从而进一步将人口和货物灌进城市，刺激了城市人口的爆炸性增长，促使城市规模的扩大，使城市成为一个开放的巨大系统。城市人口的增长是城市现代化的一个表征。民国时期，由于外贸的原因促使杭州城市人口变化的情况说明了杭州对外贸易对城市发展的巨大影响。民国时期，杭州人口持续增加，除了北伐战争和抗日战争时期，城市规模不断扩大。1927 年到 1936 年的 25 年间人口增加了 38%，其中自然人口增加仅占 5.08%，其余 94.92% 均为"外省和内地的移民"。[①] 1931 年，杭州市人口达到 529826 人，具体情况可以由表 7 - 3 可以看出。

表 7 - 3　　　　　　　1912—1936 年杭州人口统计

年份 \ 人数 \ 区划	杭县	杭州市
1912	680287	—
1919	1054281	—
1927	—	380031
1928	390351	451147
1929		474228
1930		506930
1931	—	523569
1932	393401	529862
1933	—	524012
1935		490187
1936	402643	490187

　　注：民国时期，因西方人口学传入，统计方法改进，项目不一；同时由于战乱不止，政局不稳，人口统计资料不全，各种资料的统计口径不一。本表中所列数据为《杭州市志》和《杭州市经济调查》综合的统计数据。

　　资料来源：《杭州市志》编纂委员会编：《杭州市志》，中华书局 1997 年版，第 407 页。

----

① 王宗培：《从统计上研究杭州市房价之增长问题》，《浙江省建设月刊》第 4 卷第 4 期（统计专号，1930 年 10 月）。

　　对外贸易的发展带动了专门性市镇的发展。明清以后，江浙地区商品经济有了长足的发展，主要表现为桑、棉等经济作物种植面积日渐增多，粮食生产相对缩减。在农产品商品化程度较高的基础上，当地的丝织业和棉纺织业等手工业生产相当发达，便捷的水陆交通将杭州与散布四周、大小不等的工商业市镇联结在一起，形成了一个以杭州为中心的市场网络。一些原先以个体小生产者之间交换日用必需品或家庭手工业所需原料为基本特征的农村集镇的商业活动日趋衰落，代之而起的则是一批适应杭州港进出口贸易迅速增长需要，依附、服务于对外贸易和近代城市经济颇具活力的农村集镇。使得城镇的发展朝着外向性、多元化发展。在一定程度上打破了原有的封闭状态，使得这一地区的市场更大程度的卷入资本主义市场，从而推动了这些地区的经济结构的演变。

表 7 - 4　　　　　　　　　浙江各县市镇及市场

	县数	面积（公里）	人口数（人）	市镇数	每县平均市镇	每市镇所占平均面积（平方公里）	每市镇平均所占人口
杭州经济区域*	21	80004	4387424	220	10.47	363.65	19428
附（一）	8	34369	1480896	65	8.12	528.63	22781
附（二）	4	18081	2178934	119	29.75	151.94	18325
小计	33	132454	8047254	404	12.24	327.85	19918
宁波经济区域	6	24888	2586783	150	25	165.92	17245
附（一）	5	25849	1945566	117	23.4	220.93	16629
小计	11	50737	4532349	267	24.27	190.02	16975
温州经济区域	15	88540	3775730	175	11.67	505.94	21576
小计	15	88540	3775730	175	11.67	505.94	21576
嘉湖经济区域（一）	7	11869	1844677	89	12.71	133.36	21750
（二）	6	18659	1324275	86	14.33	222.78	15399
小计	13	30528	3168952	175	13.46	174.42	18108
象山县	1	3288	210402	10	10	328.8	21040
定海县	1	3695	383739	13	13	121.5	3654

续表

	县数	面积（公里）	人口数（人）	市镇数	每县平均市镇	每市镇所占平均面积（平方公里）	每市镇平均所占人口
南田县	1	739	21922	6	6	283.03	29518
共计	75	309981	2014348	1050	—	—	

注：*杭州市不包括在内。

资料来源：实业部国际贸易局，《中国实业志·浙江省》，实业部国际贸易局，1933年版，"丙编"，第3—4页。

以蚕丝业为例，由于生丝贸易的发展，蚕桑业逐渐走向规模化，在浙江逐渐形成了杭、嘉、湖等地的养蚕中心。在19世纪后期，曹娥江上的嵊县是主要制种中心，但在世纪递嬗时为余杭所赶上。[1]

在20世纪，江南蚕种制造业的主要中心是余杭和绍兴。在余杭，制造蚕种是一项主要的活动，该地有3000—4000户，或者说约70%的人口从事于这一行业的工作，每年出产300000—500000张蚕种。[2]余杭成为当时的蚕种生产基地。据中国实业志记载，浙江南浔镇，地产木棉甚少，而纺之为纱、织之为布者，家户习为恒业。按：近时日本国以机器所纺棉纱进口，城镇都有贩运者，纱细而匀，乡人购以织布，不复有人纺纱矣。[3]南浔是因生丝贸易逐渐兴盛的市镇，进入民国后，湖丝贸易衰落，湖绉"野鸡葛"盛销国内外，南浔镇因此成为丝绸重镇。

又如绍兴平水，平水茶因产于此地而得名。浙江茶叶贸易的兴盛，使得绍兴平水成为浙江茶业生产的重要集镇。据《中国实业志》记载，平水茶区因交通与历史关系，昔多集中于绍兴城南之平水镇与其附近乡镇，因该处有运河支流直接达杭州运销全国，杭甬铁路通后，平水茶均有宁波运沪，曹娥江两岸茶栈亦渐多，而尤以上虞之章家埠为甚。以下仅列平水茶区的茶栈情况以窥见一般。

———————

① 祝廷锡：《竹林八圩志》，民国二十一年石印本影印1932年版，第72页。

② 李明珠：《近代中国蚕丝业及外销（1842—1937）》，上海社会科学院出版社1996年版，第168页。

③ 周庆云：《南浔志》卷三十三，风俗，民国十二年刻本。

表 7 – 5　　　　　　　　　　平水区各县的茶栈数

县别	家数	开工家数	百分率	备注
绍兴	33	28	85%	平水家数较多
嵊县	8	5	62%	城内较多
上虞	10	8	80%	章家埠为多
新昌	2	1	50%	—
诸暨	3	2	67%	—
合计	56	44	78%	

　　资料来源：建设委员会经济调查所编：《浙江之平水茶》，1937 年版，第 10 页。

　　对外贸易的发展，外国资本主义的涌入，导致了城市经济结构和运作方式发生变化的同时，也向中国人展示了近代科技文明、工业文明和市政文明。现代化因素通过贸易的发展输入，使杭州逐渐走上与世界一体化的道路，推动了杭州城市的现代化变迁。在杭州的租界内，按照西方的生活要求和科学规划建设起来的新式马路，城市垃圾处理系统以及煤气、电灯电话、自来水、公共交通，这些中国以前没有的新鲜事物，都率先出现在租界。杭市新式道路，迭经规划修筑，亦与年俱增。1927 年时，汽车通行车甚为少数，由于货物运输所需的路政进展，汽车数量逐年增加，1933 年全市汽车达 320 余辆，尤以运货汽车，增加最速。其他如人力车几达 6000 余辆，故市内交通日趋便利，亦即杭州市政年有进展之明证也。[1]

　　19 世纪中叶以后，西方近代兴起的电报电话和邮政系统的引进，推动了城市近代化的进程。电报的使用，"无论隔山阻拦海，顷刻通音"[2]；电话在城市的逐渐普及，便捷了市民生活；即以无线电而论，以一收音机装于苏杭南京等，而能接听上海所发之音乐。浙江省 75 县，除南田、定海以孤悬海中暂以无线电报联络通信外，其余 73 县均已先后通话，并与上海市及江苏、江西等处订约互通。[3] 而其中以电话的普

———————————

　　① 杭州市档案馆：《民国时期杭州市政府档案史料汇编（1927—1949）》，杭州市档案馆 1990 年版，第 3 页。

　　② 夏东元：《郑观应集》（上），上海人民出版社 1982 年版，第 82 页。

　　③ 姜卿云编：《浙江新志》，上卷，民国二十五年铅印本，第 125 页。

及最为典型。"杭州市电话,发轫于清光绪三十二年,当时系商办,用户仅二十余家,至 1932 年有用户二千三百余,月收一万七千余元。……长途电话,民国十一年,浙省为图军事上之便利,首先就浙西已通电报各县,民国十七年三月,浙江省长途电话局筹备处成立,以杭州市为中心,敷设全省电话网线。"① 其重要干线如表 7-6 所示。

表 7-6 　　　　　　　1928 年杭州市长途电话重要干线

干线名称	线路位置
1. 杭枫干线	自杭州至枫泾
2. 杭长干线	自杭州至长兴
3. 杭甬干线	自杭州至宁波
4. 甬温干线	自宁波至永嘉
5. 杭衢干线	自杭州至衢县常山
6. 衢温干线	自衢广县至永嘉
7. 杭丽干线	自杭州至丽水

　　资料来源:干人俊:《民国杭州市新志稿》,民国三十七年修,杭州市地方志编纂办公室 1987 年铅印本。

　　杭州的市内电话创设较早,"自民国五年(1916)创设至今,(指 1933 年)用户已增加 2 倍以上,计民国五年用户为 820 号,民国二十年(1931 年)为 2140 号,其指数为 100:260"。② 1926 年,杭州市塘栖东石塘设电话公司,有 20 门磁石交换机 1 部,到 1936 年有电话用户 60 户。③ 同时杭州的公用事业借鉴西方,不断完善。近代以来,人力车逐渐成为杭州城里的主要交通工具之一。1927 年杭州建市时已有人力车 3080 辆。④ 到 1936 年,杭州的人力车达到了 4305 辆。⑤ 另一重要的交通工具自行车,也随街道的开拓而增加。1931

　　① 干人俊:《民国杭州市新志稿》,民国三十七年修,杭州市地方志编纂办公室 1987 年铅印本,第 54 页。

　　② 实业部国际贸易局:《中国实业志·浙江省》,实业部国际贸易局 1933 年版,第 20 页。

　　③ 《杭州市志》编纂委员会:《杭州市志》,中华书局 1995 年版,第 626 页。

　　④ 杭州市档案馆:《民国时期杭州市政府档案史料汇编(1927—1949)》,杭州市档案馆 1990 年版,第 93 页。

　　⑤ 同上。

年，全市拥有自行车4198辆。① 到1936年底，达到11000余辆。② 至迟到1917年，杭州出现了汽车。1922年，商民合资创办了永华汽车行，行驶于湖滨至灵隐的风景线上，从而启动了杭州的公共交通事业；是年冬，首次开通湖滨至灵隐公交线，在洪春桥附近建造杭州首座公交车停车场。民国21年（1932年），永华公司则出资灌浇新市场至灵隐的柏油马路，并改组为股份有限公司，呈请实业部注册。实业部体念永华公司北伐时损失惨重，准予专利20年，借资鼓励。1929年西湖博览会后，杭城汽车激增。到1936年，有汽车行24家，公共汽车87辆、运货汽车39辆，另有自用汽车307辆。③ 到1937年，"除市内电车尚付缺如外，其他现代都市所有之车辆，几无不备"。④

总的来说，杭州对外贸易的日渐成熟，西方新的交易方式及商业制度的引入，近代市政工程设施如马路、电灯、电话、自然水、轮船码头相继出现，使城市面貌、人们的生活条件及生活方式大为改观，促进了城市化水平的提高。同时，对外贸易的发展，促进了商品经济的繁荣，城市人口不断增加，商业人口不断增加，城市空间尺度的扩大，整个城市逐渐向现代化靠拢。

二　对工业的影响

（一）传统手工业转型

由于杭州对外贸易的发展和冲击，农村的传统手工业向机器过渡。面向全国市场乃至世界市场的以丝、棉织造为主的农村传统手工

---

① 建设委员会调查浙江经济所：《杭州市经济调查》上编，1932年版，第166页。

② 《杭州市政府十周年纪念特刊（1927—1937年）》，杭州市档案馆：《民国时期杭州市政府档案史料汇编（1927—1949）》，1990年，第93页。

③ 同上。

④ 干人俊：《民国杭州市新志稿》，民国三十七年修，杭州市地方志编纂办公室1987年铅印本。

业的生产、经营发生剧烈变动，更多地依赖国际市场的变动，并日趋受进出口贸易的影响。杭州工业向多为家庭手工业与小规模工场，利用机器的新式工厂近年始逐渐增多。浙江建设厅民国 21 年（1932）的统计，动力工厂已经检查者计 76 家，其中化学工业 7 家，棉织业 16 家，丝织业 31 家，铁工业 8 家，饮食品业 4 家，榨油业 2 家，造纸业 2 家，其他工业 6 家，共有资本 10420460 元，动力总数 9681 匹马力，每年出口总值 24519967 元，平均每厂资本 137000 元。[①] 据《中国实业志》记载，杭州机制工业采用电力及汽力者有 28 业，即织绸厂业、棉织厂业、缫丝厂业、火柴厂业、自来水厂业、电灯厂也、轧石厂业、锯木业、制革业、辫带业、玻璃业、炼染业、镀镍业、精炼染业、玻璃石粉业、铁工厂业、造船厂业、制罐业、冰糖业、碾米业、麻辣酱业、人造冰厂业、炼乳厂业、桐油厂业、煤球厂业、梭子业、化妆粉业及印刷业等，总计 226 家。其中以丝绸业为杭州的主要工业，依附丝绸业而存在的各业，则有炼染业、精炼染业、铁工厂业及梭子业等。[②] 中国是最先发明植桑育蚕，缫丝织绸的国度。缫丝业生产"以长江流域及珠江流域最为发达，……而江浙两省，尤为全国之冠"。19 世纪 70 年代之前，中国传统的缫丝生产完全是农民家庭手工业的一统天下"蚕户各自以收获之成茧，直于自家缫丝，而以生丝出售，向无缫丝与养蚕离分之观念"。[③] 近代以后，为了适应国际市场需要，江浙地区"乡人缫丝之法日益讲究"[④]，受出口需求的刺激，一些地区、部门和行业开始向机器加工业过渡。其中最显著的就是机器缫丝业的出现，电力机的应用更是推动了缫丝业的发展和技术更新。

---

① 姜卿云编：《浙江新志》，上卷，民国二十五年铅印本，第 125 页。

② 实业部国际贸易局：《中国实业志·浙江省》，实业部国际贸易局 1933 年版，"丙编"，第 25—26 页。

③ ［日］铃木智夫：《清末无锡地区蚕丝业的发展》，引自《对外经济关系与中国近代化国际学术会议论文》，武汉，1987 年 5 月。

④ 参考周庆云《南浔志》，卷 30。

表 7 - 7　浙江杭州市缫丝业厂家一览〔民国 15 年至民国 37 年（1926—1948 年）〕

厂名	组织	资本（元）	设立年月
杭州缫丝厂	国营	固定 187660 流动 100000	民国 18 年 12 月
庆成缫丝厂	独资	固定 50000 流动（无定）	民国 15 年 4 月
开元制丝厂	独资	固定 30000 流动（无定）	民国 20 年

　　资料来源：干人俊：《民国杭州市新志稿》，民国三十七年修，杭州市地方志编纂办公室 1987 年铅印本。

　　以丝绸业为例，"由于第一次世界大战的影响，国际上主要产丝国受战争影响，无丝可售，是以我国江、浙、皖三省所产之丝茧，自上年（1916 年）至今，销售比以前增加了两倍，此业者大获其利"。浙江是中国主要产丝区，华东七个产丝区，浙江就占了三处。这一时期，浙江全省 75 个县中，产茧丝区达 58 个县。直到 20 世纪 30 年代浙江生茧产量为 1140 千担，生丝产量为 89.0 千担，全国总计生茧产量为 8662.3 千担，生丝产量为 252.0 千担。浙江占全国第一位。[①]

表 7 - 8　江浙主要蚕区蚕茧价格（1930—1934 年）　　单位：元/张

地区	种别	1930 年		1932 年		1934 年	
		最高	最低	最高	最低	最高	最低
无锡	改良	120	90	95	70	40	34
溧阳	改良	100	80	65	55	34	26
	土种	60	45	50	40	26	18
苏州	改良	70	60	60	50	32	26
	土种	60	45	50	38	28	20
杭州	改良	70	60	60	50	27	20
	土种	60	45	50	40	20	14
绍兴	改良	75	65	60	50	27	20
	土种	65	50	50	40	20	14

---

　　①　参考《申报年鉴》，1934 年。

续表

地区	种别	1930 年		1932 年		1934 年	
		最高	最低	最高	最低	最高	最低
嘉兴	改良	80	68	60	50	28	20
	土种	87	55	50	40	20	15

资料来源：《恐慌中之上海丝业》，《四川经济月刊》2 卷第 1 期，1933 年版。

从当时世界市场看，丝织品和原料均为军需品，求过于供，蚕丝业遂兴起。实业家们纷纷创办丝厂和茧厂，进行新式缫丝，以供应各国所需。缫丝业逐渐脱离家庭手工业和农业，转变到工厂手工业阶段，使浙江缫丝业、丝绸业迅速发展。

表 7 - 9　　　　　　江浙丝厂统计（1917 年—1930 年）

年度	上海		无锡		浙江、苏州、镇江等		合计	
	厂数	车数	厂数	车数	厂数	车数	厂数	车数
1917	70	18386	8	2532	8	1836	86	22574
1918	68	18800	9	2660	8	1876	85	23336
1919	65	18306	14	3856	10	2244	89	24406
1920	63	18146	14	3856	10	2244	87	24246
1921	58	15770	15	4188	10	2244	83	22202
1922	65	17260	14	4188	11	2304	90	23752
1923	74	18546	18	5828	12	2408	104	26782
1924	72	17554	18	5588	11	2476	101	25618
1925	75	18298	17	5208	12	2670	104	26176
1926	81	18664	20	6621	16	3412	117	28697
1930	105	25096	48	14732	33	8342	186	48170

资料来源：缪钟秀、李安：《20 年来之蚕丝业》，《国际贸易导报》2 卷第 1 期。

缫丝业自清末从日、意引进新式缫丝机器传入后，缫丝技术有了很大的改革。其后缫丝厂各地相继设立，民国 13 年到 20 年间（1924—1931 年）为兴盛时期。后受世界不景气之影响，生丝市场半为人造丝所夺，缫丝厂仅剩 19 家，资本总额为 4158760 元，又 22 万两……所产生丝有供本省织绸缎之用，有运销国内，有出口运销法、美等国。运销国内者多集中于沪、杭两地，运销国外者亦多由上海出口，总计销于上海者约 1300 担，运销法国者约 400 担，运销美国者约 2000 担。民国 25 年（1936 年）后，销量日减，平均每担丝市价最佳者为 1400 元，次者 1000—800 元，最低者 700 元左右，总计全省各厂所产生丝销售价格约为 370 万元。[①]

同时由于洋货进口顿绝，一般销售泰西缎者，无从购买，纷纷向杭采购是缎（洋机缎匹）。浙江一些地主、商人纷纷投资丝织业，兴办绸厂，仅杭州一地就开设了天章、袁正和、虎林、将广昌、云成、振新、庆成、日新、文记（1917）、新恒（1918）等较大的丝绸工厂。

1912—1920 年杭州丝绸业手织木机猛增，详见表 7 - 10。

表 7 - 10　　　　1912—1920 年杭州丝绸业手织木机增长指数

年份	手织机数	增长指数
1912	28	100%
1913	56	200%
1914	294	1050%
1915	442	1578%
1916	531	18964%
1917	623	2225%
1918	701	35036%
1919	846	20321%
1920	1060	37857%

资料来源：彭泽益：《中国近代手工业史资料》第 2 卷，中华书局 1962 年版，第 640 页。

这其中又以纬成公司最为典型。1912 年由朱谋先、陆仲芳、许炳坤等人集资 2 万元，在杭州池塘湾创办纬成丝织公司，浙江民族丝绸工业开创了新的阶段。纬成丝织公司开办后，集中使用从日本输入的新式丝织机，进行缫丝织绸，以"与外货抗衡，为绸业开一新纪元"为目标，宗旨在于"改良机织品，以迎合时势之变迁而助绸业之发达，又免机匠之失业而图实业之振兴"，展示了浙江丝织业由家

① 浙江省通志馆修，余绍宋等纂：《重修浙江通志稿》第 22 册，民国 32 年至 38 年间纂修，稿本，浙江图书馆 1983 年誊录本。转引自陈争平《中国经济发展史》第四册，中国经济出版社 1999 年版，第 2367 页。

庭手工业和工场手工业发展为近代工业的开始，正如当时人所回忆，在浙江"集多数绸机而成为资本主义的工厂企业者，实系纬成公司为首创"。纬成公司创办一年就获利，1913 年扩大资本后为 4 万元，第三年资本增加到 20 万元。由于纬成公司开办后获利丰厚，继纬成之后，陆续创办的丝绸厂在杭州就有虎林绸厂（1912 年）、庆成绸厂（1912 年）、天章丝织厂（1913 年），在湖州有丽华丝绸厂等。民国 7 年（1918 年）增设缫丝部。天章绸厂由湖州南浔周庆云（号湘舲）独资创办，初创时仅有手拉机 12 台，民国 4 年（1915 年）易木机为铁机，改人力为电力、与振新绸厂等开杭州丝织业使用电力机之先河。至民国 15 年（1926 年），该厂已拥有丝织机 194 台（其中电力织机 114 台），成为杭州民国前期与纬成、虎林并列的三大丝绸企业之一。

表 7 – 11　　　　　　　　浙江纬成公司历年资本增长

年份	资本总额（元）	年份	资本总额（元）
1912	20000	1918	600000
1913	40000	1920	1000000
1914	200000	1923	2400000
1917	400000	—	

资料来源：沈九如：《杭州纬成公司史略》，《浙江文史资料》第 9 辑，浙江人民出版社 1982 年版。

纬成公司随着织机的发展，产量也迅猛增加。1920 年在嘉兴扩地百余亩，建设分厂。这时营业种类也从织绸扩展有缫丝部，有缫丝车四百部，继而发展自己养蚕、哄茧、力织、精炼、漂染等，并设有专科学校，培养专门技术人才，正如资本家所说的，纬成"尽包罗而概括之"，[1] 成为配套完全的新型企业。纬成厂大力进行技术革新，所缫生丝以"蚕猫"牌运销美国、巴拿马等地，博得国内外市场高度评价，而所生产的"纬成缎""纬成绸"闻名遐迩，这些绸缎虽与其他厂所产绸缎同样工本，但常将售价酌情提高，仍供不敷求，难于

---

① 沈九如：《杭州纬成公司史略》，《浙江文史资料》第 9 辑，浙江人民出版社 1982 年版。

应付。① 其他丝织业者群起仿效，纷纷开办绸厂，这些绸厂一般均采用新式之手织铁机或电力机，出货速而工本少，产品平滑而且均净，大受用户欢迎。1915 年杭州天章绸厂、湖州又成绸厂，首先采用电力织机，后来其他绸厂也陆续效仿，先后改用了电机，至此，浙江的丝绸工业已经以一种崭新的面貌出现。到了 1936 年，全省拥有的丝厂已达 33 家之多，共有缫丝车 3598 台，其中新型的立缫车占总车数的 25%，达 2150 台。②

　　以丝织业为例，民国前期，杭州丝织业出现了两大变化：一是原料结构从原来使用单一的手工制丝（土丝），到使用手工制丝与机械制丝（厂丝）并存，天然丝与人造丝并存，绸缎品种更加丰富；二是机械设备从使用木机到手拉铁木机、电力机，兴起一批使用机器生产的丝织厂。辛亥革命后，杭州丝织业首先逐步进行丝织机改革，摒弃原有的手工织机的生产，实行半机械化生产，开始产业升级的步伐。1912 年，杭州纬成公司购进日本提花织机 6 台，以求改良织物，1920 年增至 360 台，1926 年又增加电力织机 13 台，在短短十五年内扩展机器数高达 40 倍。继纬成公司之后，振华、虎林、天章等公司相继采用提花织机。到 1920 年，杭州已有绸厂 51 家，提花机则增至 3800 多台。同时，1915 年，振新绸厂首先使用电力织机，杭城各厂随之效仿，电力机很快增加到 800 台。③ 1924 年，杭州创办武林铁工厂，从欧美引进机床，开始电动机、提花机、织布机、发动机、碾米机、洋袜机、钢扣等工业制造设备生产，开始了本省的电力制造供应。后缫丝、摇纤和并头络丝、打线等工序，也采取了电力机械生产，使杭州绸缎织物发生了划时代的变化。在此种情形下，杭州的丝织业开始由手工业生产向半机械化生产过渡，浙江省其他地区的公司纷纷效仿，湖州的丽华、达昌等绸厂，以至于上海的锦云、美亚等绸

　　① 沈九如：《杭州纬成公司史略》，《浙江文史资料》第 9 辑，浙江人民出版社 1982 年版。

　　② 朱新予主编：《浙江丝绸史》浙江人民出版社 1985 年版。

　　③ 朱新予主编：《浙江丝绸史》，浙江人民出版社 1985 年版，第 184 页。

表7-12

1912—1936年杭州丝织业基本情况

年别	户数				机台数（台）				年产量				工人数
	合计	零机	绸厂	公司	合计	木机	提花织机	电力机	合计	生货	零机熟货	厂货	直接生产
1912	2050	2049	—	1	5012	5000	12	0	3883	125300	262290	720	18783
1915	2090	2078	10	2	4350	2790	1500	60	3318	117400	167510	46980	15012
1920	2206	2152	51	3	6400	1800	3800	800	4800	160000	224000	96000	19400
1926	2800	2687	107	3	11200	1600	6100	3500	8400	280000	392000	168000	33600
1927	3100	2985	112	3	11750	1150	6800	3800	8812	293700	411250	176280	35248
1928	1857	1800	55	2	7100	1130	3270	2700	5560	82000	378000	96000	18330
1929	2306	2252	51	3	6721	1100	3421	2200	4196	73800	243810	102000	17242
1930	2655	2596	54	3	6200	1100	4000	3100	4915	67000	302520	122000	19930
1931	3162	3106	54	2	9500	1000	4400	4100	5499	44600	381880	123000	21800
1932	1463	1400	54	1	5140	850	1690	2600	3241	43200	163800	117180	12570
1936	4141	4000	140	1	14700	500	8000	6200	12054	242550	705600	257250	36515

资料来源：本表引自杭州市工商联《杭州市丝绸史料》（初稿），其中机台数是根据历年零星资料并参照当时情况核计；年产量是根据机台一般发生产水平匡算；工人数按机台一般雇佣人数匡算。

厂也都竞相扩大改机或设厂。

由表 7 - 12 统计可知，在 1926—1927 年间，是杭州丝织工业的兴盛时期，电力机由 1915 年的 60 台激增至 1927 年的 3800 台；提花织机由 1912 年纬成最早引进的 6 台，激增至 1927 年的 6800 台。

至于生丝贸易繁盛的另一基地，湖州的丝织业进入民国之后亦开始了机械化生产。至 1925 年，湖州大小绸厂已有 60 多家，共有提花织机 2000 余台、电力机 200 余台，提花织机、电力机的相继出现并不断增加，标志着湖州丝织工业向机械化过渡。[①]

在传统手工业向机器工业发展的基础上，开始利用新的技术进行改造发展壮大。浙江部分地区的农村相继出现了新型的手工业，彼时，浙江的棉织业也开始了近代转型。浙江棉织业之起源甚早，始由家庭手工业蜕化而来。例如，民国以后，新式棉织业始逐渐成立。最早为孩儿巷之大丰，至 1932 年，杭州全市棉织工厂，不论官办商办，或者官商合办，其中较大者，共为 13 家，除三友资本特别雄厚具有 120 万元外，余则自 3000 元至 20000 元不等。浙东棉织业则集中于鄞县、绍兴、黄岩、永嘉等地，其中鄞县之厚丰、恒丰等厂有柴油引擎装置。从事织布之工人，全省计有 7815 人。[②]

由于杭州对外贸易的发展和冲击，农村的传统手工业向机器过渡，面向全国市场乃至世界市场的以丝、棉织造为主的农村传统手工业的生产、经营发生剧烈变动，更多地依赖国际市场的变动，并日趋受对外贸易的影响。对外贸易的发展，引进了西方的机器、设备和技术，进行机械化、半机械化和电气化生产，取代了传统落后的手工生产，扩大了生产规模，提高产品档次，从而促进了杭州工业的近代化转型。传统的家庭手工业逐渐由家庭副业向大规模近代工场手工业进而向机器工业转变，缫丝业和丝绸业即为典型。

20 世纪 70 年代之前，中国传统的缫丝生产完全是农民家庭手工

---

① 朱新予：《浙江丝绸史》，浙江人民出版社 1985 年版，第 197 页。

② 实业部国际贸易局：《中国实业志·浙江省》，实业部国际贸易局 1933 年版，"庚编"第 22—23 页。

业的一统天下，"蚕户各自以收获之成茧，直于自家缫丝，而以生丝出售，向无缫丝与养蚕离分之观念"。① 近代以后，为了适应国际市场需要，江浙地区"乡人缫丝之法日益讲究"，受出口需求的刺激，一些地区、部门和行业开始向机器加工业过渡，其中最显著的就是机器缫丝业的出现，电力机的应用更是推动了缫丝业的发展和技术更新。

杭州一直为浙江的织绸业的中心，是中国重要的丝绸出产地及出口重地。杭州的生丝出口与国际市场的联系紧密，杭州出口的生丝必须迎合国际市场上较高的质量要求，促使缫丝业技术改革的热潮。缫丝业纷纷淘汰旧式的缫丝方式。1897 年 4 期《丝绸史研究》载："中国近代缫丝业的发展主要是由于外销增长的刺激。随着时间的推移，手缫丝越来越不适应资本主义国家机织业的要求，因此，机器缫丝业是在国内产生并推广开来。到 1915 年，手缫丝在出口丝中所占比例已微乎其微。"② 清末，杭州开始创办机械缫丝厂，引进国外机械与技术，缫丝生产步入机械与手工制作并存的阶段。民国前期（1912—1937 年），杭州缫丝业与整个丝绸生产一样，一度达到历史上的鼎盛时期，先后建立了一批缫丝工业企业，以前抽丝方法逐渐被机器抽丝所代替。杭州及嘉兴地区首批成立的缫丝厂大约有 8 家，其中值得一提的是纬成公司，它同时也是一个丝织厂，拥有 2000000 元资本，在嘉兴设有两家分公司——裕嘉厂和虎林公司，后者拥有资本 400000元。③ 1928 年杭州纬成厂拥有新式座缫车 488 台，年产生丝可达 640关担。1915 年，天章绸厂成立缫丝部；1917 年，杭州纬成公司增设缫丝部；1918 年杭州虎林公司亦增设丝厂；1926 年，杭州庆成绸厂也增设缫丝部，厂名改称为庆成缫丝厂。至 1930 年，全市有缫丝厂 7

---

① ［日］铃木智夫：《清末无锡地区蚕丝业的发展》，对外经济关系与中国近代化国际学术会议论文，1987 年 5 月，武汉。

② 《浙江省蚕桑志》编纂委员会：《浙江省蚕桑志》，浙江大学出版社 2004 年版，第264 页。

③ 中国第二历史档案馆、中国海关总署办公厅编：《中国旧海关史料》，1922—1931年《杭州口华洋贸易情形论略》，京华出版社 2001 年版，第 259 页。

家，年产厂丝 2700 关担。[①]

辛亥革命后，杭州丝织业首先逐步进行丝织机改革，摒弃原有的手工织机的生产，实行半机械化生产，开始产业升级的步伐。杭州纬成公司首先采用日本创造的铁制提花机，以求改良织物，后采用电力织机，到 20 世纪 20 年代初，织机增加到 360 台，缫丝机增加到 488 台，其资本总额由创办时的 2 万元增至 1923 年的 240 万元，成为当时全国规模最大的丝织公司。[②] 后缫丝、摇纡和并头络丝、打线等工序，也采取了电力机械生产，使杭州绸缎织物发生了划时代的变化。丝织业开始试用电力机后，杭州绸业发展迅速，至 1921 年前后，杭州市区具有相当规模的丝织厂已有 50 余家。[③] 1915 年，振新绸厂首先使用电力织机，杭城各厂随之效仿，电力机很快增加到 800 台。[④] 在此种情形下，杭州的丝织业开始由手工业生产向半机械化生产过渡。到 1927 年，杭州丝织业已有电力机 3800 台，手拉提花机 6800 台。[⑤] 至 1927 年，杭市绸厂共有 60 家，其中规模较大者，为纬成、虎林、天章、庆成、袁震和、九霞、日新等厂，此 16 家共有铁机电机 4000 余张。但"九一八"事件之后，浙江丝绸在北方的销路受阻，在省内的销售又受舶来品的竞争，供大于求，售价一跌在跌，原来每尺售价八九角而盛销一时的产品，此时跌售至三角也无人过问。[⑥] 1928—1929 年间，杭州绸厂陆续停机歇业的就有虎林、立新昌、天章等 25 家。[⑦] 直至 1934 年才略有好转，到 1936 年，全市绸厂共有 140 家，绸缎年产量 110 余万匹。到 1937 年，杭州市丝织业电力机已

---

① 杭州丝绸控股（集团）公司编：《杭州丝绸志》，浙江科学技术出版社 1999 年版，第 156 页。

② 沈九如：《杭州纬成公司史略》，载《浙江文史资料选辑》，浙江人民出版社 1982 年版，第 9 辑。

③ 杭州市经委编志办公室：《杭州市工业志》，1998 年，第 231 页。

④ 朱新予：《浙江丝绸史》，浙江人民出版社 1985 年版，第 184 页。

⑤ 浙江文史资料第 24 辑，浙江人民出版社，第 44 页。

⑥ 《国际贸易导报》，第 5 卷第 5 期，第 225—226 页。

⑦ 闵予：《民国时期的杭州工商业概况》，载《杭州工商业史料选》，浙江人民出版社 1988 年版，第 2 页。

达 8000 余台。

对外贸易的发展，引进了西方的机器、设备和技术，进行机械化、半机械化和电气化生产，取代了传统落后的手工生产，扩大了生产规模，提高产品档次，从而促进了浙江杭州工业的近代化转型，在生产方式上发生了革命性的变化。近代工业从无到有，改变了我国工业生产中单一依靠手工劳动的局面，促进我国经济由传统向近代化转型。

（二）新兴工业的发展

在国外新兴技术发展的带动下，结合杭州自身城市发展的需求，新式工业也随之发展起来。由于对外贸易的持续发展，新式工业不断出现和发展。

杭州自清末以来一直是浙江近代工业发展的中心城市，随着商品结构的多元化发展，到 20 世纪 20 年代，进一步出现了日用轻工、造纸、制药汽配、皮革、机械制造等众多行业，初步形成了以丝织业和棉纺业为主体，包括众多门类的近代工业体系。据不完全统计，全省机器碾米厂到 1921 年已有 26 家，当时浙江人还创制了碾米船，置机船中，下乡代碾，"取费既轻，时间尤速，故遇丰登年岁，此业颇为发达"。[①] 1914 年到 1926 年间先后创办 15 家针织厂、20 家五金机械厂和七十余家发电厂。当时"杭州市计有织袜厂 16 家，织衫厂 1 家，率皆规模狭小，出品不精"。[②] 皮革厂在 20 世纪初是一片空白，1916 年后逐渐发展起来，到 1936 年，杭州就有大小皮革厂近 30 家，占同期全国同类厂家总数的 1/3 多。其中机械制造和汽车修配工业的出现引人注目，五金机械企业虽在 1900 年就已出现，只是生产简单的日用小五金，进入民国时期，企业的生产复杂化，开始进行柴油机、纺织机、碾米机等整机制造和配件制作，当时杭州就有大冶铁工厂制造纺织整机。据杭州市经济调查统计，至 1932 年杭州市的五金业共计

---

① 卢学溥续修：《乌青续志》，1936 年刻本。

② 建设委员会调查浙江经济所：《杭州市经济调查》，下编，1932 年，第 85 页。

80 余家，其中玻璃五金计44家，机器五金计9家，煤铁五金计4家，汽车五金计3家，橡皮五金计4家。① 以上这些都表明杭州的城市工业开始突破轻工业范围，逐渐向更高层次的机械工业扩展。

电业是对外贸易发展所产生的一种新兴产业。"浙江省最为发达之工业有二，其中之一为新式工厂之电气业。考浙江共有电气业120家，资本共达10918万元，实为浙江分布最广之新式工业。"② 各种工业在浙江省各县的分布情况看，以电气业分布最广，计达58县之多，即全省76县市之中，有58县有电气业之存在。③ 从1927年到1931年全省建立了33个厂，到1926年全省有56个市县的中小发电厂110座，装机总容量为29829千瓦，年发电量为5056万千瓦。④ 电业的产生，电灯的出现，不仅给城市带来了光明，也给城市带来了现代化的气息。1912—1921年海关十年报告描述，这十年间，杭州用电已普遍，夜晚的街道同十年前灰暗的大街相比已有明显的变化。⑤

据统计，1927年杭州市计有路灯2488盏，后因道路改善，市面日益繁荣，至1936年底，全市共有各式路灯4862盏，兹将十年来路灯增加情形，如表7－13所示。

表7－13　　　　　1927—1936年间杭州的路灯增加情况

年份	1927	1928	1929	1930	1931	1932	1933	1934	1935	1936
盏数	2488	4034	4239	4259	4265	4277	4298	4536	4713	4862

资料来源：《十年来之社会》，杭州市档案馆：《民国时期杭州市政府档案史料汇编（1927—1949）》，1990年，第18页。

在其他的工业方面亦有很大的发展。1919年，杭州的丝绸、布

① 建设委员会调查浙江经济所：《杭州市经济调查》，下编，1932年，第344页。
② 实业部国际贸易局：《中国实业志·浙江省》，实业部国际贸易局1933年版，"庚编"第2页。
③ 同上书，第3页。
④ 中国电力工业史志编纂委员会编：《浙江省电力工业志》，水利电力出版社1995年版，第46页。
⑤ 陈梅龙：《近代浙江对外贸易及社会变迁》，宁波人民出版社2003年版，第282页。

机织业纷纷将木织机改为电动铁织机，促使了近代电力工业的发展。1924 年，浙江省第一家纸板厂武林造纸厂建立，拥有资金 400000 元，所有的机器都由美国进口，于 1929 年专卖，改名为竞成第五造纸厂。后于 1931 年底被拍卖给民丰造纸厂。嘉兴禾丰纸厂于 1925 年 12 月建立，资金为 360000 元，配有现代装置，于 1930 年 4 月拍卖，改名为民丰纸业有限公司。[①] 当时配有 80 纸板机一台，压光机 2 台，直径 4.27 米球 5 个，打浆机、精浆机、切料机各 2 台。华丰接办后，对设备进行了大检修、大调整，并增添打浆机 2 台。1931 年后正式试车，日产黄纸板 26 吨。1922 年，艮山门第一分厂建成发电，拥有 8 台机组，总计容量为 7250 千瓦。1932 年，闸口电厂建成发电，发电机两组，总容量为 15000 千瓦。杭州光火火柴厂是浙江省首家火柴厂，始于清宣统元年（1909 年），由赵志成、冯畅亭、汤寿潜、五芗泉、蒋海等人共同筹资 5 万银圆在杭州海月桥畔创立。定名为光华火柴公司，取光复华夏之意。该厂在 1921—1931 年间产值增值到 800000 元到 900000 元之间。此外还包括众多棉纺厂、火柴厂、食品罐头厂、草席厂、卷烟厂等的建立。随着丝绸工业的迅猛发展，急需提供机器设备和修理，1914 年在杭州，创办了武林铁工厂，开杭州现代机械工业先河，址刀茅巷近南端。办厂初期，主要承接（丝）织机的修理和配件业务。1916 年，聘请日本技师，仿制提花机，这是浙江最早的机器工厂。1920 年，武林铁工厂已发展成浙江最大的铁工厂了。玻璃工业亦为民国时期之新式工业，据资料记载，杭州市民生玻璃厂每年产值为 9 万元，仁和为 8200 元。将民国 12 年至 37 年间（1923—1948 年）杭州市的玻璃工业如表 7 - 14 所示。

表 7 - 14　　　　　　1922—1948 年杭州市玻璃工业情况

厂名	设立年月	组织	资本（元）	工人（人）
民生制造厂	民国 15 年（1926 年）	合资	70000	90

① 中国第二历史档案馆、中国海关总署办公厅编：《中国旧海关史料》，1922—1931 年，《杭州口华洋贸易情形论略》2001 年，第 257—258 页。

续表

厂名	设立年月	组织	资本（元）	工人（人）
仁和玻璃厂	民国12年（1923年）	独资	5000	85

资料来源：干人俊：《民国杭州市新志稿》，民国三十七年修，杭州市地方志编纂办公室一九八七年铅印本。

据统计，1920—1927年，浙江省新创办的大小工厂有225家，其中工人数量在百人以上的有38家。[①]

这一系列新兴工业的开办刺激了民国时期杭州经济的发展，加快了杭州经济的近代化进程。

总之，由以上分析可知，杭州的产业结构中，重工业虽然不发达，但是由对外贸易发展所引起的新式工业和传统手工业的现代化转型，使得杭州的产业结构发生了重大的变革。据资料统计，1932年杭州的机制工业为226家，投资额为9723810元，手工业为1632家，投资额为8237566家。[②] 虽然机制工业厂数不及手工业厂数，但资本额大于手工业的资本额，是杭州工业具备起步的重要标志。以上种种充分说明了在民国时期，杭州对外贸易对杭州产业结构调整起到了积极的促进作用，二战前杭州的工业已具备了现代化起步的若干条件。

三　对农副业的影响

对外贸易的发展，给予浙江农业生产不少的刺激和鼓励，使得农产品进入急剧的商品化阶段中，一切都为市场而生产，国际市场的支配关系也即形成。杭州对外贸易的发展，一方面将杭州农产品卷进国际市场中去，另一方面将外来的商品带进杭州。贸易的发展，尤其是土货出口的迅速增长直接刺激了农副业的发展，棉花、蚕桑、茶叶等经济作物种植面积明显扩展，加速了农副产品商品化的进程。据估

---

① 实业部国际贸易局：《浙江省工会志》，中华书局1997年版，第94页。

② 实业部国际贸易局：《中国实业志·浙江省》，实业部国际贸易局1933年版，"乙编"第6页。

计，20 世纪 20 年代，中国农产品商品化率约为 30%—40%，一些地区可能达到 50%—60%。① 杭州作为浙江的省会城市，自古以来即有丝绸之府的美誉，同时茶叶的贸易也源远流长。丝茶的出口贸易极大地推动了杭州社会经济的发展。在出口贸易的导向下，杭州及腹地的农作物的种植结构更加倾向于蚕桑、棉花、茶叶等经济作物。

作为茶叶的主要产区之一，浙江省输出国外的茶，晚清民国以来常年为 25 万—35 万担，茶叶出口最高时占全国的 68%（1920 年），最低也在 16%（1915 年）。② 民国 4 年（1915 年）《之江日报》发表之《浙省茶叶调查报告》云，"浙省旧十一府属，除嘉兴府属外，其余均产茶叶，为岁入之大宗"。③ 作为"浙省大宗出产之一，七十五县中产茶者五十二县，地域之广，产量之富，当推浙茶丰富，均由杭州输出，故杭州为浙皖赣三省之茶叶集散地"。④ 又据《中国实业志》记载，杭州关出口土货，以茶叶为最盛，独占 50% 上下。茶叶出口量巨大，年约 800 万元。红茶多运欧洲，绿茶运美洲。⑤ 茶叶贸易的发展带动了省内茶业的发展和茶叶的广泛种植。据统计，"1916 年浙江省种茶户为 274321 户，红茶产量 5528 千斤，绿茶产量 23728 千斤，茶末 321 千斤，茶子 275 千斤，茶芽 1032 千斤，总计 30884 千斤"。⑥ 而浙茶产地几遍全浙，根据实业部调查，1933 年产茶县份 63 县市，茶园面积共计 566700 余亩。⑦ 据实业部 1933 年的调查统计，

① 珀金斯：《中国农业的发展（1368—1968）》，宋海文等译，上海译文出版社 1984 年版，第 49 页。

② 何炳贤：《民国二十一年中国工商业的回顾》，《工商半月刊》第 5 卷第 1 号（1933 年 1 月 1 日），"撰述"第 25 页。

③ 浙江省通志馆修，余绍宋等纂：《重修浙江通志稿》，第二十一册，民国三十二年至三十八年间纂修，稿本，浙江图书馆 1983 年誊录本。

④ 《杭市茶叶概况》，《工商半月刊》第 4 卷第 23 号（1932 年 12 月 1 日），"国内经济"第 12 页。

⑤ 实业部国际贸易局：《中国实业志·浙江省》，实业部国际贸易局 1933 年版，"乙编"第 83 页。

⑥ 许道夫：《中国近代农业生产及贸易统计资料》，上海人民出版社 1983 年版，第 238 页。

⑦ 浙江省银行经济研究室：《浙江经济年鉴》，1948 年，第 412 页。

产茶 63 县市，以产区分为四种，其中杭湖茶为杭市、杭县、余杭、临安、于潜及吴兴、长兴、安吉、孝丰、武康等县所产。[①] 杭州茶叶种植主要集中在丘陵地区，以龙井地区最为著名。龙井是杭州四大名泉之一，水质清冽甘美。龙井泉的水由地下水与地面水两部分组成。位于西湖之西翁家山的西北麓，也就是现在的龙井村。龙井原名龙泓，是一个圆形的泉池，大旱不涸，古人以为此泉与海相通，其中有龙，因称龙井。据资料记载，杭市西湖南北二山为产茶之区，种植面积 1600 亩，每年平均产量在 700 担以上。[②] 杭州各区茶户共计 215 户，共有种茶工人 1394 人。（见表 7 – 15）[③]

表 7 – 15　　　　　　　各区茶地面积产量、茶户工人

区别	茶地面积	年产量	茶户数	工人数	备注
南山区	1100	440	130	500	茶地面积根据土地局实地测量之统计。每亩产量中路灵庆里每亩平均干茶 35 斤，其他各区每亩平均 40 斤
中路区	1220	420	70	860	
北山区	30	12	15	34	
合计	2350	870	215	1394	

资料来源：建设委员会调查浙江经济所，《杭州市经济调查》上编，1932 年，第 245 页。

现将 20 世纪 30 年代龙井绿茶区茶叶种植面积、产量及产值列表如下（见表 7 – 16），以供参考，以窥见杭州茶叶贸易的繁荣对于杭州茶业的影响。

表 7 – 16　　杭州 20 世纪 30 年代茶叶种植面积、产量及产值统计

区别	县别	茶园面积（亩）	产量（千担）	产值（千元）
龙井绿茶区	杭县	12000	5.2	770.0
	余杭	72348	39.8	1870.6

① 浙江省通志馆修，余绍宋等纂：《重修浙江通志稿》第二十一册，民国三十二年至三十八年间纂修，稿本，浙江图书馆 1983 年誊录本。

② 《杭市之社会》，杭州市档案馆：《民国时期杭州市政府档案史料汇编（1927—1949）》，1990 年，第 10 页。

③ 建设委员会调查浙江经济所：《杭州市经济调查》上编，1932 年，第 245 页。

续表

区别	县别	茶园面积（亩）	产量（千担）	产值（千元）
	临安	13500	8.1	267.3
	杭州市	2000	0.6	68.9
小计	—	99848	53.7	2976.8

表 7－17　　　　　　浙江省茶叶产量（1932—1933 年）　　　　单位：市担

产地	1932 年	1933 年
杭县	17000	18000
余杭	1800	2000
萧山	270	250
天台	159750	200000

资料来源：浙江商务一卷一期。

　　清代中后期，帝国主义列强势力利用特权，来杭掠夺蚕丝资源，蚕茧、蚕丝成为出口的重要物资，客观上刺激了蚕丝生产的发展。民国（1912 年）以来，国际市场对蚕丝的需求日益增加。民国 17 年（1928 年）之前，中国出口商品中，丝居第一位，浙丝则占全国出口额 30%。[1]"一亩良田若种成密桑，其利乃五倍于谷麦"[2]，蚕丝外销的扩大以及上海和省内各地丝厂的相继兴办，刺激了蚕桑生产的迅速发展。1923 年，浙江省桑园面积达到 265.82 万亩，其中杭县、嘉兴和海宁都在 35 万亩以上。[3] 至 1931 年，全省栽桑面积为 2651593 亩，产茧量高达 1363333 担，占全国蚕茧总产量的 30.8%。[4] 全省 75 县中，桑田面积占一百五六十万亩，每年约产干茧 120 万担，生丝八九万担，论地位为全国之首，论成分占全国丝蚕总额 1/3。[5] 桑面积在

──────────

① 行政院农村复兴委员会：《浙江省农村调查》，上海商务印书馆 1934 年版，第 5 页。

② 浙江文史资料第 24 辑，浙江人民出版社 1983 年版，第 25 页。

③ 《浙江省蚕桑志》编纂委员会：《浙江省蚕桑志》，浙江大学出版社 2004 年版，第 62 页。

④ 《杭州府志》卷十七，转引自朱新予主编《浙江丝绸史》，浙江人民出版社 1985 年版，第 175 页。

⑤ 行政院农村复兴委员会：《浙江省农村调查》，上海商务印书馆 1934 年版，第 5 页。

耕地面积和在耕地总面积中都占相当大的比例。杭州蚕桑生产主要分布于杭县、余杭、萧山、临安及市郊一带。清光绪年间（1875—1908年），杭州蚕业在全省已占相当比重。民国时期，杭州的蚕桑生产进一步发展。1931 年仅杭州市郊就有桑园 65064 亩，约占全市面积1/5，主要分布于西湖、江干、湖墅、皋塘等区。民国 22 年（1933年），杭县、余杭、萧山、临安、富阳、新登等 10 县桑园面积达564926 亩，养蚕农户 259150 户，蚕茧产量 314160 担，是历史上最高年产量。① 兹列表如下（见表 7 - 18）。

表 7 - 18　　　　　　　1933 年杭州各县蚕桑生产情况

县别	桑园面积				养蚕农户			蚕茧产量	
	亩	占全市（%）	占各县耕地（%）	桑叶（万担）	蚕户数	蚕户占农户（%）	占全市蚕户（%）	数量（市担）	占全市（%）
全市合计	564926	100	—	468.33	259150	—	100	314160	100
杭县	355596	62.94	18	13700	137000	74	52.86	189000	66.16
余杭	58200	10.3	21	14500	14500	83	5.59	34900	11.11
萧山	57280	10.14	7	65460	65460	62	25.26	39660	12.62 *
桐庐	5300	0.94	0.5	5100	5100	16	1.97	1600	0.51
分水	7000	1.24	3	3200	3200	34	1.23	3900	1.24
临安	36600	6.5	12	15590	15590	64	6.02	24000	7.64
于潜	9900	1.75	9	3400	3400	20	1.3	3800	1.21
昌化	3800	0.67	2	2700	2700	25	1.04	1700	0.54
富阳	18000	3.2	7	6400	6400	15	2.07	9000	2.86
新登	13250	2.34	11	5800	5800	46	2.23	6600	9.1

注：据《萧山县志》记载，1933 年该县蚕茧产量为 129650 担，而据市农业局《杭州蚕桑志（初稿）》调查更正为 39600 担。

资料来源：杭州丝绸控股（集团）公司编纂，《杭州丝绸志》，浙江科学技术出版社，第 126 页。

由上可知，杭州出口贸易的刺激，推动了农副产业的发展，促使蚕桑、茶叶、桐油等经济作物的种植面积不断扩大，对这一区域农业

① 《浙江省蚕桑志》编纂委员会：《浙江省蚕桑志》，浙江大学出版社 2004 年版，第62 页。

发展带来巨大影响，同时也将杭州地区更深地卷入世界经济体系，改变了个体小农闭塞守旧的生产、生活状况，加深了与市场的联系，为城市经济和内外贸易进一步发展提供了有利的条件。

四　对近代金融业的影响

杭州开埠后，把杭州及其所依靠的腹地卷入世界资本主义市场，进出口贸易发展较为迅速。杭州对外贸易的不断发展需要大量的资金融通，需要工商业、金融业的支持，同时对外贸易的发展逐渐带动了杭州近代工商业、金融业、交通业等资本主义经济的发展，给杭州的发展带来了新的机遇。

对外贸易的繁盛刺激了商业的兴旺，而商业的发展则离不开金融机构在资金融通方面提供的便利，两者相互依存，互为扶持。浙省金融，除宁、台、温三属以地域关系自成系统外，其他如杭、嘉、湖、绍、严、金、衢、处各属咸以杭市为金融枢纽，即远如皖省徽州、赣省上饶各地亦均以本市为其金融中心。[1] 由于浙江、安徽、江西各地大宗出产之土货，以及各种洋广日用品的进口，均依赖杭州为集散地，需要消耗的资金量巨大，这些全都依赖金融界从中调剂周转。受不断增长的对外贸易的推动，钱庄与外资银行出于各自利益的考虑携手经营，大大推进了金融业的发展。因此可以说对外贸易的发展促进了浙江金融业的发展，并催生了新式金融机构的产生。

浙江省的银行业以浙江兴业银行为开端。开办于清光绪三十二年，到民国元年（1912年），浙江铁路公司收归国有，民国3年（1914年）又将总行移设上海，杭州设为分行，是中国最早的商业银行之一。1927年前，存款总额在私营银行中基本上处于第一、二位，后退居第五、六位。自此浙江银行业乃逐渐发达，宣统元年四明银行设分行于宁波，民国2年（1913年）中国银行又设分行于杭市，自

---

① 干人俊：《民国杭州市新志稿》，民国三十七年修，杭州市地方志编纂办公室1987年铅印本。

此以后浙省银行业，乃渐入于稳定发展时期。[①] 至 1933 年，浙江省银行总数为 59 家，其地域分布，以杭州为最多，计 17 家，占总数的 16.5％；次宁波、绍兴，为八家，约占总数的 8％，一为 7 家，约占总数的 7％。[②] 杭州之金融，实操有浙、皖、赣三省之商业势力。统计杭州有银行 16 家，其中属于分行者 11 家，总行在杭州而他处有分行者 1 家，有总行他处有分行者 4 家，据估计，各行在杭之资力达 38911006 元左右。次为钱庄，杭州钱庄有大同行及小同行之别，市内计有大同行 17 家，小同行 23 家行，均加入钱业公会，其未入公会之小钱庄，称为钱铺，亦称兑换钱庄，计 25 家。合计全市共有大小钱庄 65 家，总计登记资本 833700 元，至各庄填报之存款额，为 8374100 元，合计资力为 9207800 元。[③] 在金融业呈现大发展局面的同时，杭州的保险业亦在对外贸易的刺激下开始酝酿，并崭露头角。据《中国实业志》记载，"浙江保险业，发达较为迟缓，起源何时，无可稽考，大抵当以杭州为发源地。民国八、九年（1919—1920）为杭市该业最发达之时期"。[④] 又据杭州市经济调查结果可知，1933 年共有保险公司 35 家，其中 10 家系国人自营，16 家系英商、美商、四家，德商四家，法商仅 1 家。[⑤] 当时浙江的保险公司，经营的业务大抵为水货保险，经营人寿保险的尚属少数。至 1933 年，浙江的保险公司共有 208 家，其中 18 家为国人自营，36 家为英商经营，11 家为美商经营，5 家为德商经营，法商经营仅 1 家，其他未详者有 28 家之多。而其中有 93 家水火保险公司，4 家人寿保险公司，5 家火险公司，1 家保险公司，另有 1 家保木载洋险公司。[⑥] 据资料记载，1932

---

① 实业部国际贸易局：《中国实业志·浙江省》，实业部国际贸易局 1933 年版，"壬编"第 1 页。

② 姜卿云编：《浙江新志》上卷，民国二十五年铅印本。

③ 实业部国际贸易局：《中国实业志·浙江省》，实业部国际贸易局 1933 年版，"丙编"第 25 页。

④ 同上书，第 22 页。

⑤ 建设委员会调查浙江经济所：《杭州市经济调查》下编，1932 年版，第 604 页。

⑥ 实业部国际贸易局：《中国实业志·浙江省》，实业部国际贸易局 1933 年版，"辛编"第 23—30 页。

年前，杭州经营水火保险的公司有 27 家，其中 20 家为英商经营，4
家为美商经营，2 家为德商经营，1 家为日商经营。另有一家法商经
营的人寿保险公司。[①] 由上述讨论可以看出，杭州对外贸易的发展，
大量资金融通的需要，促使杭州金融业出现大发展的局面，同时也促
使保险业的出现和发展。

五　对社会经济生活的影响

对外贸易的发展，出口贸易的日趋繁盛，进出口商品结构的多元
化发展，给农村提供了诸多新的谋生途径，吸纳了众多的劳动力就
业，促进了社会经济的稳定。

出口贸易的兴盛使得农村的手工业日趋繁盛，依赖手工业为生计
者，人数众多。"浙江手工业自昔兴盛，遐迩闻名，良以浙人精巧，
能独出心裁，…… 浙省仰来赖于手工业为生者不下五百万人，发达
之况于此可见。"[②] 据《中国实业志》统计，金锡非杭产，而金箔、
锡箔之作，悉出于杭。民国 15 年（1926 年）前后，"杭州市贫户妇
女藉研箔纸以度生者，城内外十家而九"。[③] 在生丝贸易的老基地，
出口生丝的生产、加工和运销，已成为当地经济的主要内容。全省
75 县中，产蚕丝者 58 县，完全以养蚕为业者，亦不下 30 余县。[④] 据
记载，杭州的蚕茧、生丝以及绸缎等丝织品主要是仰仗铁路运输，而
杭州关统计资料中对当地的丝织业鲜有述及和记载，焉知该业竟为当
地解决了两万多人的就业问题。[⑤] 在 20 世纪，江南蚕种制造业的主要
中心为余杭和绍兴。在余杭，制造蚕种是一项主要的活动，该地约有

①　杭州市对外经贸委员会编：《杭州市对外经贸志》，北京师范大学出版社 1993 年
版，第 161—162 页。

②　姜卿云编：《浙江新志》上卷，民国二十五年铅印本。

③　齐耀珊修，吴庆坻等纂：《杭州府志》，民国十五年铅印本。

④　行政院农村复兴委员会：《浙江省农村调查》，上海商务印书馆 1934 年版，第 5 页。

⑤　中国第二历史档案馆、中国海关总署办公厅编：《中国旧海关史料》，1912—1921
年《杭州口华洋贸易情形论略》，京华出版社 2001 年版，第 71 页。

3000—4000 户，或者说约 70% 的人口从事这一行业的工作，每年出产 300000—500000 张蚕种。① 火腿是东阳最主要的出口商品，在东阳，除根本没有一点儿产业的贫民之外，95% 的居民，统统是养猪的。每年输出的总值达 200 万元左右。在贫穷的东阳，这样的一个输出额，当然是一个巨大的数目；并且这项收入，并不是集中在少数的资本家手里，而是普惠在整个的农民身上，所以关系着东阳的全部民生问题，是非常重大的。② 由此可见，杭州对外贸易的发展，促进了相关农副产业的发展，并且使得更多人以此为生计，部分收入的增加，促进了社会经济的发展。

对外贸易的发展也对当地闭塞守旧的传统观念和社会习俗带来巨大的冲击，并促使其逐渐让位于新的顺应近代经济运行的思想观念和社会习俗。对外贸易的逐步发展，输入杭州的各类进口商品增多，对城市、农村的冲击直接而强烈，一方面使得农村商品经济进一步发展，打开了近代工业产品的销路，在很大程度上改变了当地农村经济旧的运行机制，促使其将自己纳入并逐渐归附资本主义经济体系运行的轨迹，农村的经济生活与城市的联系日益紧密。另一方面，人们不再死守旧土，"重农务本"之类的观念日益减退，人们更多地将眼光投向城市，抛弃传统的谋生手段，拥入城市，成为雇佣劳动者。从浙江各地丝厂工人数中可窥见其强烈的影响。据最近调查：杭州约 807 人，杭县约 1640 人，海宁约 1103 人，嘉兴约 2244 人，海盐约 620 人，吴兴约 2044 人，德清约 1900 人，共约 10358 人。其工人来源：杭州本地工人占 70%，外来工人约占 30%；杭县工人多来自塘栖，海宁本地约占 40%，外来工人约占 60%，其他各地多用本地工人，外来工人仅占极少数。③

---

① ［美］李明珠：《近代中国蚕丝业及外销（1842—1937）》，上海社会科学院出版社 1996 年版，第 168 页。

② 傅仁祺：《东阳的猪和火腿》，《浙江省建设月刊》第 8 卷第 9 期（1935 年 3 月，畜牧兽医专号），"调查"第 1 页。

③ 实业部国际贸易局：《中国实业志·浙江省》，实业部国际贸易局 1933 年版，"庚编"第 43—44 页。

对外贸易的发展也对社会经济生活产生了巨大的影响，同时也促使人们迫切需要了解和学习西方文化，"成千上万正在成长的下一代都在学习英语，它迅速取代了那些到目前为止仍在中国旧文人心中根深蒂固的古典文化"。"英语已胜出了四书、数学超过书法。"① 对外交流的过程中，西方的生活方式和现代文明，逐渐渗透到社会生活中，形成了丰富多彩的城市生活，使城市居民比农村生活的人们更加体会到现代文明的真谛。② 现代新式文化娱乐业日趋活跃。进入民国时期，杭州相继出现了商业性电影院和影剧院，如杭州影戏院、大世界游戏场、浙江大戏院等。这些西方的文明和文化传入杭州，丰富了杭州人民的业余生活，打破了陈旧的传统社会的链条，为社会生活带来了现代气息。与此同时，西方的许多新观念也随之输入，逐渐改变了国人的价值观念、思维模式和行为模式。受到外来文化的冲击和洗礼，杭州成为多种文化的交汇点。随着开埠以及对外贸易的发展，大量西方文化涌入杭州，使它成为既是西方文化和日本文化的输入地，也是中西文化的碰撞点、融会点。同一时空，同一地域，各种文化类型的相互渗透、借鉴、移植、认同都十分活跃，在这一过程中，杭州在传统文化与西方文化的激烈碰撞中寻求自身文化的归属，最终形成了兼容并蓄、吐故纳新的文化特色。

六　开拓国际市场，促进国货外销

晚清民国时期，尤其是辛亥革命后，中国国内掀起抵制洋货、提倡国货、发展民族经济的热潮。杭州作为浙江省的省会和发达城市，也积极发展对外贸易，以期占据一定的国内、国际市场，从而带动省内经济的发展。

---

① 中国第二历史档案馆、中国海关总署办公厅编：《中国旧海关史料》，1902—1911年《杭州口华洋贸易情形论略》，京华出版社 2001 年版，第 66 页。

② 林广、张鸿雁：《成功与代价——中外城市比较新论》，东南大学出版社 2000 年版，第 26 页。

随着通商口岸的开放和对外贸易的发展，为了鼓励国货，提倡实业，进一步开拓杭州商品的国际市场，杭州的商品参加了一系列国内外的商品贸易博览会。1914 年，杭州的纺织、染织品参加了在日本东京上野动物园举办的大正国际博览会。1915 年，在旧金山的太平洋万国博览会上，杭州的丝绸、木器、舒莲记画扇、绍兴平水绿茶等都获得大奖章，据不完全统计，杭州参展获奖品有数十种。同年在农商部举办的国货展览会上，杭州的丝绸、棉纱等十余种产品得奖；杭州建德五加皮酒还在巴拿马万国博览会上获奖。1926 年，美国费城国际博览会上，杭州都锦生丝织厂生产的五彩丝织风景片和五彩丝织国画获金质奖章。1928 年的中华国货博览会上，浙江参展 579 件产品，有 137 项获奖，杭州邵芝岩的毛笔、舒莲记的扇子、张小泉的剪刀获特等奖。①

其中最为典型的，也最值得一提的是 1929 年的杭州西湖博览会。这次博览会设馆众多，陈列内容丰富，并汲取了国外优良博览会的诸多经验，可以说已接近世界大型博览会的水平，达到了中国历次博览会的高峰。我国于前清末季曾开过一次南洋劝业会，但此次博览会规模要比劝业会大得多。1929 年的杭州西湖博览会对湖滨、孤山一带进行整理经营，店铺林立，并且留下了许多纪念物。博览会对发展民族工业起到促进作用，博览会评出各等奖项 3000 余个，提高了中国商品，特别是浙、杭产商品以及杭州西湖的知名度，促进了中西产品的交流，拓宽了销售渠道。同时也推进了国货外销，通过观摩和比较，促进产物的改良，以至实业的发展，也促进了浙江省博览事业的发展以及浙江社会文化的发展。

为了"奖励实业，振兴国产"，浙江省政府决定在杭州举办西湖博览会。1928 年 10 月 3 日，浙江省政府第 163 次会议上通过了这个议案，筹备工作从 1928 年 10 月一直持续到次年的 6 月，征集展品

---

① 鲍志成：《浙江海外通商史略：浙江对外关系编年》，西泠印社出版社 2006 年版，第 140 页。

147604 件，耗资 337517 元①，1929 年 6 月 6 日下午，西湖博览会正式启幕。

西湖博览会陈列场所由八馆、两所、三个特别处组成。八馆中农业馆设于中山公园、文澜阁等处，陈列的是各种农产物和农具、肥料以及病害、虫害防治方法的说明。农业馆分蚕桑、农业、林业、社会三大部，蚕桑部展出各种蚕桑标本、桑木栽育方法说明、蚕桑研究仪器等。农业部展出各种农产品、畜产品、特产品和农具、肥料的实物标本、模型、图表及防治病虫害的常识；丝绸馆设于葛荫山庄、杨庄及地藏寺等处，所陈列的有各种绫、罗、绸、缎、丝及缫丝等。内分丝茧、绸缎、统计四大部，丝茧部陈列各省的各种蚕茧、厂丝、土丝、丝绵、丝吐、纺丝样品等；绸缎部有各种绸缎、葛、纱、罗、绫、锦、绮、绢、纱、线等各品种；服饰部展出不同地区的丝织挂屏、刺绣、妆花锦物、缎幛、丝领带、丝衬衣、手提袋、锦垫被面、丝内衣等；统计部陈列各地特别是浙江省的茧丝绸缎工厂、厂数、产量、出口情况，此外还在特别陈列室展出江浙一些大丝绸厂家的产品。工业馆设于西湖旧王庄一带，展出轻重工业品、机器、棉纺手工、化学、电力、仪表、建材、食品、粮油、五金交电、日用工业品等。两所中参考陈列所设于岳庙内，陈列外国的机器、原料等，供我国制造厂商观摩借鉴。

西湖博览会原计划在 1929 年 10 月 10 日闭幕，但由于参观者络绎不绝，遂一直持续到 10 月 20 日，前后共 137 天。其间应征展出的物品遍及全国各省，部分国外侨商的物品也有参展，据统计，全部展出品合计 14.76 万件。其间国内外有 1000 多个团体参观，参观人数总计达 2000 余万。"设立八馆之外，另设立一参考馆，陈列外商出品，以供参考之资，而收观摩之效。"亦使外商增加了对中国优质商品的了解，打开了这些商品进入国际市场的渠道。② 西湖博览会从筹备之初至最终结束可谓历时长久：筹备耗时近 8 个月，开幕期间历时

① 华瑶：《1929 年的西湖博览会》，《民国春秋》2001 年第 6 期。

② 《东方杂志》26 卷，第 10 页，1929 年 6 月 10 日。

长达 4 个多月，扫尾工作也有一年之久。博览会的召开，于经营者们而言，是推销产品与改进企业发展的一个良好商机；于工商业的进步而言，刺激了萧条的工商业，繁荣了市场经济；于国家经济的发展而言，纵然耗费巨资，但对社会经济的促进作用却不可估量。另外，博览会也促使民众自觉地比较洋货与国货之优劣。

综合以上诸章节的讨论，我们可以得到如下的结论：第一，就海关贸易总值而言，若以 1926 年的指数为 100，则 1912—1921 年这十年间，贸易总值基本维持在 2000 关两左右，贸易值较低，贸易指数为 55—70。1922—1931 年这十年间，贸易总值平均维持在 2500 关平两左右，贸易值较高，贸易指数在 70 以上。1931 年至抗战之前，由于受日本侵华的影响，贸易值水平又回落。总体上来说，晚清民国时期杭州的外贸情形稳中有升，并在较长一段时期一直处于较高位置。第二，就洋货、土货进出口总额而言，晚清民国时期，杭州对外贸易大部分年份处于出超地位，但这种出超并不一定意味经济情况的良好，必须考察贸易逆差额的大小以及当时物价水平、金银汇率等方面因素来评判贸易情况的优劣。第三，我们也应看到，在晚清民国时期，杭州对外贸易的进出口商品结构开始趋于多元化，贸易结构逐渐趋于合理化。从海关统计来看，进口方面，进入民国后，鸦片进口已在进口商品中销声匿迹，正常生活消费品的进口比重增加，洋布、洋棉、洋烟、洋酒等的大量输入，潜移默化地改变着中国人日常消费品的结构；同时，出口商品亦开始多元化发展，以单一的丝茶出口为主，转向丝、茶、纸扇、纸伞、火腿等多元商品出口的格局。总的来说，杭州开埠及其对外贸易对杭州社会经济的影响是深刻的，促成了近代杭州传统市场的近代转型，形成了主要通过杭州转运至上海，着眼海外市场和国际贸易的新市场格局。杭州的对外贸易将杭州地区被动卷入世界市场，改变了以往相对封闭的状态，各行业都发生了一系列变化，这种变化客观上对近代经济的发展有一定的促进作用。同时，杭州外贸的发展使得杭州工商业经济繁荣，并促使了工商业在新的层面的发展；使得杭州农副业逐渐走上经济种植的道路，繁荣了农村经济；传播了各种新式的文明和生活方式，使得社会更多向现代化前进。因而它的影响和作用绝非仅仅停留在商业的变化、城市的兴衰更替和交通运输功能的改善上，而是会扩散和影响到社会生活的各个层面。

在肯定杭州对外贸易积极作用的同时，我们也应注意到杭州对外贸易发展过程中的局限性和不足之处。第一，上文所提及的对外贸易所导致的市场扩张和商业繁荣，又带有一种暂时性和盲目性，存在一种畸形的发展和严重的不足，使得近代杭州的对外贸易有着诸多的局限性和不足。对外贸易的兴起，局部促进了腹地产业结构的调整，刺激了农副业的发展，使得经济作物种植面积不断扩大，但这种受制于世界市场的经济作物生产局限性非常明显。毛泽东曾经说过："帝国主义列强根据不平等条约，控制了中国一切重要的通商口岸，并把许多通商口岸划出一部分类土地作为他们直接管理的租界。它们控制了中国的海关和对外贸易，控制了中国的交通事业（海上的、陆上的、内河的和空中的）。因此，它们便能够大量地推销它们的商品，把中国变成他们的工业品的市场，同时又使中国的农业生产服从帝国主义的需要。"① 这一针见血地道出了中国对外贸易的致命伤，中国的对外贸易完全受制于国际市场，受到国际资本和帝国主义的牵制和支配。而杭州对外贸易更是完完全全地体现了这种致命伤。杭州对外贸易最主要的表现为其产品主要以原料产品为主，并且由于其基础是农村家庭手工业，技术水平受到很大限制，未能充分利用市场的巨大回报进行品种改良、技术提升和规模化经营、工厂化生产，未能真正突破传统经济模式。杭州主要的出口商品为农副产品，即初级产品，而自输入的外国商品为制成品，从中形成了贸易的剪刀差问题，使得资本主义国家逐步控制商品的定价权，进而到商品的种植、销售渠道等都逐渐受制于外界环境，使得杭州对外贸易水平一直处于低端水平。杭州通过进出口而和国际市场发生联系，农民要通过层层的收买机构卖出农副产品，再通过销售渠道运至上海，出口至国外市场，他们的生产因之受到国际市场的影响。据《浙江省农村调查》记载："浙江

---

① 《毛泽东选集》第 2 卷，人民出版社 1998 年版，第 591—502 页。

是商业资本比较发达的地方，……在过去一二十年中，尤其当丝茧的黄金时代，浙江商业资本的活动，给予浙江农业生产上不少的刺激与鼓励，而造成当时短期的繁荣，浙江的农产品进入一急剧的商品化的阶段中，一切都为市场而生产，国际市场的支配关系也就在那时候形成。但是随着日本丝印度茶的竞争，随着世界经济危机的到来，浙江市场开始表现出空前的衰落。"① 从杭州属下腹地崇德的情况可窥见其一斑。崇德地方有谚曰："上看蚕罢，下看田熟"。"在生丝出口贸易繁盛时间，蚕茧收入为岁入之大宗。每家饲蚕；均数十窗，即合十六两秤一百六十斤，应采茧二百斤。自华丝淘汰，价格惨跌，于是幸福之神离开了养蚕的农民。农民大都负债，每有数窗蚕而采数斤茧者，故崩溃益速。"② 同时，杭州的工业原料又不得不依赖国外市场，例如杭州的丝织业，44%的原料来自意大利、日本的人造丝，棉纺业有60%的棉花从美国、印度进口，其他如火柴、造纸等在原料上也要依赖外国。③ 以上种种分析可知，杭州对外贸易始终处于国际市场的牵制中，农副产品与工业品不平等交换的剪刀差问题贯穿于对外贸易的始终，杭州对外贸易的发展受到的牵制比较大。

第二，杭州对外贸易的性价比较低。由于腹地产业自身先天的不足，加之外来洋货尤其是同类洋货的倾销，原有的销场逐步丧失，土货出口贸易面临着严峻的挑战，杭州对外贸易的性价比较低，长期缺乏自主性。而且自19世纪后期以来中国进出口贸易受洋行的操纵，到20世纪这一状况进一步发展，对外贸易的80%为其所控制。民国时期，杭州对外贸易同样也被操纵于外国在华洋行手中。在进口商品的销售方面，西方在华洋行依靠庞大的贸易网推销洋货，大宗进口商品的销售基本为一家或数家大洋行所把持。在出口贸易方面，大洋行通常委托代理商直接到产地收购农副产品，在产地直接设点收购，直

---

① 行政院农村复兴委员会：《浙江省农村调查》，上海商务印书馆1934年版，第12—13页。

② 同上书，第222—223页。

③ 周峰：《民国时期杭州》，浙江人民出版社1992年版，第354页。

接收购生丝、茶叶、棉花、桐油等农副产品。如上海的生丝出口，20世纪20年代以前，完全掌握在外国洋行的手中。1914年上海丝茧总公所总董曾说：上海"几乎没有一家丝厂不向洋行借款的"，洋行往往通过买办以抵押贷款和预购贷款的方式向中国丝厂提供贷款，由此控制了生丝的收购，因而"生丝的对外贸易完全掌握在上海的外国人手里"。[1] 而浙江的生丝大部分都是运销上海而后出口至外洋，因而浙江的生丝出口也间接地掌握在外商洋行的控制之下。由上述分析可知，民国时期，洋行对杭州对外贸易的把持与垄断，隔断了杭州市场与国际市场的直接联系，极大地抑制了对外贸易对经济促进作用的发挥。

　　第三，对外贸易的衰落所引起的一系列的问题。对外贸易的衰微，使得与对外贸易相关的行业陷入困境，失业现象严重，并且从业者的待遇微薄，直接影响人们的生活。以杭州的丝绸贸易为例。杭州的丝绸贸易素来繁盛，丝绸业发达，到1924年杭州丝绸业更是达到鼎盛时期，而后丝绸销路不畅，自九一八事变后杭州丝绸业急剧衰弱。据不完全统计，1928年杭州丝绸业失业工人为6000多人，其中丝织业工人就达4500多人，1929年丝绸业失业工人更达到15000多人，1932年杭州失业的工人有11395人，丝织工人占9/10。[2] 又据1930年杭州市对262名工人的抽样调查，工人工资最低额仅为1元，工资最高额为37元，多数为6—15元。工人的生活支出部分，食米为最多，大致为5—6元，工人家庭人数平均3—5人，工人收支相抵略有余者仅3.45%，能够维持最低生活而无余者为79.01%，收支相抵不敷者占17.56%。[3]

　　第四，杭州受上海的贸易制约。民国时期，浙江沿海与日本、朝鲜和东南亚各地之间发展起了不定期的轮船往来，主要是集中于宁波一地，而杭州一地的出口主要是运至上海再行出口。杭州所从事的转

---

① R. E. Buchanan：The Shanghai Raw silk Market，1929：4.

② 《杭州市政月刊》第5卷第4号。

③ 《杭州市工人生活状况》，《浙江建设月刊》第4卷第4期，第90页。

口贸易的主体主要是上海，受国内外商品经济发展水平的制约，开埠初期，杭州经济的外向性程度一直处于低水平状态。其中一个重要特点即是杭州的进出口贸易及商品流通受到上海港的制约，掌握杭州对外贸易的外贸商人，大多为居住在上海的国内外商人，杭州的商人只居于从属地位。这种形势在进入民国之后，至抗战之前一直没有多少改变。杭州没有直接的进出口贸易，而是从事地区之间的转口贸易，即口岸进口的洋货或者土货再转运复出口到他国或者其他口岸，这是杭州对外贸易的显著特点。这决定了杭州对外贸易不能发展成为上海那样的规模，主要是由于没有港口优势，赣闽皖等地区外销的货物及商品在杭州中转，然后转运至上海；同样由上海进口的洋货内销至这些地区，都要经过杭州的中转。杭州与上海特殊的地理位置，造成了杭州与上海之间互这种相依赖而又互相竞争的局面。在上海开埠后，江南地区的贸易重点逐渐转移到上海，上海的巨大辐射作用使杭州对外贸易相对而言比较逊色。杭州对外贸易在民国 20 年（1931 年）以前，多在上海转口，进口洋货 80%—90% 也从上海转口而来，直接输入者甚少；出口外洋的土货，也多输到上海再出口①，杭州不少行业（如五金、百货）的商品价格随申盘而涨落。与此同时，上海将杭州纳入其广阔的经济腹地范围内，使得杭州对外贸易多半为转口贸易，在很大程度上影响了杭州对外贸易的持续发展。杭州在上海的"控制"下，成了"非生产的杭州，而为消费的杭州，其经济亦可称为消费的经济"。② 因此，杭州在外贸发展上对上海的依存度很高，但杭州仍然是上海向东南、大西南物流辐射的中转站，宁波、舟山港口的后方疏运中心，这一不可多得的交通区位曾对杭州"截留"往来的发展要素作出无可否认的贡献。遗憾的是，杭州虽作为东南各省之出海口，实为货物出口加工制造之适当地点，但迟迟没有从消费型都市转换成生产型都市。

综合以上分析可以看出，晚清民国时期杭州对外贸易发展规模不

---

① 周峰：《民国时期杭州》，浙江人民出版社 1992 年版，第 354 页。

② 建设委员会调查浙江经济所：《杭州市经济调查》下编，1932 年版，第 608 页。

断扩大，进出口商品结构日趋多元化，刺激了社会经济、商业的繁荣，促进了杭州经济的发展和城市的现代化转型，深刻影响了晚清民国时期杭州社会经济的进程。本书研究晚清民国时期杭州对外贸易的情况，对现代杭州对外贸易的发展有诸多的借鉴。现代杭州对外贸易应扩大进出口商品的多元化格局，采用高效、高质的经营方式，提高自身的技术含量，在发展多渠道经营方式的同时，也应结合特殊的地理位置，大力发展转口贸易，成为华东地区除上海之外的第二大转口贸易大区。

附　　表

表 1　　　　　　　　　　　　杭州关进出口货值统计　　　　　　　　　　　海关两

年份	进口			出口				进出口货值总数（1）＋（2）
	洋货进口	土货进口	总计（1）	土货出口	土货复出口	洋货复出口	总计（2）	
1912	2809786	3876361	6686147	13540169	538	19829	13560536	20246683
1913	3401521	3036657	6438178	10855330	1455	30536	10887321	17325499
1914	3523948	2825476	6349424	10827919	2588	29997	12866126	17209928
1915	3008043	4205221	7213264	12822168	2555	41403	13210663	20079390
1916	4338112	3647696	7985808	13191301	3126	16236	11366028	21196471
1917	5755038	3934878	9689916	11348472	3625	13931	9316889	21055944
1918	5672169	3793240	9465409	9269781	6342	40766	11206785	18782208
1919	4600496	2578407	7178903	11196530	2841	7414	10268798	18385688
1920	5614911	4135500	9750411	10243515	8903	16380	11322777	20019209
1921	7160503	3789255	10949758	11294966	14839	12972	11422506	22272535
1922	9645901	4506927	14152828	11359986	31691	30829	11276583	25575334
1923	8465814	6921796	15387610	11231473	31769	13341	12477389	26664193
1924	6005618	4181863	10187481	12425734	45543	6112	11877409	22664870
1925	6902178	4309921	11212094	11868813	5383	3213	14047517	23089503
1926	10750382	5266587	16016969	13997295	30403	19819	12948512	30064486
1927	6240732	6499054	12739912	12921640	24318	2554	14415154	25688298
1928	6872521	4917202	11789723	14407364	5112	2678	15771336	26204877
1929	7409640	5338272	12747912	15734212	4189	32946	13489618	28519248
1930	11192881	3686913	14879794	13480771	2053	6794	11124980	28369412
1931	3347050	4092077	7439127	11109857	557	14566	11213272	18564107
1932	*113263	6105504	6218767	11179040	34232	—	9396700	17432039
1933	*1436295	6863381	8299676	9381009	15691	—	—	17696376

注：＊由各口岸进口洋货总数不在内。

资料来源：根据海关贸易报告资料整理。

表 2　　　　　　　　　杭州关洋土货进出口货值总数细类　　　　　　　海关两

| 年份 | 洋货进口 | | | | | | 洋货进口净数（1） | 指数1926=100 |
| | 洋货进口总数 | | | 洋货复出口 | | | | |
	由外洋	由各口岸	总计	往外洋	往各口岸	总计		
1912	269397	2540389	2809786	—	19829	19829	2789957	26
1913	558060	2843461	3401521	—	30536	30536	3370985	34.41
1914	541491	2982457	3523948	—	29997	29997	3493951	32.56
1915	246348	2761695	3008043	—	41403	41403	2966640	27.65
1916	224954	4113158	4338112	—	16236	16236	4321876	40.28
1917	136546	5618492	5755038	—	13931	13931	5741107	53.5
1918	195624	5476545	5672196	—	40766	40766	5631403	52.47
1919	146476	4454020	4600496	—	7414	7414	4593082	42.8
1920	78173	5536738	5614911	—	16380	16380	5598531	52.18
1921	81943	7078560	7160503	—	12972	12972	7147531	66.61
1922	1495851	8150050	9645901	—	30829	30829	9615072	89.6
1923	2520488	5945326	8465814	—	13341	13341	8452473	78.76
1924	114766	5890852	6005618	—	6112	6112	5999506	55.91
1925	146615	6755558	6902178	—	3213	3213	6898960	64.29
1926	1961734	8788648	1075382	—	19819	19819	10730563	100
1927	1373656	4867076	6240732	—	2554	2554	6238178	58.13
1928	74402	6798119	6872521	—	2678	2678	6869843	64.02
1929	146473	7263167	7409640	—	32946	32946	7376694	68.74
1930	5158282	6034599	11192881	—	6794	6794	11186087	104.24
1931	211953	3135097	3347050	—	14566	14566	3332484	31.15
1932	113263	—	113263	—	—	—	*113263	1.05
1933	1436295	—	1436295	—	—	—	*1436295	13.39

注：＊洋货进口（由外洋）总数。

续表

年份	土货进口总数	土货复出口			土货进口净数 (2)	指数 1926=100	在外洋	在各口岸	总计 (3)	指数 1926=100	进出口货总值净数计 (1)+(2)+(3)	指数 1926=100
		由外洋	由各口岸	总计								
1912	3876361	—	538	538	3875823	74.03	33	13540136	13540169	96.74	20205949	67.43
1913	3036657	—	1455	1455	3035202	57.96	—	10855330	10855330	77.55	17261517	57.61
1914	2825476	—	2588	2588	2822888	53.92	—	10827919	10827919	77.36	17144758	57.22
1915	4205221	—	2555	2555	4202666	80.27	—	12822168	12822168	97.61	19991474	66.72
1916	3647696	—	3126	3126	3644570	69.61	—	13191301	13191301	94.24	21157747	70.61
1917	3934878	—	3625	3625	3931258	75.08	—	11348472	11348472	81.07	21020832	70.15
1918	3793240	—	6342	6342	3786898	72.33	—	9269781	9269781	66.23	18688082	62.36
1919	2578407	—	2841	2841	2575566	49.2	—	11196530	11196530	80	18365178	61.29
1920	4135500	—	8903	8903	4126597	78.82	—	10243515	10243515	73.19	19968643	66.64
1921	3789255	—	14839	14839	3774416	72.08	—	11294966	11294966	80.7	22216913	74.15
1922	4506927	—	31691	31691	4475236	85.47	—	11359986	11359986	81.16	25450294	84.94
1923	6921796	—	31769	31769	6890027	131.59	—	11231478	11231478	80.24	26573973	88.69

续表

年份	土货进口总数	土货复出口 由外洋	土货复出口 由各口岸	土货复出口 总计	土货进口净数 (2)	指数 1926=100	任外洋	土货出口 任各口岸	土货出口 总计 (3)	指数 1926=100	进出口货值净数总计 (1)+(2)+(3)	指数 1926=100
1924	4181863	—	45543	45543	4136320	78.99	—	12425734	12425734	88.78	22561560	75.3
1925	4309921	—	5383	5383	4304538	82.22	—	11868813	11868813	84.8	23072311	77
1926	5266587	—	30403	30403	5236184	100	—	13997295	13997295	100	29964042	100
1927	6499054	—	24318	24318	6474736	123.66	—	12921640	12921640	92.32	25634554	85.55
1928	4917202	—	5112	5112	4912090	93.81	—	14407364	14407364	102.93	26189297	87.4
1929	5338272	—	4189	4189	5334094	101.87	—	15734212	15734212	112.41	28445000	94.93
1930	3686913	—	2053	2053	3684860	70.33	—	13480771	13480771	96.31	28351718	94.62
1931	4092077	—	557	557	4091520	78.14	7749	11102108	11109857	79.36	18533861	61.85
1932	6105504	—	34232	34232	6071272	115.95	504593	10674447	11179040	79.87	△17363575	57.95
1933	6863381	—	15691	15691	6847690	130.77	—	9381009	9381009	67.02	△17664994	58.95

注：△洋货进口（由各口岸）净数不在内。

资料来源：根据海关贸易报告资料整理。

表3　民国时期（1912—1931年）报经杭州关进口的主要货物一览

货别 年份	棉纱（担）	布（棉、毛、人造丝质）（尺）	棉花（担）	锡块（担）	镀锌钢材及器件（担）	纸烟（千枝）	自来火（火柴）（罗）	赤糖（担）
1912	686	457	2734	—	905	183288	79650	46667
1913	632	267	—	5029	1895	227045	66447	66386
1914	419	2571	—	11350	1889	363147	53299	62093
1915	690	947	—	10591	960	425654	44847	42068
1916	1370	19131	6264	3968	880	438102	142846	45430
1917	705	8241	737	346	782	567763	160373	27939
1918	384	906	344	73	730	694332	222300	31036
1919	57	39	4117	—	740	620442	100510	20146
1920	61	145	13107	1	1287	567763	68171	18087
1921	284	10745	9361	—	1702	694332	56092	26848
1922	1198	9827	481	194	3732	620442	2750	13941
1923	822	292	297	94	2558	652997	—	15763
1924	859	11286	1024	1	2793	587764	—	21274
1925	725	3582	4164	660	3456	495140	900	19652
1926	826	1170	—	102	4424	476520	250	21500
1927	285	5490	—	1	6927	135690	—	76362
1928	—	22360	—	160	6785	497682	—	46660
1929	—	3961	11847	425	6698	185662	2365	66782
1930	—	6376	12685	4	4105	29510	6733	68641
1931	—	2205	7816	7	3872	68605	—	23110

续表

年份（货别）	白糖（担）	车白糖	冰糖	人造丝	煤油（美加仑）	煤（吨）	燃料、颜料、油漆		绿酸钾（洋销）（担）
							各色燃料（值关平）	人造靛（担）	
1912	30565	120053	2032	—	2830910	11046	22739	3546	—
1913	17320	151241	1575	—	2846570	11582	23752	5665	—
1914	17059	127018	1390	—	3342299	10595	21473	5554	—
1915	94340	128394	2160	—	1300120	12125	9276	704	1101
1916	117415	164578	1386	—	1454060	11363	7766	221	916
1917	170109	162301	4436	—	2447770	10365	4853	455	1092
1918	254275	208309	3912	—	2205510	6422	9897	134	1008
1919	185059	102977	3241	—	2533546	2477	17724	734	1931
1920	43757	106945	4477	—	2586125	1277	2647	1716	—
1921	61619	137476	6579	—	2109833	2151	12012	2269	—
1922	10370	187712	6101	—	3416973	2941	12040	4732	—
1923	10072	183445	5431	—	3506695	1669	31356	4184	—
1924	10729	181114	7686	26	3383915	3113	33039	4821	—
1925	41182	152576	7439	123	9191570	6471	19589	7841	—
1926	33457	252469	8356	263	8346152	3909	41488	10041	—
1927	47151	154205	5923	273	4755324	16057	71695	5933	—
1928	136350	175352	7556	3366	1978965	23737	96098	9342	173
1929	204914	81880	3391	4657	6993759	3732	73029	8115	—
1930	123769	95522	3376	1273	5022127	255	83408	7592	—
1931	21568	54156	344	4702	795686	—	40545	3963	149

资料来源：根据海关贸易报告资料整理。

表4　民国时期（1912—1931）报经杭州关出口的主要货物一览

年份	杭州棉纱(担)	白丝(担)	白缫丝(担)	白经丝(担)	白厂丝(担)	蚕茧(担)	乱丝头(担)	绸缎(担)	红茶(担)	绿茶(担)
1912	3048	8897	1420	30	—	1782	10419	593	998	117568
1913	2223	3971	544	36	—	1950	10982	803	617	105735
1914	201	1810	513	28	—	2239	8585	675	427	113079
1915	10857	2486	558	10	—	1913	7439	1885	460	97370
1916	9249	2156	564	5	—	3154	9287	1920	899	108343
1917	17565	1152	720	25	—	525	7931	1756	703	87710
1918	18793	566	561	—	—	994	9756	1912	792	64666
1919	34604	256	486	—	—	836	8568	2254	435	81040
1920	39663	501	239	—	—	822	6714	1788	710	63476
1921	38645	470	392	—	—	515	4199	1450	866	62997
1922	24687	759	442	—	—	507	7536	1455	1559	90262
1923	8009	478	483	—	—	713	7160	1720	1883	107684
1924	3198	1049	1705	—	—	778	7681	2198	2291	88014
1925	7282	353	517	10	—	844	5115	2166	3701	98778
1926	8576	618	—	74	968	—	4003	1855	1702	129920
1927	1071	2015	—	447	1123	—	2461	1652	9681	109818
1928	2933	214	—	—	1084	—	1594	1302	3312	123192
1929	26270	33	—	—	360	—	498	754	5011	122558
1930	18067	6	—	—	5	—	44	558	2025	103619
1931	107	—	—	—	18	—	273	623	1700	81400

附表 2

类别 / 年份	毛茶（担）	茶末	纸烟（柄）	火腿（担）	菜籽（担）	菜籽饼（担）	纸烟（柄）	烟叶（担）	药材（值关平）	酒（担）
1912	—	9183	4947305	2259	261051	214936	4947305	35225	30867	556
1913	—	9107	5095689	1885	152232	192925	5095689	21955	35422	665
1914	—	12251	6364272	1491	96042	187526	6364272	9042	45300	1302
1915	23712	8787	8042344	2223	196719	130929	8042344	23544	54970	14404
1916	26696	9125	5452489	2350	163376	112470	5452489	9754	58556	34483
1917	27197	11904	5819142	2284	124387	199401	5819142	16630	72299	27224
1918	21946	9799	6302903	2733	110309	97164	6302903	16194	70496	14918
1919	24918	8460	5995158	3354	94449	102532	5995158	37342	80136	15362
1920	36564	7127	—	3777	4773	72685	—	12218	49760	14742
1921	28914	11116	—	4685	262425	171347	—	7397	72953	20377
1922	34427	11125	—	4080	192668	122223	—	20846	78744	15611
1923	32549	1595	—	3855	159856	164998	—	16408	85729	18643
1924	39214	—	—	7101	3600	74011	—	22113	102625	19260
1925	32451	—	—	3694	3937	43782	—	31078	102320	19523
1926	30891	—	3602000	—	900	83790	3602000	35848	101729	15946
1927	27858	—	1020000	—	—	57105	1020000	18804	86286	12461
1928	46503	—	1769000	—	30850	185816	1769000	8143	70255	7433
1929	36492	—	2238000	—	105811	175828	2238000	14392	101961	7473
1930	39007	—	3178000	—	147654	105879	3178000	20238	123442	3750
1931	38485	—	2495000	—	106068	193533	2495000	18225	77210	3902

资料来源：根据海关贸易报告资料整理。

表5　民国时期（1912—1927年）浙江省各种洋货历年输入额一览

单位：关平银

年份	糖类		洋布		卷烟		金属		燃料颜料		鱼介海味		棉纱		其他		合计	
	实数	百分数	实数	百分数	实数	百分数	实数	百分数	实数	百分数	实数	百分数	实数	百分数	实数	百分数	实数	百分数
1912	2499	23.55	2743	25.85	748	7.05	676	6.37	580	5.47	363	3.42	230	2.17	2771	26.12	10610	100
1913	3319	23.15	3545	24.73	1039	7.24	1212	8.46	745	5.2	369	2.57	359	2.5	3748	26.15	14336	100
1914	2737	18.65	3966	27.02	1474	10.04	1482	10.1	1018	6.95	463	3.15	460	3.13	3077	20.96	14677	100
1915	2192	17.15	3292	25.76	1652	12.92	1268	9.92	538	4.21	512	4	408	3.19	2919	22.85	12781	100
1916	3805	23.57	3202	19.84	3738	23.16	1457	9.03	208	1.29	506	3.13	612	3.79	2614	16.19	16142	100
1917	4123	25.19	3696	16.84	3718	22.72	1507	9.21	229	1.4	485	3	356	2.18	3248	19.82	16362	100
1918	5397	31.65	3823	22.44	2486	14.59	932	5.47	188	1.1	418	2.45	428	2.51	3367	19.76	17039	100
1919	2955	19.05	2624	16.91	2197	14.16	3330	21.46	331	2.13	230	1.48	243	1.57	3604	23.24	15514	100
1920	4073	24.12	3050	18.06	2714	16.23	1969	11.66	642	3.8	304	1.8	194	1.15	3901	23.18	16883	100
1921	5778	25.2	4705	20.52	3361	14.66	2486	10.84	1034	4.51	411	1.79	225	0.98	4931	21.5	22931	100
1922	4464	15.77	4224	14.92	3674	12.98	1753	6.19	1144	4.04	540	1.91	395	1.4	12114	42.79	28308	100
1923	3755	14.39	3661	14.03	2900	11.11	1698	6.51	918	3.52	363	1.39	290	1.11	12503	47.94	26088	100
1924	4790	21.34	4718	21.02	2630	11.72	1871	8.34	871	3.88	793	3.58	254	1.18	6516	29.04	22443	100
1925	5237	20.74	4648	18.41	1993	7.89	2387	9.45	1032	4.09	476	1.88	241	0.95	9239	35.59	25253	100
1926	5757	23.59	5390	22.09	1900	7.78	2869	11.76	1071	4.39	389	1.59	281	1.15	6747	27.65	24404	100
1927	4517	15.53	4376	15.09	910	3.14	3385	11.68	829	2.86	406	1.4	193	0.66	14874	49.59	28990	100
合计	65398	21.42	60863	20.20	37161	12.34	30282	9.78	11378	3.68	7028	2.41	5196	1.85	95682	28.32	312761	100

资料来源：《浙江省建设月刊》。

表6　民国时期（1912—1927年）浙江省各种土货历年输出额一览

单位：关平两

年份	丝产物	茶	棉花	棉纱	各种扇	药材	鱼介海味	烟叶烟梗	莱子菜饼	锡箔	纸	其他	合计
1912	4745	8800	2270	774	1235	644	718	493	995	309	390	2165	23533
1913	3293	7543	2026	118	1057	731	498	410	594	393	478	2472	20648
1914	2124	10171	1935	1475	538	725	746	293	444	347	24	2586	21408
1915	3144	9560	1772	2125	2257	751	545	446	678	457	38	2950	24723
1916	3386	10316	2617	1193	1540	711	889	245	622	505	73	3738	25835
1917	2668	8154	3528	2259	1596	614	481	279	630	404	185	2484	23282
1918	2761	6553	6381	2083	1444	687	513	593	472	591	201	2372	24433
1919	2940	8018	1370	4422	1452	720	250	980	396	961	146	2857	24512
1920	3554	5557	635	4276	1581	666	959	869	99.	1170	81	3188	21633
1921	2463	5706	1148	5314	980	630	575	276	1012	279	175	4977	23529
1922	2751	7453	1154	4090	866	623	550	471	806	244	87	5923	25018
1923	3767	8776	3995	2179	689	696	714	449	883	233	149	5551	28081
1924	5404	7693	6171	1996	1230	1075	695	585	157	859	349	6633	32797
1925	3808	10778	5651	2413	846	1417	672	922	159	328	460	5958	33407
1926	3937	11164	3484	3099	606	1037	885	1232	249	207	761	7944	34605
1927	4801	11169	5799	2364	223	909	406	992	186	543	898	7706	35991
总数	54545	137338	49931	41251	18140	12838	10093	9235	8382	7830	4490	69502	423470

资料来源：《浙江建设月刊》。

表7　1912—1933年来中国中部各通商口岸贸易额对合同贸易总额

年份 通商口岸	重庆	长沙	汉口	九江	芜湖	南京	上海	杭州	宁波	温州
1912	2.27	1.86	11.41	2.93	2.49	1.03	15.71	1.7	1.88	0.32
1913	2.21	1.8	11.7	2.45	1.53	1.05	15.88	1.31	1.96	0.28
1914	2.92	2.18	11.6	3.08	1.85	1.64	17.08	1.4	2.06	0.27
1915	2.7	2.05	12.44	3.03	1.87	1.72	16.23	1.54	2.05	0.26
1916	2.32	2.03	12.38	3	1.81	1.72	17.03	1.49	2.1	0.24
1917	2.26	1.91	11.49	3.82	1.8	1.54	18.6	1.41	1.68	0.21
1918	1.26	1.45	10.42	2.52	1.82	1.45	20.45	0.51	0.83	0.21
1919	2.11	1.27	10.21	2.2	2.43	2.25	20.93	0.93	1.44	0.2
1920	1.72	1.6	8.29	2.35	1.9	2.29	24.98	0.93	1.38	0.23
1921	2.22	1.26	7.4	1.85	1.4	1.92	23.98	0.94	1.46	0.37
1922	2.36	1.17	8.08	1.73	0.99	1.6	24.8	0.99	1.47	0.26
1923	2.21	1.2	8.73	2.22	1.11	1.34	25.95	0.96	1.51	0.3
1924	2.24	1.28	9.7	2.21	1.29	1.26	26.59	0.7	1.53	0.3

续表

通商口岸 年份	重庆	长沙	汉口	九江	芜湖	南京	上海	杭州	宁波	温州
1925	2.2	1.1	9.6	1.9	2.12	1.27	25.34	0.77	1.54	0.3
1926	2.21	1.13	8.5	1.67	1.46	1.33	29.01	0.8	1.51	0.31
1927	2.11	0.71	6.44	1.61	1.07	0.38	27.85	0.82	1.67	0.36
1928	2.06	1.07	8.65	1.91	1.2	0.56	28.58	0.72	1.45	0.34
1929	2.16	1.47	7.34	1.87	1.44	0.93	28.67	0.78	1.33	04
1930	2.4	0.98	5.55	1.52	1.36	0.9	31.74	0.78	1.47	041
1931	1.91	0.91	5.28	1.49	1.32	0.71	34.18	0.48	1.12	043
1932	1.71	0.61	5.24	1.26	0.82	1.16	38.3	0.58	1.37	041
1933	1.85	0.41	5.94	1.4	1.17	1.08	44.01	0.71	1.31	042

资料来源：《34 年来中国中部通商口岸对外贸易统计图表》，第三表（乙），第 186 页，浙江图书馆古籍部藏。

表8　1912—1936年报经杭州关税税收

单位：关平两

年份	进口税	出口税	复进口税	船钞	内地子口税 进	内地子口税 出	税收总额	指数 以1926年指标为100
1912	102740916	387494385	43957044	79700	10550796	—	544822841	298.14
1913	151296179	311519937	44263677	67400	11617806	—	518764999	283.88
1914	75352408	279797341	46082353	86500	10202089	—	411520691	225.19
1915	9582264	267674496	25728463	102900	5815090	15000	308918213	169.05
1916	8700934	288640407	11048690	139900	5169631	—	313699562	171.66
1917	5898111	254718336	11564911	153600	4865798	68250	277269006	151.73
1918	9748207	212698216	12075179	164600	4743914	—	239425116	131.02
1919	8544930	239062072	14904157	164600	4070907	—	266746660	145.97
1920	4817483	153075944	11652076	183500	4635162	—	174364164	95.42
1921	4661289	201219396	11771505	195900	4972176	—	242919337	132.93
1922	3039396	168399644	10755562	199200	6364116	—	190475837	104.23
1923	11131455	172824368	13328205	217500	8074329	—	205515857	112.49
1924	3236089	172684496	16667771	209600	9058987	—	201856943	110.46

续表

| 年份 | 进口税 | 出口税 | 复进口税 | 船钞 | 内地子口税 | | 税收总额 | 指数 |
					进	出		
1925	5734858	141107919	17038491	199200	5537222	—	171754597	93.99
1926	6745450	149947625	16130242	232800	5040362	—	182741158	100
1927	2143580	160862385	15863921	237400	3539257	—	182904547	100.09
1928	3264828	191366541	13236870	256900	1847885	—	209971914	114.9
1929	9441844	282116791	22628375	316300	908398	—	315411708	172.6
1930	6889027	307011439	18938332	354100	555346	—	333748244	182.63
1931	16017416	157387940	—	288800	—	—	271426202	148.53
1932	10285300	26202220	—	286200	—	—	196108760	107.32
1933	1398042728	3121181	—	132451	—	—	1653212386	904.67

注：其中还包括转口税、进出口税附加税、救灾附加税、附征贩捐未列于表中。
资料来源：根据海关贸易报告资料整理。

表9

1912—1933年出入杭州港的中外各船统计

年份	中国			美国			英国			法国			日本			总数	
	只	吨	百分比	只	吨	百分比	只	吨	百分比	只	吨	百分比	只	吨	百分比	只	吨
1912	8084	280267	64.46	48	1488	0.34	52	1612	0.37	—	—	—	1728	151457	34.83	9912	434824
1913	6547	249007	59.03	132	4118	0.97	74	2106	0.5	—	—	—	1723	166585	39.48	8476	421816
1914	5870	219375	63.35	131	3543	1.02	61	1656	0.48	—	—	—	1477	121708	35.15	7539	346282
1915	7762	279493	77.24	112	2766	0.76	66	1888	0.52	—	—	—	656	77719	21.48	8596	361866
1916	6535	256290	76.74	87	2463	0.74	63	1612	0.48	—	—	—	597	73519	22.04	7282	333956
1917	6678	250362	78.06	78	2363	0.73	112	3062	0.96	—	—	—	569	64919	20.25	7437	320706
1918	5299	220185	82.15	69	1763	0.66	203	4087	1.52	—	—	—	436	41986	15.67	6007	268021
1919	3147	165427	78.23	118	2621	1.24	216	4402	2.08	—	—	—	429	39015	18.45	3910	211465
1920	4073	200449	87.9	144	3074	1.35	149	3190	1.4	—	—	—	262	21314	9.35	4628	228027
1921	3677	187150	96.12	191	4034	2.07	154	3158	1.62	—	—	—	4	170	0.1	4026	194512
1922	5251	215638	96.92	132	2960	1.33	124	3444	1.55	—	—	—	4	454	0.2	5511	222496
1923	5863	228370	97.47	96	2268	0.97	132	3564	1.52	—	—	—	2	80	0.04	6093	234282
1924	3019	163873	94.68	82	2010	1.16	182	4628	2.67	—	—	—	20	2565	1.49	3303	173076

续表

年份	中国			美国			英国			法国			日本			总数	
	只	吨	百分比	只	吨	百分比	只	吨	百分比	只	吨	百分比	只	吨	百分比	只	吨
1925	2896	151959	96.12	78	2236	1.41	128	3854	2.44	—	—	—	1	40	0.03	3103	158089
1926	4765	208533	94.06	86	2224	1	200	6917	3.12	—	—	—	40	4026	1.82	5091	221700
1927	4353	207598	97.34	82	2010	0.94	94	3457	1.62	—	—	—	2	199	0.1	4531	213264
1928	4231	206025	94.29	130	3426	1.57	260	9050	4.14	—	—	—	—	—	—	4621	218501
1929	3938	181514	91.57	130	4156	2.1	314	12560	6.33	—	—	—	—	—	—	4382	198230
1930	5064	226338	93.34	124	3558	1.47	280	12586	5.19	—	—	—	—	—	—	5468	242482
1931	2021	113573	89.81	84	2640	2.09	208	10254	8.1	—	—	—	—	—	—	2313	126467
1932	2582	96188	97.76	128	3938	3.59	210	9490	8.65	—	—	—	—	—	—	2920	109616
1933	2268	98166	90.29	84	2628	2.42	172	7930	7.29	—	—	—	—	—	—	2524	108724

资料来源：根据海关贸易报告资料整理。

参 考 文 献

一 档案 资料集 方志

浙江档案馆：杭州关全宗档案。

杭州海关档案室：杭州关档案。

中华人民共和国杭州海关译编：《近代浙江通商口岸经济社会概况 浙海关 瓯海关 杭州关贸易报告集成》，浙江人民出版社2002年版。

第二历史档案馆编：《中国旧海关史料（1859—1948）》，京华出版社2002年版。

江恒源编：《中国关税史料》，选自《民国丛书》第五编36卷，上海书店1996年版。

北京图书馆出版社影印室编：《清末民国财政史料辑刊》，北京图书馆出版社2007年版。

南开大学历史系编：《清实录经济资料辑要》，中华书局1958年版。

（明）杨时乔：《两浙南关榷事书》，见《北京图书馆古籍珍本丛刊》47，史部·政书类，书目文献出版社1998年据明隆庆元年刻本影印。

（清）许梦闳：《重修北新关志》，雍正九年（1731）刊印。

（清）赵尔巽等撰：《清史稿》，中华书局1976年版。

（清）国史馆编：《清国史》，中华书局1993年版。

（清）朱寿朋：《光绪朝东华录》，中华书局1958年版。

（清）王彦威：《清季外交史料》，书目文献出版社1987年版。

中国第一历史档案馆编：《光绪朝朱批奏折》，中华书局 1995 年版。

《中国近代期刊汇刊第二辑 清议报》，中华书局 1991 年版。

秦国经主编：《中国第一历史档案馆馆藏 清代官员履历档案全编》，华东师范大学出版社 1997 年版。

班思德：《最近百年中国对外贸易史资料》，海关税务司统计科 1931 年版，中国第二历史档案馆藏。

杨端六、侯厚培编：《六十五年来中国国际贸易统计》，"国立"中央研究院社会科学研究所，1931 年。

实业部国际贸易局编：《最近三十四年来中国通商口岸对外贸易统计（1900—1933）》，商务印书馆 1935 年版。

姚贤镐主编：《中国近代对外贸易史资料 1840—1895》，中华书局 1962 年版。

汤象龙编：《中国近代海关税收和分配统计（1861—1910）》，中华书局 1992 年版。

黄炎培、庞淞编：《中国四十年海关商务统计图表：1876—1915》，香港龙门书店 1966 年影印版。

李文治编：《中国近代农业史资料》第 1 辑，三联书店 1957 年版。

章有义编：《中国近代农业史资料》第 2 辑，三联书店 1957 年版。

彭泽益编：《中国近代手工业史资料》1—4 辑，三联书店 1957 年版。

孙毓棠编：《中国近代工业史资料》第 1 辑，科学出版社 1957 年版。

汪敬虞编：《中国近代工业史资料》第 2 辑，科学出版社 1957 年版。

严中平等编：《中国近代经济史统计资料选辑》，科学出版社 1955 年版。

中国史经编：《戊戌变法》（中国近代史资料丛刊），上海神州国光社 1953 年版。

中国史经编：《义和团》（中国近代史资料丛刊），上海神州国光社 1951 年版。

王铁崖编：《中外旧约章汇编》，三联书店 1982 年版。

聂宝璋编：《中国近代航运史资料》第 2 辑，中国社会科学出版社 2002 年版。

郑友揆、程麟荪：《中国的对外贸易和工业发展 1840—1948 年》，上海社会科学院出版社 1984 年版。

陈诗启编：《中国近代海关常用词语英汉对照宝典》，中国海关出版社 2002 年版。

海关总署《旧中国海关总税务司署通令选编》编译委员会：《旧中国海关总税务司署通令选编（1861—1910）》，中国海关出版社 2003 年版。

上海市政协文史资料委员会编：《列强在中国的租界》，文史出版社 1992 年版。

朱新予主编：《浙江丝绸史》，浙江人民出版社 1985 年版。

浙江丝绸工学院编：《浙江丝绸史料》，浙江丝绸工学院 1978 年油印本。

求良儒、蒋猷龙：《浙江丝绸史纪要》，《浙江文史资料选辑》第 24 辑，浙江人民出版社 1983 年版。

浙江文史资料编辑组：《浙江文史资料选辑》第 8 辑，浙江人民出版社 1964 年版。

杭州市政协委员会文史资料工作委员会编：《杭州文史资料》第 5 辑，1985 年。

杭州市政协委员会文史资料工作委员会编：《杭州文史资料》第 8 辑，1987 年。

中国人民政治协商会议浙江省湖州市委员会文史资料研究委员会编：《湖州文史》，1984 年。

姜卿云编：《浙江新志》，杭州正中书局 1936 年版。

浙江省通志馆：《重修浙江通志稿》，浙江图书馆 1983 年誊印本。

浙江人民出版社:《浙江分县简志》,浙江人民出版社1983年版。

(清)龚嘉隽修:《浙江省杭州府志》,成文出版社有限公司印行,民国11年铅印本。

杭州市对外经济贸易委员会编:《杭州对外经贸志》,北京师范大学出版社1993年版。

杭州市地方志编纂委员会编:《杭州市志》,中华书局1995年版。

浙江省丝绸志编纂委员会编:《浙江省丝绸志》,方志出版社1999年版。

建德县志编纂委员会编:《建德县志》,浙江人民出版社1986年版。

萧山县志编纂委员会编:《萧山县志》,浙江人民出版社1987年版。

余杭县志编纂委员会编:《余杭县志》,浙江人民出版社1991年版。

桐庐县志编纂委员会编:《桐庐县志》,浙江人民出版社1991年版。

富阳县志编纂委员会编:《富阳县志》,浙江人民出版社1993年版。

海宁市志编纂委员会编:《海宁市志》,汉语大词典出版社1995年版。

朱培得主编:《南浔镇志》,上海科学技术文献出版社1995年版。

钱塘江志编纂委员会编:《钱塘江志》,方志出版社1998年版。

湖州市地区志编纂委员会编:《湖州市志》,昆仑出版社1999年版。

(清)宋景关:《乍浦志》,上海书店出版社1992年版。

班思德:《最近百年中国对外贸易史资料》,海关税务司统计科1931年版,中国第二历史档案馆藏。

杨端六:《六十五年来中国国际贸易统计》,南京"中央研究院"社会科学研究所1931年版。

杨端六、侯厚培:《六十五年来中国之贸易统计》,"国立中央研究院"社会科学研究所 1931 年版。

实业部国际贸易局：《中国实业志：浙江省》，浙江人民出版社 1933 年版。

国民政府实业部国际贸易局编纂：《最近三十四年来中国通商口岸对外贸易统计（1900 — 1933）（中部）》，商务印书馆 1935 年版。

许道夫：《中国近代农业生产资料及贸易统计资料》，上海人民出版社 1983 年版。

聂宝璋、朱荫贵编：《中国近代航运史资料》（第二辑），中国社会科学出版社 2002 年版。

杭州海关编：《近代浙江通商口岸经济社会概况——杭州宁波温州海关贸易报告》，浙江人民出版社 2002 年版。

《浙江省进出口贸易统计图表》，浙江图书馆古籍部藏。

顾文渊、朱浩涛、徐世冶编：《浙江经济统计》，浙江地方银行总行 1941 年。

浙江社会科学院历史所、经济所、嘉兴图书馆合编：《嘉兴府城镇经济史料类纂》，刊刻于 1985 年，嘉兴图书馆 1982 年版。

浙江省档案馆档案材料：《民国档案目录·盐务海关税务类·编号 2——民国杭海关》。

浙江省档案馆档案材料：《民国档案目录·财贸合作类·编号 1—2 民国中国丝绸、茶叶公司》。

杭州市档案馆：《民国时期杭州市政府档案史料汇编（1927—1949）》，1990 年。

罗志如：《统计表中之上海》，"中央研究院"社会科学研究所 1932 年版。

徐雪筠等译编，张仲礼校订：《上海近代社会经济发展概况：1982—1931：〈海关十年报告译编〉》，上海社会科学院出版社 1985 年版。

干人俊：《民国杭州市新志稿》，杭州市地方志编纂办公室 1987 年铅印本。

杭州市对外经济贸易委员会编：《杭州对外经贸志》，北京师范大学出版社 1993 年版。

《杭州市志》编纂委员会：《杭州市志》，浙江人民出版社 1997 年版。

杭州丝绸控股（集团）公司：《杭州丝绸志》，浙江科学技术出版社 1999 年。

杭州市经委编志办公室：《杭州市工业志》，1998 年。

《浙江省外事志》编纂委员会：《浙江省外事志》，中华书局 1996 年版。

《浙江省外经贸志》编纂委员会编：《浙江省外经贸志》，中华书局 2001 年版。

《浙江省蚕桑志》编纂委员会：《浙江省蚕桑志》，浙江大学出版社 2004 年版。

韩克刚、余姚市《余姚镇志》编纂领导小组：《余姚镇志》，浙江人民出版社 1989 年版。

《余杭县志》编纂委员会：《余杭县志》，浙江人民出版社 1990 年版。

周霖根等：《余杭镇志》，浙江人民出版社 1992 年版。

余杭《临平镇志》编纂委员会：《临平镇志》，浙江人民出版社 1991 年版。

《海宁硖石镇志》编纂委员会：《海宁硖石镇志》，浙江人民出版社 1992 年版。

《嘉兴市志》编纂委员会：《嘉兴市志》，中国书籍出版社 1997 年版。

《海宁市志》编纂委员会：《海宁市志》，汉语大辞典出版社 1995 年版。

桐乡市《桐乡县志》编纂委员会：《桐乡县志》，上海书店出版社 1996 年版。

《南浔镇志》编纂委员会：《南浔镇志》，上海科学技术文献出版社 1995 年版。

二　报纸杂志

《浙江潮》

《日商杭报》

《杭州白话报》

《经世报》

《杭报》

《全浙公报》

《浙江官报》

《商业杂志》

《杭州商业杂志》

《危言报》

《申报》

《杭州之丝织业》，《东方杂志》第 24 卷第 2 号，1917 年 2 月 15 日。

中共浙江省嘉兴地委政治研究室：《熹湖蚕桑资料·近代篇》，见浙江省农业科学院蚕桑研究。

［美］乞的克著，李熙谋译：《论中国辑里丝》，《农商公报》第 106 期专件，1923 年。

《调查：吴兴之绸业调查》，《工商半月刊》第 2 卷第 10 期，1930 年 5 月 15 日。

《浙江海盐丝茧生产状况及行销情形》，《工商半月刊》第 2 卷第 15 期，1930 年 8 月。

赵鼎元：《辑里湖丝调查记》，《工商半月刊》第 4 卷第 23 期，1932 年 12 月。

《一月来之商业：湖州丝绸业日渐衰落》，《中国实业》第 1 卷第 9 期，1935 年。

《浙江茶叶史》，《浙江省建设月刊》第 10 卷第 8 期，1937 年。

《浙江省桑蚕茧丝绸状况调查录》，《中外经济周刊》第 185 期。

《国际贸易导报》

《杭州民国日报》

《东方杂志》

《浙江省政府公报》

三　文集　传记资料

贺长龄：《皇朝经世文编》，上海广百宋斋，清光绪十七年（1891）铅印本。

徐宗亮：《通商约章类纂》，天津官书局，清光绪十二年（1886）刻本。

蔡乃煌：《约章分类辑要》，湖南商务局，清光绪二十六年（1900）刻本。

郑实：《政艺丛书》，清光绪二十七年（1901）石印本。

颜世清：《交涉要览》，清光绪二十八年（1902）铅印本。

刘锦藻：《续文献通考》，浙江古籍出版社1988年版。

（清）王文韶：《王文韶日记》，中华书局1989年版。

董校昌主编：《杭州市歌谣谚语卷》，中国民间文艺出版社1989年版。

周峰主编：《杭州历史丛编》，浙江人民出版社1990年版。

［美］费正清等：《马士—中国海关税务司与历史学家》。

［英］魏尔特：《赫德与中国海关》，陆汤成译，厦门大学出版社1993年版。

卢漠超：《赫德传》，上海人民出版社1986年版。

汪敬虞：《赫德与近代中西关系》，人民出版社1987年版。

王芸生：《六十年来中国与日本》，三联书店1980年版。

［美］费正清等：《赫德日记——赫德与中国早期现代化》，陈障译，中国海关出版社2003年版。

顾廷龙、戴逸主编：《李鸿章全集》，安徽教育出版社、安徽出版集团2008年版。

孙修福：《中国近代海关高级职员年表》，中国海关出版社2004年版。

魏颂唐：《浙江经济纪略》，全国图书馆文献缩印复制中心 2002 年版，浙江图书馆古籍部藏。

陈自新：《浙江八县农村调查报告》，浙江大学农学院 1930 年版。

行政院农村复兴委员会：《浙江省农村调查》，上海商务印书馆 1934 年版。

浙江财务人员养成所：《杭州市经济之一瞥》，1932 年版。

建设委员会调查浙江经济所：《杭州市经济调查》，1932 年，浙江图书馆古籍部藏。

建设委员会调查浙江经济所：《浙江余姚县经济调查》，1931 年，浙江图书馆古籍部藏。

建设委员会经济调查所统计课：《中国经济志：浙江省吴兴长兴》，1935 年。

冯紫岗：《嘉兴县农村调查》，国立浙江大学暨嘉兴县政府，1936 年。

刘大钧：《吴兴农村经济》，中国经济统计研究所发行，文瑞印书馆 1939 年版。

浙江省银行经济研究室：《浙江经济年鉴》，浙江人民出版社 1948 年版。

浙江文史资料编辑组：《浙江文史资料选辑》第 24 辑，浙江人民出版社 2001 年版。

政协杭州市委员会文史资料工作委员会编：《杭州文史资料》第二辑，政协杭州市委员会文史资料研究委员会 1983 年版。

《杭州工商业史料选》，浙江人民出版社 1988 年版。

《余杭文史资料》，中国人民政治协商会议浙江省余杭县委员会文史资料委员会 1991 年版。

上海市文史馆，上海市人民政府参事室文史资料工作委员会编：《上海地方史资料》，上海社会科学院出版社 1982 年版。

四　论著

沈敏元：《浙海常关五十里外各口中华民国二年度华洋贸易情形

论略》，民国2年（1913）油印本。

钱天达：《中国蚕丝问题》，上海黎明书局1936年版。

武堉干：《中国国际贸易概论》，商务印书馆1932年影印。

［俄］斯拉德科夫斯基：《中国对外经济关系简史》，郗藩封等译，财政经济出版社1956年版。

［美］西·甫·里默著，卿汝楫译：《中国对外贸易》，三联书店1958年版。

李康华：《中国对外贸易史简论》，对外贸易出版社1981年版。

鲁传鼎：《中国贸易史》，中央文物供应社1985年版。

孙玉琴：《中国对外贸易史》第2册，对外经济贸易大学出版社2004年版。

韩启桐：《中国埠际贸易统计》，中科院社会研究所1951年版。

吴兆莘：《中国税制史》，上海书店出版社1984年版。

［美］马士：《中华帝国对外关系史》，张汇文等译，三联书店1957年版。

［美］萧邦齐：《湘湖—九个世纪的中国世事》，叶光庭待译，杭州出版社2005年版。

［英］莱特：《中国关税沿革史》，三联书店1958年版。

［日］木宫泰彦：《中日交通史》，陈捷译，商务印书馆1931年版。

［日］山胁悌二郎：《近世日中贸易的研究》，吉川弘文馆1960年版。

［日］斯波义信：《宋代江南经济史研究》，方建冯译，江苏人民出版社2001年版。

［日］滨下武志：《中国近代经济史研究》，高淑娟等译，江苏人民出版社2008年版。

胡绳：《从鸦片战争到五四运动》上册，人民出版社1981年版。

萧一山：《清代通史》，华东师范大学出版社2006年版。

彭雨新：《清代关税制度》，湖北人民出版社1956年版。

陈旭麓：《近代中国社会的新陈代谢》，上海社会科学出版社

2006 年版。

朱英：《晚清经济政策与改革措施》，华中师范大学出版社 1996 年版。

杨天宏：《口岸贸易与社会变革》，中华书局 2002 年版。

［美］费正清、刘广京编：《剑桥中国晚清史 1800—1911》，中国社会科学出版社 1985 年版。

李斌：《顿挫与嬗变 晚清社会变革研究》，四川大学出版社 2006 年版。

陈诗启：《中国近代海关史（晚清部分）》，人民出版社 1993 年版。

陈诗启、孙修福主编：《中国近代海关常用词语英汉对照宝典》，中国海关出版社 2002 年版。

赵淑敏：《中国海关史》，台北中央文物供应社 1982 年版。

许涤新、吴承明主编：《中国资本主义发展史》，人民出版社 2003 年版。

吴承明：《中国资本主义与国内市场》，中国社会科学出版社 1985 年版。

郁东明、郑学溥编：《宁波——浙江第一个商埠》，浙江人民出版社 1958 年版。

杭州大学日本文化研究所、神奈川大学文学研究所编：《中日文化论丛》，杭州大学出版社 1996 年版。

［美］施坚雅主编：《中华帝国晚期的城市》，叶光庭等译，中华书局 2000 年版。

田汝康：《中国帆船贸易与对外关系史论集》，浙江人民出版社 1987 年版。

金普森编：《浙江通史·晚清部分》，浙江人民出版社 2005 年版。

倪士毅：《浙江古代史》，浙江人民出版社 1987 年版。

徐和雍、郑云山、赵世培等编：《浙江近代史》，浙江人民出版社 1982 年版。

陈梅龙、景消波译编：《近代浙江对外贸易及社会变迁》，宁波出版社 2003 年版。

林正秋主编:《浙江经济文化史研究》,浙江古籍出版社 1989 年版。

沈雨梧:《浙江近代经济史稿》,人民出版社 1990 年版。

朱新予:《浙江丝绸史》,浙江人民出版社 1985 年版。

陈学文:《明清时期杭嘉湖市镇史研究》,群言出版社 1993 年版。

蒋兆成:《明清杭嘉湖社会经济研究》,杭州大学出版社 1994 年版。

包伟民:《江南市镇及其近代命运》,知识出版社 1998 年版。

包伟民主编:《浙江区域史研究》,杭州出版社 2003 年版。

陶水木:《浙江商帮与上海经济近代化研究》,上海三联书店 2000 年版。

陈永昊、陶水木主编:《中国近代最大的丝商群体;湖州南浔的 "四象八牛"》,浙江人民出版社 2001 年版。

吕新福:《浙商的崛起与挑战 改革开放 30 年》,中国发展出版社 2009 年版。

上海社会科学经济研究所编:《上海对外贸易(1840—1949)》,上海社会科学院 1989 年版。

[美] 托马斯·莱昂斯:《中国海关与贸易统计 1859—1948》,浙江大学出版社 2009 年版。

[日] 副岛门照:《帝国主义与中国海关制度——从鸦片战争到辛亥革命》,《人文学报》第 42 号,京都大学人文科学研究所,1976 年 11 月。

丁日初、沈祖炜:《对外贸易同中国经济近代化的关系(1843—1936)》,《近代史研究》1987 年第 6 期。

姚贤镐:《19 世纪 70 至 90 年代中国对外贸易的发展趋势》,《中国社会经济史研究》1987 年第 1 期。

陈争平:《1895—1936 年中国进出口贸易的修正及贸易平衡分析》,《中国经济史研究》1994 年第 1 期。

戴一峰:《〈中国海关密档:赫德、金登干函电汇编〉评介》,

《近代史研究》1991 年第 6 期。

戴一峰：《论清末海关兼管常关》，《历史研究》1989 年第 6 期。

罗亮畴：《晚清的半殖民地海关统计》，《统计研究》1991 年第 2 期。

贺耀敏：《让世界市场支配下的晚清对外贸易》，《经济学文萃》华夏出版社 2001 年版。

沈雨梧：《略论近代浙江封建自然经济的解体》，《浙江师范大学学报》1987 年第 4 期。

金普森：《略论浙江近代经济史研究》，《杭州大学学报》1991 年第 3 期。

金普森、何扬鸣：《杭州拱宸桥日租界对杭州的影响》，《杭州大学学报》1992 年第 1 期。

〔日〕香坂昌纪：《清代的北新关与杭州》，《杭州师范学院学报》1998 年第 1 期。

徐木兴：《从杭州地区看市场的近代嬗变》，《贵州文史丛刊》2003 年第 1 期。

林正秋：《浙江古代海外贸易史探述》，《商业经济与管理》2003 年第 12 期。

陈自芳：《论近代杭州城市化的创新动力》，《浙江社会科学》1999 年第 6 期。

傅崇兰：《论明清时期杭州城市的发展》，《中国史研究》1983 年第 4 期。

谭其骧：《杭州都市发展之经过》，《东南日报·云涛》1948 年 3 月 6 日第 26 期。

魏嵩山：《杭州城市的兴起及其城区的发展》，《历史地理》1981 年创刊号。

项弋平：《航州—杭州》，《杭州日报》1980 年 1 月 5 日。

李华：《清代杭州城市经济的发展》，齐鲁书社 1985 年版。

《杭州输出货大宗数目表》，《浙江潮》1903 年 6 月 15 日第 5 期。

《杭州外省输入货大宗数目表》，《浙江潮》1903 年 6 月 15 日第

5 期。

陈梅龙：《试论近代浙江的棉花出口》，《史林》2005 年第 4 期。

莫铭：《近代浙江湖丝的对外贸易》，《古今农业》1995 年第 2 期。

竺菊兰：《近代宁波对外贸易衰弱原因探析》，《浙江学刊》1996 年第 2 期。

徐明德：《论 14 至 17 世纪宁波港在中日经济文化交流史上的重要地位》，杭州大学出版社 1996 年版。

徐明德：《论 17—19 世纪乍浦国际贸易港》，杭州大学出版社 1996 年版。

韩慧莉：《近代湖丝外贸的回顾与思考》，《湖州师范学院学报》2005 年第 27 卷第 6 期。

何炳贤：《中国的国际贸易》，商务印书馆 1937 年版。

杨大金：《现代中国实业志》，商务印书馆 1937 年版。

郑友揆、蔡谦：《中国各通商口岸对各国进出口贸易统计》，商务印书馆 1936 年版。

韩启桐：《中国埠际贸易统计》，中科院社会研究所 1951 年版。

郑友揆：《1840—1948 中国对外贸易和工业发展》，上海社会科学院出版社 1984 年版。

徐雪筠等译编：《上海近代社会经济发展概况 1882—1931 海关十年报告》，上海社会科学出版社 1985 年版。

上海社会科学院经济研究所等编：《上海对外贸易（1840—1949）》，上海社会科学院出版社 1989 年版。

沈雨梧：《浙江近代经济史稿》，人民出版社 1990 年版。

陆仰渊、方庆秋：《民国社会经济史》，中国经济出版社 1991 年版。

周峰：《民国时期杭州》，浙江人民出版社 1992 年版。

童隆福：《浙江航运史》（古近代部分），人民交通出版社 1993 年版。

［美］费正清编：《剑桥中华民国史（1927—1949 年）》，杨品泉

等译，中国社会科学出版社 1994 年版。

丁日初主编：《上海近代经济史》第 1 卷，上海人民出版社 1994 年版。

李明珠：《中国近代蚕丝业及外销》，上海社科院出版社 1996 年版。

汪敬虞：《中国近代经济史（1895—1927）》，人民出版社 1998 年版。

陶水木：《浙江商帮与上海经济近代化研究》，上海三联书店 2000 年版。

陈梅龙、景消波编译：《近代浙江对外贸易及社会变迁》，宁波人民出版社 2003 年版。

陶士和：《民国浙江史》，陕西人民出版社 2003 年版。

许涤新、吴承明：《中国资本主义发展史》第三卷，人民出版社 2003 年版。

孙玉琴：《中国对外贸易史》（第 2 册），对外经济贸易大学出版社 2004 年版。

金普森、陈剩勇：《浙江通史》民国卷（上），浙江人民出版社 2005 年版。

张东刚：《世界经济体制下的民国时期经济》，中国财政经济出版社 2005 年版。

袁成毅：《浙江通史》（民国下卷），浙江人民出版社 2005 年版。

张宪文：《中华民国史》第二卷，南京大学出版社 2005 年版。

鲍志成：《浙江海外通商史略·浙江对外关系编年》，西泠印社出版社 2006 年版。

朱荫贵、戴鞍钢：《近代中国：经济与社会研究》，复旦大学出版社 2007 年版。

五　外文类

[1] H. B. Morse, *The Trade and Administration of China*. Revised Edition Kelly and Walsh, Limited, 1913.

［2］ *Jerome ch ' en. China and the West*：*society and culuture* 1815 – 1937, Indiana University Press, 1979.

［3］ J. K. Fairbank, *Trade and Diplomacy on the China Coast*：*the O-pening of the treaty Ports*, Cambridge：Harvard UniversityPress, 1953.

［4］ Ma Feng-hwa, "External Chinese Economic Development：A Re-examination", Paper Presented at Conference on Modern Chinese Economic History, 1977, Taipei.

后　记

　　《晚清民国时期杭州对外贸易研究》是我近年来涉及杭州区域历史文化研究的一本著作，也是我继前年中国社会科学出版社出版的《民国时期浙江对外贸易研究》（此书荣获 2012 年第十七届浙江省社科三等奖）以来又一部有关浙江区域外贸的书籍。这些书籍的出版也是为了配合国家的海上丝绸之路研究而作的系列丛书之一。2013 年10 月习近平总书记访问东盟国家时提出了建设"21 世纪海上丝绸之路"的设想。李克强总理在 2014 年 3 月 5 日所作的政府工作报告提出，抓紧规划建设丝绸之路经济带和"21 世纪海上丝绸之路"。古老的海上丝绸之路自秦汉时期开通以来，一直是沟通东西方经济文化交流的重要桥梁，而浙江杭州地区自古就是海上丝绸之路的重要枢纽和组成部分。但很遗憾同样是海上丝绸之路的地区，浙江与福建、广东等兄弟省份相比还存在着巨大的差距，因此，加强浙江以及杭州等地区的海上丝绸之路研究，是为了更好地配合国家的"21 世纪海上丝绸之路"的战略，主动创造合作、和平、和谐的对外合作环境的有力手段，为我国全面深化改革创造良好的机遇和外部环境。

　　本课题由我总体设计，并承担绪论、第一章、第六章、第七章、第四章（部分）、结语、后记等的撰写；宁波市档案馆的黄韵梅女士撰写第三章、第四章（部分）；嘉兴市图书馆陆艳芳女士撰写第五章；杭州建兰中学张敏女士撰写第二章；我的研究生周佳同学、本科生陈佳文等同学，他们对本书进行了校对、修改和整理；全书由我统稿修订。

　　如今《晚清民国时期杭州对外贸易研究》已经完稿，我十分欣慰，也万分激动，因为这书稿是倾注了我多年的心血，它不仅是我个人的成果，也是我们课题组团队人员多年来呕心沥血群策群力共同完成的硕果。这本书正如杭州市政协主席叶明先生在序中所述："马丁教授在书中以翔实的海关统计数据为基础，综合运用经济学、统计学、社会学等研究工具，特别是将杭州开埠前与开埠后贸易状况、杭州开埠后贸易与其他港口贸易状况、杭州海关进出口贸易与同时期开放的其他海关贸易状况等进行了系统比较分析，具体再现了晚清民国时期杭州对外贸易的发展脉络，及这一时期杭州社会的变迁历程，为我们进一步拓展深化杭州民国史研究、认清历史演进内在规律提供了新的视角和依据……"（见书中序言）当然叶主席对本书的评价可能是比较客气，但有一点是可以肯定的，本书对晚清民国时期杭州对外贸易的研究将起到抛砖引玉的作用，请各位专家不吝指教。

　　近年来在杭州市政协等的大力支持和扶植下，杭州市社科界对本地的区域文化研究出现了方兴未艾、百花齐放的局面，尤其对民国时期的研究更是出现了"井喷"现象。研究民国历史"不但大大丰富了杭州的历史文化，而且其所揭示的历史轨迹能够为当前杭州经济、社会、文化和城市建设等各项事业的发展提供很好的借鉴，也可以为杭州的科学发展提供强大的精神动力和智力支持"。以古为鉴，可知兴衰，杭州在社会发展的过程中形成的外向型经济模式与近代杭州开埠的影响密不可分，尤其是晚清民国时期以来的外贸研究。作为从事外贸领域的相关人士，必须重视杭州对外经贸体制、运作、经营等方面的认识，并对杭州自古以来的丝绸之路（对外贸易）发展情况有一个全面深入的考察，以便在目前金融危机频发的年代，能提出巩固、开拓外贸经济实体提高抗风险能力的有效措施，巩固杭州经济发展的成果，为促进杭州城市经济社会的发展作出应有的贡献。

　　我有个夙愿能在有生之年能写几本有关杭州区域历史文化的书籍，如今这个愿望终于实现了。在本书付梓之际，我首先要衷心感谢杭州市政协主席叶明先生对本书的关怀与指导，叶主席尽管工作繁忙日理万机，但他仍然抽出大量时间审阅本书，并语重心长、逐字逐句地写下数千字的序言。他的这种严谨的治学态度和一丝不苟的工作作风，是值得我们学习的；叶主席在序中的一些思想、精神和理念，不仅是对我一种激励和指导，同时也是对我们杭州所有文史工作者的一种鞭策和鼓舞。

我衷心感谢杭州雪子控股集团董事长胡晓风先生、浙江外事侨办主任王通林先生、中央文明办常务副主任徐令义先生、绍兴市委书记钱建民先生、浙江省环境保护厅厅长章晨先生、浙江省民族宗教委员会主任冯志礼先生、中国电子科技集团公司第三十六研究所潘大元先生、上海金太阳教育集团董事长翁学院先生、瑞安市育才职业中学董事长范可寿先生等。衷心感谢来校祥先生、陈晓雄先生、方展画先生、孙利安先生、金中强先生、傅宝祥先生、王水成先生、来成鸣先生、张裕杭先生、章关法先生、莫建平先生、吴红雨先生、郑豪女士、潘启蒙先生、孟勇先生、胡伟先生、谢方意先生、杨卫平先生、张克夫先生、谢杭生先生、马兆成先生、林晓鸣先生、樊小钢先生、阎乐民先生、胡亚萍女士、裘剑平先生、洪朝辉先生、吕建云先生、刘为先生、奚素勤先生、沈建妹女士、王红女士、张志锐先生、楼毅生先生、龚缨晏先生、戚青平先生、华丽女士、毛文源先生等。衷心感谢杭州师范大学图书馆馆长陶水木教授，他在百忙之中，放下手中的事务，花费了大量时间和精力，认真仔细地对本书进行审阅和修改，并提出许多宝贵的意见，这是对我的鼓励和指导，也是对本书的帮助和支持。我还要感谢杭州师范大学副校长何俊先生、校长助理袁成毅教授对本书的指导和关心；感谢杭州师范大学人文学院院长洪治纲教授、吴兴农总支书记、斯炎伟副院长、夏卫东副院长等学院领导对本书编写工作的指导和帮助；感谢历史系同人对本书编写工作的帮助和支持；感谢杭州市档案馆方健处长；感谢宁波市档案馆黄韵梅处长的鼎力相助与积极参与；感谢中国社科出版社宫京蕾女士的帮助与支持。

我还要特别感谢我的研究生陆艳芳女士、张敏女士和周佳同学，她们默默无闻、任劳任怨地工作，分别参与本书的资料查找、格式编排以及部分章节的撰写工作，没有她们无私的奉献，本书就不能这么顺利地出版；还要感谢我的弟子（研究生、本科生）蒋继瑞、李函颖、方秀枫、邱靖、陈丽丽、陈佳文等；另外，我尤其感谢我八十多岁高龄的母亲——王慧珍女士（杭州长河中学的退休老师），她在暑期冒着炎热酷暑专心致志地为本书进行校对，这是慈母对爱子的关怀与帮助，更是长辈对后辈的支持与关心。最后，我衷心感谢妻子褚燕雨女士和儿子马问釜，在他们的大力支持和协助下本书才得以准时迅速完成。

　　本书由于涉及的内容时间跨度比较长，腹地区域比较分散，形势比较复杂，再加上本课题组人员水平有限等主客观因素，所以还存在着许多不足之处，很多方面本书不能完全揭示晚清民国时期杭州对外贸易的全貌，希望广大读者和专家批评指正。

　　此外，本书还有以下几个方面需要说明：第一，本书所涉及的时间是晚清民国时期的1895—1937年，因为1895年4月17日《马关条约》签订使杭州被迫开埠，从而这个时间是本书的起点，而1937年以后就是抗日战争和解放战争，大规模的战争使许多海关资料缺失和不完整，这就是为什么我们没将这段历史写入的原因。第二，由于本书是学术研究书籍，所以我们引用了大量参考资料和相关的海关档案。对这些参考资料和海关档案的来源和观点我们一般不对其展开论证和解释等，我们将其罗列，然后提出自己的观点和意见。第三，在注释方面，我们有页注、标注、尾注等。另外我们在书的后面加了参考书目，本书的材料基本上都出自上述参考书目。第四，为了尊重和保护知识产权，防止著作权等方面发生纠纷，我特别说明：凡在本书中使用您的观点和材料等，而没有出现在我们的参考书目中，如发现请您及时和我们联系，我们会与您协商沟通解决有关问题。

杭州师范大学人文学院历史系　　马　丁

2014年9月29日

于杭州清源·上林湖